アンチ・オイディプス 上

資本主義と分裂症

ジル・ドゥルーズ＋フェリックス・ガタリ
宇野邦一 訳

河出書房新社

岩波文庫

アラビアのロレンス
世界ノンフィクション全集

岩波書店

第一章　欲望機械

第一節　欲望的生産　15
分裂者の散歩――自然と産業――プロセス――欲望機械、部分対象と流れ：そして……そして……――第一の総合：接続的総合あるいは生産の生産――器官なき身体の生産

第二節　器官なき身体　27
反生産――反発とパラノイア機械――欲望的生産と社会的生産：反生産はどのように生産諸力を自分のものとするのか――占有あるいは吸引と、奇蹟を行う機械――第二の総合：離接的総合あるいは登録の生産――〈これであれ……あれであれ〉――分裂症の系譜

第三節　主体と享受　40
独身機械――第三の総合：連接的総合あるいは消費の生産――「だから、これは……である」――物質、卵胞、強度：〈私は感ずる〉――歴史上の様々な名前

第四節　唯物論的精神医学　50
無意識と生産のカテゴリー――劇場か工場か――生産のプロセスとしてのプロセス――欠如としての欲望という観念論的発想（幻想）――現実的なものと欲望的生産：受動的総合――集団幻想の現実――欲望的生産と社会的生産の間の体制の差異――社会体と器官なき身体――資本主義とその極限としての分裂症（相反する傾向）――神経症、精神病、倒錯

第五節　欲望機械　72
欲望機械は機械であり、これは隠喩ではない――切断の第一の様式：流れと採取――切断の第二の様式：連鎖あるいはコードと離脱――切断の第三の様式。主体と残滓

第六節　全体と諸部分　82
多様性の規定――もろもろの部分対象――オイディプス批判、オイディプス的欺瞞――子供はすでに……――孤児としての無意識――精神分析においては何が変なのか

第二章　精神分析と家族主義　すなわち神聖家族　99
第一節　オイディプス帝国主義　99
その様式――精神分析におけるオイディプス的転回点――欲望的生産と表象――欲望機械の放棄
第二節　フロイトの三つのテクスト　109
オイディプス化――シュレーバー控訴院長の妄想の破壊――どんな点で精神分析はあいかわらず敬虔なのか――欠如のイデオロギー：去勢――あらゆる幻想は集団のものである――流れとしてのリビドー――流れの反抗
第三節　生産の接続的総合　132
この総合の二つの使用、包括的かつ特殊的使用、部分的かつ非特殊的使用――家族とカップル、出自と縁組：三角形化――三角形化の原因――精神分析の第一の誤謬推理：外挿法――超越的使用と内在的使用

第四節　登録の離接的総合　146
その二つの使用。排他的制限的使用と包含的無制限的使用――包含的諸離接。系譜学――排他択一的な区別と未分化状態――精神分析の第二の誤謬推理。オイディプス的ダブル・バインド――オイディプスはいつも勝利する――象徴界と想像界との間には、国境があるのか
第五節　消費の連接的総合　164
その二つの使用法、分離的かつ一対一対応的使用法と遊牧的かつ多義的使用――器官なき身体ともろもろの強度――旅行、移行：私は……になる――あらゆる錯乱は社会的、歴史的、政治的である――人種――同一化することの意味――どんなふうに精神分析は社会的-政治的内容を抹殺するのか――頑迷な家族主義――家族と社会野――欲望的生産と社会的生産の備給――幼年期から――精神分析の第三の誤謬推理：一対一対応の「適用」としてのオイディプス――歴史における精神分析の恥――欲望の下部構造――隔離と遊牧生活

第六節　三つの総合の要約　204
オイディプス笑話集――オイディプスと「信仰」――意味とは、使用法である――欲望的生産の内在的指標――欲望は、法、欠如、シニフィアンを知らない――「あなたはハムレットに生まれたのか」
第七節　抑制と抑圧　217
法――精神分析の第四の誤謬推理：抑圧されたものの移動、あるいは歪曲――欲望は革命的である――抑圧を委託された代行者――オイディプスを発明するのは、精神分析ではない
第八節　神経症と精神病　235
現実――逆の関係――「決定不可能な」オイディプス：反響――現働的因子が意味するもの――精神分析の第五の誤謬推理：〈事後に〉――欲望的生産の現働性
第九節　プロセス　250

出発すること――画家ターナー――プロセスの中断：神経症、精神病、そして倒錯――脱領土化の運動ともろもろの領土性

第三章　未開人、野蛮人、文明人　263

第一節　登記する社会体　263
登録――どのような意味で資本主義は普遍的なのか――社会的機械――社会体の問題、流れをコード化すること――交換することではなくて、刻印すること、刻印されること――諸器官の備給と脱備給――残酷：人間に記憶をつくること

第二節　原始大地機械　273
大地の充実身体――縁組と出自：両者の非還元性――村の倒錯者と地縁集団――出自のストックと縁組の負債ブロック――機能的不均衡：コードの剰余価値――〈それ〉はまさに調子を狂わすことによって作動する――線分機械――脱コード化した流れへの大きな恐れ――内から立ち現われる死、しかしそれは外からくる

第三節　オイディプス問題　288
近親相姦――大地の充実身体の上における包含的離接――強度から外延へ：記号――近親相姦はいかなる意味で不可能なのか――極限――コード化の条件――表象の深層の諸要素：抑圧される表象者、抑圧する表象作用、置き換えられた表象内容

第四節　精神分析と人類学　313
オイディプス問題の続き――アフリカにおける治療のプロセス――オイディプスの諸条件と植民地化――オイディプスと民族虐殺――オイディプス化を行う人びとは、自分が何をしているのかを知らない――抑圧は何を対象としているのか――文化主義者たちと普遍主義者たち：両者に共通の公準――どんな意味でオイディプスはまさに普遍的なのか：極限の五つの意味、そのひとつとしてのオイディプス――人類学における使用法または機能主義――欲望機械は何も意味しない――モル的なものと分子的なもの

第五節　大地的表象
表層におけるその諸要素――負債と交換――交換主義的発想の五つの公準――声、書体、眼：残酷の劇場――ニーチェ――領土的システムの死　347
第六節　野蛮な専制君主機械
専制君主の充実身体――新しい縁組と直接的な出自――パラノイア人――アジア的生産――煉瓦――国家の欺瞞――専制君主による脱領土化と無限の負債――流れを超コード化すること　364
第七節　野蛮な、あるいは帝国の表象
その諸要素――近親相姦と超コード化――深層の諸要素とオイディプスの移動：近親相姦は可能なものとなる――表層の諸要素、声－書体の新しい関係――天上の超越的対象――脱領土化した記号としてのシニフィアン――専制君主的シニフィアンと近親相姦のシニフィエ――恐怖、法――無限の負債の形式：潜在、復讐、怨恨――それはまだオイディプスではない……　377

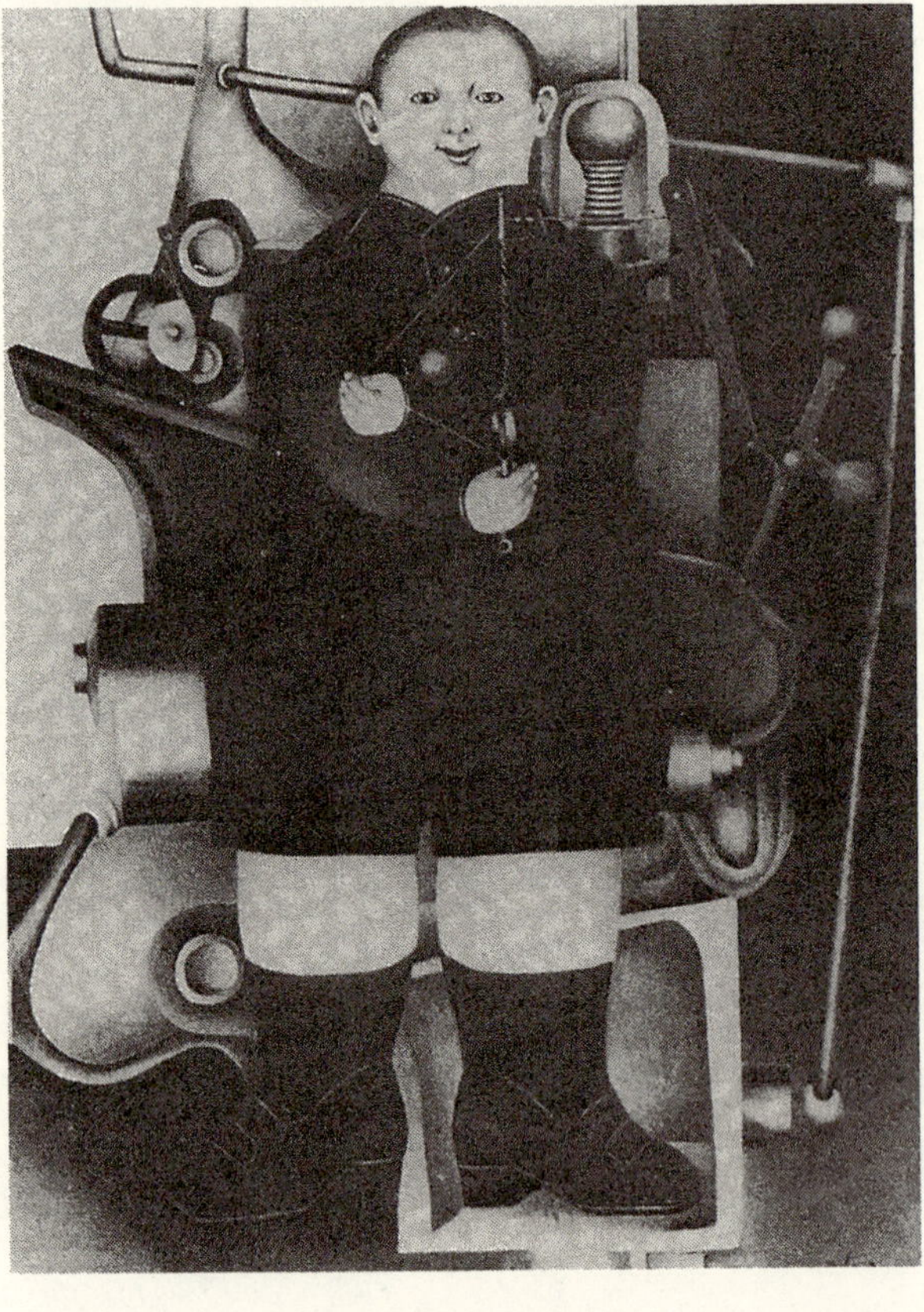

リチャード・リンドナー『機械と少年』
(1954, o/c 40 × 30, Mr and Mrs C.L.Harrisson, Batavia, Ohio)

アンチ・オイディプス　上

凡例

傍点　原著のイタリックを示す
〈　〉　原著での大文字を示すほか、ときに語句を独立させて文意を明らかにしようとする
〔　〕　訳者による補語を示す

第一章　欲望機械

第一節　欲望的生産

〈それ《エス》〉はいたるところで機能している。中断することなく、あるいは断続的に。〈それ〉は呼吸し、過熱し、食べる。〈それ〉は排便し、愛撫する。〈それ〉と呼んでしまったことは、何という誤謬だろう。いたるところに機械があるのだ。決して隠喩的な意味でいうのではない。連結や接続をともなう様々な機械の機械がある。〈器官機械〉が〈源泉機械〉につながれる。ある機械は流れを発生させ、別の機械は流れを切断する。乳房はミルクを生産する機械であり、口はこの機械に連結される機械である。拒食症の口は、食べる機械、肛門機械、話す機械、呼吸する機械（喘息の発作）の間でためらっている。こんなふうにひとはみんなちょっとした大工仕事をしては、それぞれに自分の小さな機械を組み立てているのだ。〈エネルギー機械〉に対して、〈器官機械〉があり、常に流れと切断がある。シュレーバー控訴院長は、尻の中に太陽光線をきらめかせる。これは太陽肛門である。〈それ〉が機能することは確信していい。シュレーバー控訴院長は何かを感じ、何かを生産し、そしてこれについて理論を作ることができる。何かが生産される。この何かは機械のもたらす結果であって、単なる隠喩ではない。

分裂症者の散歩。それは、精神分析家のソファに横たわる神経症患者よりも、ずっとよいモデルである。ここには一陣の外気が通い、外部とのかかわりがある。例えば、ビュヒナーによって再構成されたレンツの散歩。[1] 散歩するレンツは、善良な牧師の家を訪れるときのレンツとはちがう。牧師に強いられたレンツは、宗教上の神との関係、あるいは父母との関係にしたがって、自分を社会的に位置づけようとする。散歩のときは反対で、レンツは山の中、雪の中で、別の神々とともに、あるいはまったく神もなく、家族もなく、父母もなく、ただ自然とともにある。「私の父は何をのぞんでいるのか。彼は私に、もっと何かを与えることができるのか。できるわけがない。私をそっとしておいてくれ。」すべては機械をなしている。天上の機械、星々または虹、山岳の機械。これらが、レンツの身体のもろもろの機械と連結する。諸機械のたえまないざわめき。「あらゆる形態の深い生命に触れられること、石や金属や水や植物と交流する魂をもつこと、花々が月の満ち欠けに応じて大気を吸いこむように、夢うつつのまま自然のあらゆる要素を自分の中に迎えいれること。こうしたことはすべて限りない至福であるにちがいない、と彼は考えていた。」葉緑素機械あるいは光合成機械であること、少なくとも、このような機械の中に自分の身体をひとつの部品として滑りこませること。レンツは、人間と自然が区別される以前に、あるいはこの区別を条件とするあらゆる指標以前に身をおいたのだ。彼は自然を自然としてではなく、生産のプロセスとして生きる。もはや、ここには人間もなければ、自然もなく、ただ一方を他方の中で生産し、もろもろの機械を連結するプロセスだけがある。いたるところに、生産する機械、あるいは欲望機械が、分裂症的機械が、つまり類的生命そのものが存在する。私と私でないもの、外なるものと内なるものとの区別は、もう何も意味しないのだ。

分裂者の散歩の続き。ベケットの作品の人物たちが決心して外に出るときである。まず、いかに彼らの様々な振る舞いが、それ自身において綿密な機械をなしているか注目すべきである。そして次には自転車。〈自転車－警笛〉機械は、〈母－肛門〉機械と、どんな関係をもっているのか。「自転車と警笛について話すのは、何という安らぎだろう。不幸なことに、私が語らなければならないのは、このことではなくて、あの女についてなのだ。私の記憶が正しければ、あの女は自分の尻の穴から私をこの世に送りだした。」しばしば、オイディプスは簡単なものであり、ただそこにあると思われている。しかし、ほんとうはそうではない。オイディプスは、欲望機械のとてつもない抑圧を前提として成立しているのだ。それなら、これらの欲望機械は、なぜ、どのような目的で抑圧されるのか。こうした抑圧に屈することは、ほんとうに必要なのか、望ましいことなのか。何によってまた何を用いるのか。オイディプスの三角形の中に、何をもちこむべきなのか。何によって、この三角形を形成すればよいのか。自転車の警笛と私の母の尻とが、そんなに大事なのか。こうしたことよりもっと重要な問題は存在しないのか。ある効果がめざされているとしても、どのような機械がこうした効果を生みだす能力をもっているのか。また、ある機械が与えられているとしても、この機械はいかなることに役立ちうるのか。たとえば、食卓用のナイフ置きの整然とした使用説明書を読んだだけで、その使い方を推測してみればいい。それとも、次のような完全な機械を前にした場合はどうか。この機械は、私のマントの右ポケット（石を供給するポケット）の六個の小石と、私のズボンの右ポケットの五個の小石と、私のズボンの左ポケットの五個の小石（ズボンのポケットは、小石の移動用である）からなり、マントの残りのポケットは、ポケットからポケットへと小石が進んでゆくのに従って、すでに使用ずみの小石を受けとるものとしよう。この小石の配送回路には、私自身の口そのものがまた小石をしゃぶる機械として組み込まれている。この配送回路の効果はどんなものになるのか。この回路において、享楽はどこに生みだされることになるのか。『マロウンは死ぬ』で、ペダル夫人は分裂症者を外につれだし、腰掛つきの馬車やボートにのせたり、野外のピクニックにつれていったりする。ここに地獄の機械が準備されている。

皮膚の下の身体は過熱したひとつの工場である、
そして、外で、
病人は輝いて見える。

炸裂した
そのすべての毛穴から
彼は輝き出す。(2)

私たちは、分裂症の自然主義的な極を決定しようとしているのではない。分裂症者が、独自に類として生きているのは、決して自然の特定の極などではなく、生産のプロセスとしての自然なのである。ここでいうプロセスとは何を意味するのか。おそらく、ある水準においては、自然と産業ははっきりと区別される。すなわち、ある面で、産業は自然に対立し、別の面で、産業は自然から原料をひきだし、また別の面では、産業はその廃棄物を自然に返している、等々。自然−人間、自然−産業、自然−社会というこの弁別的関係は、社会の中にさえも「生産」「分配」「消費」と呼ばれる相対的に自律的な領域の区別を存在させる条件となっている。しかし、こうした一般的な水準の区別は、発展した形式的構造の中に認められるもので、(マルクスが指摘したように)それは単に資本と分業の存在を前提としているだけではなく、資本家という存在が自己についてもつ誤った意識と、全体的過程に属する諸要素の固定を前提としている。なぜならほんとうは、錯乱の中に埋もれている目覚ましい暗い真実が示しているように、相対的に独立した領域や回路といったものは存在しないからである。すなわち、生産はそのまま消費であり、登録なのである。登録と消費は直接に生産を規定しているが、しかも生産そのものの真っ只中で生産を規定している。だから、すべては生産なのだ。ここに存在するのは、生産の生産、つまり能動と受動の生産であり、登録の生産、つまり分配と指標の生産であり、消費の生産、享楽と不安と苦痛の生産なのである。すべてはまさに生産であるから、登録はただちに消費され消尽され、この消費は直接に再生産される。(3)これがプロセスという言葉の第一の意味である。すなわち、登録と消費を生産そのものの中に組み込むこと、登録と消費を、同じひとつの過程の中の生産とみなすことである。

第二に、ここでは自然－人間の区別も存在しない。すなわち、生産としてのあるいは産業としての自然においては、類としての人間の生における場合と同じで、自然の人間的本質と人間の自然的本質とは一致している。このとき、産業はもはや有用性という外面的な関係から把握されるのではなく、自然と根本的に一致しているという観点から把握される。自然は、人間を生産するとともに、人間によって生産されるものである。(4)人間は万物の王者ではなく、むしろ、あらゆる形態あらゆる種類の深い生と接触し、星々や動物さえ引き受け、〈器官機械〉を〈エネルギー機械〉に接続することをやめず、彼の身体の中には樹木があり、口の中には乳房、尻の中には太陽があり、人間は宇宙の様々な機械を永遠に担っている。これがプロセスという語の第二の意味である。因果や包含や表現などといった関係（原因－結果、主観－客観）において捉えられるとしても、自然と人間は、相互に対面する二項のようなものではなく、むしろ唯一の同じ本質的な実在であり、生産するものと生産されるものは一体をなしているのだ。プロセスとしての生産は、あらゆる観念的カテゴリーをはみだすものであり、欲望を内在的原理としてひとつのサイクルを形成している。だからこそ、欲望的生産は唯物論的精神医学の現実的カテゴリーであり、この精神医学は分裂者を〈自然人〉*Homo natura* として定義し、あつかう。ところが、これにはひとつの条件があり、これがプロセスの第三の意味を構成することになる。つまりプロセスは、目標や目的と考えられてはならないし、プロセス自身を無限に継続することと混同されてもならない。プロセスの目的化、あるいはプロセスの無限の継続は、厳密にいえば、そのプロセスの早すぎる無謀な停止と同じことであり、それは病院で見られるような、人工的な分裂症者、自閉症化して廃人になり、臨床実体として生みだされる存在をつくりだす操作にほかならない。ロレンスは愛についてこう語っている。「私たちは、ひとつのプロセスを目標としてしまった。あらゆるプロセスの目的は、そのプロセスの無限の継続ではなくて、プロセスそのものの完成である…。プロセスはそれ自身の完成をめざすべきであって、何かしら恐ろしく増大する強度とか、何かしら恐ろしい極限、ついには心も体も破壊される極限などといったものではない。⑸」分裂症についても、愛と同じことがいえる。分裂症的な特性とか、その臨床実体とかいったものは、何ら存在しない。分裂症とは、生産し再生産する欲望機械の宇宙であり、「人間と自然をなす本質的実在」としての根源的な普遍的生産である。

欲望機械は二項機械であり、二項的規則、あるいは連合的体制をそなえた機械である。ひとつの機械は常に他の機械と連結している。生産的総合すなわち、生産の生産は、「そして」et「そして次に」et puis…という接続的な形態をもっている。つまり、ここには常に流れを生産する機械と、この機械に接続されてこの流れを切断し採取する働きをするもうひとつの機械が存在する（母乳―口といった関係がそうである）。そしてまた、今度は第一の機械が別の機械に接続され、これに対して第一の機械が切断あるいは採取の行動をする。したがって、二項系列はあらゆる方向に線型状にのびてゆく。連続する流れと本質的に断片的な、また断片化された部分対象との間に、欲望はたえず連結を実現する。欲望は流れさせ、みずから流れ、そして切断するのだ。「私はあらゆる流れるものを愛する。あの月経の流れさえも。受精しなかった卵を運ぶあの月経の流れさえも……。」ミラーは彼の欲望の讃歌においてこう言っている。[6] 羊水の袋（羊膜嚢）と腎臓の結石。毛髪の流れ、涎の流れ、精液、糞、尿の流れ。これらの流れはもろもろの部分対象によって生産され、またたえず他の部分対象によって切断され、これらがまた他の流れを生産し、生産された流れはまた別の部分対象によって再び切断される。あらゆる「対象」は流れの連続を前提とし、あらゆる流れは対象の断片化を前提としている。おそらく、それぞれの〈器官機械〉は、自分自身の流れにしたがって、自分自身から流れ出すエネルギーにしたがって、世界全体を解釈する。眼はあらゆることを、語ることも、聞くことも、排便することも、性交することも、見るという言葉で解釈する。しかし、他の機械との間には、いつも接続の関係が、ある横断線によって設定される。この横断線を通じて、ひとつの機械は他の機械の流れを切断し、あるいは自分の流れが他の機械によって切断されるのを「見る」のである。

それゆえ、〈流れ－部分対象〉という接続的総合による連結は、また〈生産物－生産する働き〉という別の形態をもつことになる。生産する働きは、常に生産されるものに接木される。だからこそ、あらゆる機械が機械の機械であるように、欲望的生産は生産の生産なのだ。表現などという観念論的カテゴリーによって満足しているわけにはいかない。分裂症的な対象を、生産のプロセスに関係づけることなしに描写することは、考えられないし、考えるべきではない。『アール・ブリュット・ノート』はこのことの生きた証拠である（そして同時に、分裂症者の臨床実体などというものが存在することも否定している）。あるいは、別の例をあげれば、アンリ・ミショーは、まさに欲望の過程にほかならない生産の過程と関係づけて、分裂症者の机を描写している。「ひとたび注目されてから、この机はずっと精神を引きつけてきた。何か分らないが、この机はおそらくずっと自分自身の関心事さえやり続けてきたのだ……。驚くべきことに、この机は単純ではないが、かといってそれほど複雑でもなかった。つまり始めから複雑だったり、意図的に、あるいは計画的に複雑であったりしたわけではない。むしろ、加工されていくにつれて、この机は単純でなくなってきたのだ……。この机はそれ自身としては、いくつもの付加物のある机であった。ちょうど、分裂症者の描くデッサンが詰め込み過ぎといわれるように。この机が完成するとすれば、それはもう何もつけ加えるてだてがなくなったときである。この机にはだんだんいろんなものが積み重ねられ、それはますます机でないものになっていった……。この机は、机として用いるには、また机から期待される何かには、まったく適さないものとなった。重くてかさばり、ほとんど運ぶのが難しかった。この机をどう扱ったらいいのか、誰も分らなくなっていた（気持のうえでも、手をつけるにしても）。平たい板、つまり机の普段使う部分は、かさばる骨組みとはだんだん関係がなくなって減少し、消滅してゆき、机という全体はもはや考えられなかった。それは例外的な家具のようなもの、誰も何の役に立つのか分らない未知の道具のようなものだった。これは人間と無関係の机で、ちっとも快適でなく、ブルジョワ風でも、民芸風でも、田園風でもなく、料理用でも、作業用でもなかった。それは何ごとにも役立たず、用途やコミュニケーションを拒否し、堅く身を守っていた。この机には、何か愕然とし、石化したようなものがある。それは、故障したモーターを思わせたかもしれない[7]。」分裂症者は普遍的な生産者である。ここには、生産の働きとその生産物を区別する余地がない。少なくとも生産されたものは、自分自身の現場を新しい生産の働きの中にたずさえている。机は「自分自身の関心事」を続ける。机の上板は骨組みに侵食される。机が未完成であることは、生産の至上命令なのだ。レヴィ＝ストロースは器用仕事《ブリコラージュ》を規定するとき、緊密に結びついた諸特性の総体としてそれを提案している。すなわち、多数のチグハグな、限られたストックやコードを具えていること、もろもろの断片を、たえず新しい断片化に導く能力をもつこと。したがって生産する働きと生産物は区別されず、用いる道具の全体と、実現すべき仕事の全体も区別されない[8]。何かに電気を引いてきたり、また水路のむきをかえたりするとき、こういう器用仕事をするひとが感ずる満足は、パパ－ママごっこや、タブーを犯す楽しみなどによっては、決して十分に説明されないだろう。たえず生産の働きを生産し、この生産の働きを生産物に接木してゆくという規則こそが、欲望機械、あるいは根源的な生産の特性なのである。『機械と少年』Boy with Machine というリチャード・リンドナーの絵では、大きな太った少年が、自分の小さい欲望機械のひとつを巨大な技術的社会的機械に接木し、これを作動させている（というのも、後にふれるが、これはすでに子供にあてはまることなのだ）。〈生産する働き〉〈生産物〉〈生産物と生産する働きの同一性〉……。この第三の同一性がまさに、線型状の系列の中に第三項を構成することになる。これは、未分化の巨大な対象である。すべてが一瞬停止し、すべてが凝固する（そして次に、すべてがまた再開されるだろう）。ある意味では、何も動かず、何も作動しない方がいいのかもしれない。生まれないこと、生誕の運命の外にでること、母乳を吸う口も、糞をする肛門ももつことなく。しかし機械自身が無に帰するまでに、私たちを無に帰するまでに、機械が調子を狂わせ、機械の部品がばらばらになるような事態は起きるのだろうか。エネルギーのもろもろの流れはまだ緊密に結びつき、様々な部分対象も依然として過度に有機的である、といわれるかもしれない。ところが、ある純粋な流体が、自由状態で、途切れることなく、ひとつの充実身体の上を滑走しているのだ。欲望機械は、私たちに有機体を与える。ところが、この生産の真っ只中で、この生産そのものにおいて、身体は、組織される〔有機化される〕ことに苦しみ、つまり別の組織をもたないことを苦しんでいる。いっそ、まったく組織などないほうがいいのだ。こうして過程の最中に、第三の契機として「不可解な、直立状態の停止」がやってくる。そこには、「口もない。舌もない。歯もない。喉もない。食道もない。胃もない。腹もない。肛門もない」。もろもろの自動機械装置は停止して、それらが分節していた非有機体的な塊を出現させる。この器官なき充実身体は、非生産的なもの、不毛なものであり、発生してきたものではなくて始めからあったもの、消費しえないものである。アントナン・アルトーは、いかなる形式も、いかなる形象もなしに存在していたとき、これを発見したのだ。死の本能、これがこの身体の名前である。この死には、モデルがないわけではない。実際、欲望はこれもまた、死をもまた欲望するのである。なぜなら死の充実身体は、みずからは動かずして欲望を動かすものであるから。ちょうど生のもろもろの器官が作動する機械 *working machine* であるからこそ、欲望が生を欲望することになるように。こうしたことが、いかにして一緒に進行するのか、いまは問わない。こうした問題それ自体が、抽象の産物なのである。欲望機械は、たえず自分の調子を狂わせながら、まさに変調の状態において作動するのである。シュレーバー控訴院長は「長いこと、胃もなく、腸もなく、ほとんど肺もなく、食道は裂けて、膀胱もなく、肋骨は折れたまま生きていた。彼はときどき、自分自身の喉の一部を食べてしまっていた。以下同様。」器官なき身体は、非生産的なものである。にもかかわらず、それは、接続的総合の中で、その時と場所をえて、生産する働きと生産されるものとの同一性として生みだされる（分裂症者の机は、ひとつの器官なき身体である）。器官なき身体は、根源的な無の証人でもなければ、失われた全体性の残骸でもない。とりわけ、それは何かの投影ではない。固有の身体そのものとは、身体のイメージとは無関係である。それはイメージのない身体なのである。それは非生産的なものでそれが生産されるまさにその場所に、二項的－線型的系列の第三の契機において存在する。それは、たえまなく生産のプロセスの中に再投入されることになる。カタトニーの身体が浴槽の水の中で生みだされてゆく。器官なき充実身体は、反生産の領域に属している。しかし、生産を反生産に、また反生産の一要素に連結することは、やはり接続的総合、あるいは生産的総合のひとつの特性なのである。

第二節　器官なき身体

欲望機械と器官なき身体との間に、あからさまな戦いがまき起る。諸機械の接続、機械の生産、機械のノイズ、いちいちの場合にそれらは器官なき身体にとって耐え難いものとなってきた。この身体は、もろもろの器官の下にいまわしい蛆虫や寄生虫がうごめくのを感じ、この身体に器官を与えて台なしにし窒息させる神の行為をかぎつける。「身体は身体だ／他に何もない／器官などいらない／身体は決して有機体ではない／有機体は身体の敵なのだ(9)」器官は彼の肉に打ちこまれる釘、数々の拷問に等しい。もろもろの〈器官機械〉にむけて、器官なき身体はすべすべした不透明な、はりつめた自分の表面をこれらの器官機械に対抗させる。結びつけられ、接続され、また切断されるもろもろの流れに、器官なき身体は、自分の未分化な不定形の流体を対抗させる。音声学的に明瞭なことばに、器官なき身体は、分節されない音のブロックに等しい息吹や叫びを対抗させる。根源的といわれる抑圧はこれと別の意味をもっているとは思われない。つまり、それは〈逆備給〉などではなく、器官なき身体による、欲望機械へのあの反発を意味しているのだ。そしてパラノイア機械はまさにこのことを意味している。それは器官なき身体の上に欲望機械が侵入してゆく作用であり、欲望機械を全体として迫害装置と感ずる器官なき身体の反発的反作用なのである。したがってタウスクがパラノイア機械の中に「固有の身体」と生殖器の単なる投影を見るとき、私たちは同意することができない(10)。パラノイア機械の発生は、欲望機械の生産過程と器官なき身体の非生産的停止とが対立するとき、その場に起ることなのである。パラノイア機械の匿名的性格と、この機械の表面の未分化状態は、このことの証拠である。投影は、逆備給と同様に、二次的に介入してくるにすぎない。つまり器官なき身体が〈逆内部〉あるいは〈逆外部〉を備給するかぎりにおいて二次的に介入するにすぎない。それが迫害する器官の形をとり、あるいは同じく外部からやってくる迫害の首謀者といった形をとる。しかし、パラノイア機械は、それ自体としては、欲望機械の転身した姿なのである。すなわち、パラノイア機械は、欲望機械と器官なき身体との間の関係から生じてくるもので、この場合、器官なき身体はもはや欲望機械に耐えられないのである。

それにしても、中断されることのないプロセスの中で器官なき身体がその後にふるう力を思い浮かべるために、私たちは欲望的生産と社会的生産との間の平行関係を考察しなければならない。このような平行関係は現象学的なものにすぎない。これは、これら二つの生産の本性についても、その間の関係についても、またさらに、じっさいにこのような生産が二つ存在するのかどうかという問題についてさえ、何ら判断を下すものではない。ただ、社会的生産の諸形態もまた、生み出されたものではない非生産的な停止、過程に連結した反生産の要素、社会体として規定される充実身体といったものを含んでいるということである。この充実身体は、大地の身体、あるいは専制君主の身体、あるいはまた資本でもありうる。マルクスが、まさにこれについて語っている。それは労働の生産物ではなくて、むしろ労働の自然的な、あるいは神的な前提として現われるものだというのだ。実際に充実身体は、単に生産力そのものに対立することにとどまるものではない。それは、あらゆる生産の上に折り重なり、生産力と生産の担い手とが分配される表面を構成するのである。これによって、この身体は剰余生産物を自分のものにし、生産過程の全体と各部分を意のままにする。このとき全体と各部分は、いまやこの充実身体から、まるでそれがひとつの準原因〔原因に準ずる働きをするもの〕であるかのように、発現してくるかのように見える。生産力と担い手とは、奇蹟のような形をとって、充実身体の力そのものとなる。この両者は、充実身体によって奇蹟を授けられたように見えるのだ。要するに、充実身体としての社会体はひとつの表面を形成し、これに生産のすべてが登録され、この表面から生産のすべてが発現するような様相を呈する。社会は、生産のプロセスを登録することによって、それに固有の錯乱を構成することになる。しかし、それは意識の錯乱ではない。むしろ誤った意識は、偽りの運動の正しい意識であり、外見上の客観的運動の正しい知覚であり、登録の表面上で生み出される運動の、正しい知覚なのだ。資本とは、まさに資本家の、あるいはむしろ資本家という存在の器官なき身体なのだ。しかし、こうしたものとして資本は、単に貨幣として固体化する流体的実体なのではない。資本とは、貨幣の不毛性に対して、貨幣が貨幣を生むという形態をつけ加えるのである。ちょうど器官なき身体が自分自身を再生産し、発芽して宇宙の端にまで枝をひろげてゆくように、資本は剰余価値を生産する。資本は、固定資本としてみずからを機械の中に具体化しながら、この機械に相対的剰余価値をつくりだす役割を負わせる。そしてもろもろの機械と生産の担い手とは資本にしがみつくので、それらの働きそのものが資本によって奇蹟を授けられているかのようなのだ。（客観的には）すべてが準原因としての資本によって生産されるように見える。マルクスがいうように、始めは、資本家たちは、必ず労働と資本の対立を意識し、剰余労働を収奪する手段としての資本の使用を意識している。ところが資本が、あらゆる生産の上に折り重なる登録の表面という役割を演ずると同時に（剰余価値を供給し、あるいは実現すること、これが登録の権利である)、たちまち魔法にかけられ倒錯した世界がうちたてられる。「相対的剰余価値が資本主義に特有な体系の中で発展し、それによって社会的労働の生産性が増大するに従って、労働の生産諸力と社会的諸連関は、生産プロセスから切り離されて、労働の領域から資本の領域へと移行するようにみえる。こうして、資本はきわめて神秘的な存在になる。というのは、あらゆる生産諸力は、資本の胎内から生じ、資本に属しているように見えるからである。[11]」この場合、資本主義に特有なこととは、貨幣の役割と資本の使用であり、資本は充実身体として、登記あるいは登録の表面を形成している。しかし、何らかの充実身体、大地の、あるいは専制君主の身体、登録の表面、見かけ上の客観的運動、魔法をかけられて倒錯した物神的世界といったものは、社会的再生産の常数として、あらゆるタイプの社会に属しているのである。

器官なき身体は欲望的生産に折り重なり、これを引きつけ、これを自分のものにする。器官機械は、器官なき身体にしがみつく。まるでフェンシング選手の防御ジャケットにでも付着するかのように。レスラーのユニフォームにぶらさがったメダルのように。彼はメダルを躍らせながら前進していくのだ。こうして吸引機械が、反発機械の後に続き、あるいは続きうることになる。つまり、パラノイア機械の後に、奇蹟を授ける機械が続くことになる。しかし、ここで「後に」とは何を意味しているのか。むしろ二つの機械は共存している。ブラック・ユーモアの使命とは、矛盾を解決することではなくて、むしろ矛盾など存在させないようにすること、あるいは決して存在しなかったことにするのである。器官なき身体、この非生産的なもの、消費不可能なものは、欲望の生産の全過程を登録する表面の役割を果しているので、外見上の客観的運動からすると、欲望機械はこの表面から発現してくるように思われる。この客観的運動が、欲望機械を器官なき身体に結びつけているように見える。シュレーバー控訴院長の身体は神の光を自分の方に引きつけ、もろもろの器官は彼の身体の上で再生させられ、奇蹟を授けられる。これに対して、おそらく古いパラノイア機械は、嘲笑する声たちという形で存続し、この声たちは院長の諸器官や、とりわけ肛門に授けられた「奇蹟を解除し」ようとする。しかし本質的なことは、登記あるいは登録の魔術的表面が確立されたことである。この表面は、あらゆる生産力ならびに生産器官を自分に帰属させ、これらに外見上の運動（物神性）を伝えることによって、準原因として作用するのである。分裂者が政治経済学を学んでいること、またあらゆる性的現象が経済的事柄でもあることは、まったく真実なのだ。

ただし、生産が自己を登録するとき、それは自己を生産するのと同じ仕方でするのではない。あるいはむしろ、生産が外見上の客観的運動の中で自分を再生産するとき、それは構成過程において生産が生産されるのと同じ仕方でするわけではないのだ。要するに私たちは気づかぬうちに登録の生産という領域に移行していたのであり、登録の生産の法則は、生産の生産の法則と同じものではないのである。生産の法則は、接続的総合あるいは連結であった。ところが、生産の接続が、（労働から資本に移行するように）諸機械から器官なき身体に移行するとき、これは別の法則の下に入るといってもいい。この別の法則とは、「自然的な、あるいは神的な前提」としての非生産的要素との関係において、分配を表現する法則のことである（これが資本の離接作用である）。器官なき身体にしがみつくもろもろの機械は、それ自体離接点であって、これらの離接点の間には、新しい総合の組織網の全体がはりめぐらされ、これらの離接点が表面を碁盤の目のように仕切っているのだ。分裂症的な「これであれ…あれであれ」《soit … soit》が、「そして次に」《et puis》を引き継ぐことになる。考察される二つの器官が何であれ、これらの器官が器官なき身体にしがみつく仕方は、これらの間のあらゆる離接的総合が、つるつる滑る表面においては結局同じものに行き着くというふうでなければならない。「あれか…これか」《ou bien》が、互換不可能（二者択一的）な項の間の決定的な選択を表示しようとするのに対して、分裂症的な「これであれ…あれであれ」は、もろもろの差異の間で互換が可能なシステムを指示し、この場合、差異は移動し、滑走しながら、たえず同じものに帰するのである。たとえば、ここに話す口と歩く足がある。「彼は、ときには何もいわずに立ち止ることがあった。彼は結局はいうことがなかったかもしれない。あるいは、何かいいたいことがあったが、結局あきらめたのかもしれない……。他の主要な場合が心に浮かんでくる。〈すぐにまた歩き始めて、話がすぐに続く。〉〈間をおいてまた歩き始めて、話がすぐに続く。〉〈すぐにまた歩き始めて、話が間をおいて続く。〉〈間をおいてまた歩き始めて、話が間をおいて続く。〉〈すぐにまた歩き始めて、話はすぐには続かない。〉〈間をおいてまた歩き始めて、話はすぐには続かない。〉〈すぐにまた歩き始めて、話は間をおいてまた歩き始めて、話は間をおいても続かない。〉」[12] マロウンの所有物のように、もっとも貧しい、もっとも感動的な資本の持ち主である分裂症者は、自分の身体の上にもろもろの離接の連禱を書き込み、ほんの少しの置換が、新しい状況やぶしつけな質問者に対する応答とみなされるようなパレードからなる世界を自分のためにつくりだすのだ。だから、登録の離接的総合が、生産の接続的総合を覆ってしまう。生産のプロセスとしてのプロセスが、登記の手順としての〈手順〉にまで及ぶことになる。あるいはむしろ欲望的生産の接続的「労働」をリビドーと呼ぶのなら、私たちは、このエネルギーの一部が離接的登記のエネルギー（ヌーメン）に変換されるといわなければならない。これは、エネルギーの変換なのである。無意識の問題があらゆる多義性を浮かび上がらせているのに、なぜエネルギーのこの新しい形態を、神聖なものとか、〈ヌーメン〉〔神霊〕とかと呼ぶのか。この問題が宗教的であるといっても、それは外見上のことにすぎないのだ。器官なき身体は神ではなく、まさにその反対である。しかし、器官なき身体があらゆる生産を引きつけ、これに対し奇蹟を授ける力をもつ魔法の表面として働き、これらの生産をあらゆる離接において登記するとき、この器官なき身体を貫通するエネルギーは神聖なものとされる。シュレーバーが神との間に結んだ奇妙な関係はここから出てくる。あなたは神を信じますかと問うひとに対して、私たちは、厳密にカントあるいはシュレーバーの仕方で答えなければならない。「もちろんですとも。ただし、それはただ、離接〔選言〕的三段論法の先生を信じ、この三段論法のアプリオリな原理を信じるのと同じことなのです」と（ここで神は〈実在の総体〉*Omnitudo realitatis* と定義され、この実在を分割することによって、あらゆる実在が派生してくるのである）。

だから、神聖なものとは、離接のエネルギーの性格なのである。シュレーバーの神聖さは、彼が自分自身において自分を分割する際のもろもろの離接の働きと不可分である。つまり彼は初期の帝国と後期の帝国に分割され、また後期の帝国は上位の神の帝国と下位の神のそれに分割される。フロイトは、とくにシュレーバーの錯乱において、また一般現象としての錯乱において、こうした離接的総合の重要性を力説している。「このような分割は、まったくパラノイア的精神病に特徴的なものである。ヒステリーが凝縮するのに対して、パラノイアは分割するのである。あるいはむしろ、パラノイア的精神病は、無意識の想像の中に現われる凝縮化した一体化をあらためてそれぞれの要素に分解するものなのだ[13]」と。しかし、なぜフロイトはこんなふうにつけ加えるのか。よく考えてみると、ヒステリー的神経症の方が根本的であり、もろもろの離接作用は、根源における凝縮の投影によってえられるだけである、と。おそらくこれは、錯乱の神の中に、また分裂的－パラノイア的な登録の中に、オイディプスの様々な権利を保持するための手だてなのであろう。だからこそ私たちは、この点に関してまったく一般的な疑問を提起しなければならない。欲望の登録は、オイディプス的な諸項を経由するものなのか。

もろもろの離接は、欲望がたどる系譜の形態にほかならないが、この系譜はオイディプス的なものなのか。オイディプス的三角形化の中に登記されるものなのか。それとも、オイディプスは、社会的再生産のひとつの要求、あるいはひとつの結果ではないのか。社会的再生産は、あらゆる点で自分の手におえない系譜的質料や形相を飼いならそうとするからである。というのも、分裂者が尋問にさらされ、たえずさらされ続けているのは、確かなのだ。まさに、彼と自然の関係は特定の極ではないから、彼は現行の社会的コードに属する用語によって尋問される。おまえの名前は？　おまえの父親は？　おまえの母親は？　欲望的生産の実践の最中に、モロイは警察官にこう尋問される。「〈あなたのお名前はモロイですね〉と警察署長がいった。〈はい、いま、思い出しました〉と私がいった。〈では、あなたのお母さんは〉と署長がいった。私には、何のことか分りませんでした。〈彼女もモロイというお名前ですか〉と署長はいった。〈彼女がモロイという名前ですかって〉と私がいった。〈そうです〉と署長がいった。私は、考えてみました。〈あなたのお名前はモロイですね〉と署長がいった。〈そうです〉と私がいった。〈では、あなたのお母さんも、モロイというお名前ですか〉と署長がいった。私は、考えこみました。」　精神分析がこの点で、あまり革新的であるということはできない。精神分析は、一方において、今日では、精神病とよばれる諸現象がこの参照の枠組みをどれほど超えているか気づいていながら、あいかわらず、オイディプス三角形という基盤から問題を提起しては、解釈を発展させているのだ。精神分析家は、シュレーバーの上位の神の下にはパパを見いださなければならない、という。それなら下位の神の下には兄を見いだしてなぜいけないのか。時には分裂症者は、がまんできなくなって、自分をそっとしておいてくれと要求する。時には、自分からゲームに割り込み、別の何かをつけ加え、自分に与えられたモデルの中にあらためて自分自身の指標を注入して、内部からこのモデルをこわしてしまうことも辞さないのだ（そうです、それが私の母です。ところが、私の母こそ、じつは〈処女マリア〉なのです）。シュレーバー控訴院長がフロイトに答えている姿は、容易に想像される。そうです。そうです、そうです。喋る鳥たちは、若い娘たちで、上位の神とは父、そして下位の神は私の兄なのです。ところが、こっそりと、シュレーバーは、すべての喋る鳥たちによって若い娘たちを、上位の神によって自分の父を、下位の神によって自分の兄を再び孕ませるのだ。これらのすべての神聖な形態は、オイディプス三角形のあまりに単純な諸項や諸機能を突き破るにつれて、複雑化し、あるいは、むしろ「単純化をやめる」。

私は父も信じない
　　　母も信じない
わたいには
パパ－ママなんかない

欲望的生産は、線型状の二項的システムを形成する。充実身体は、系列の中の第三項として導入されるが、2・1・2・1…という二項的性格を捨てることはない。この系列は、オイディプスのそれのような、典型的に三項からなる三角形の形態の中にこの系列を移行させ、そこで系列を鋳直すような書き込みに対しては全面的に抵抗する。器官なき充実身体は〈反生産〉として生みだされる。つまりこれがこうしたものとして介入してくるのは、両親による生産をともなう三角形化のあらゆる試みを、拒否するためでしかない。この身体は、自分自身の自動生産を、自分自身による発生を示しているというのに、どうしてあなたがたは、この身体が両親によって生みだされることを望むのか。そして、まさにこの身体のうえに、それがあるところに、およそ投影の働きなどとは無関係に〈ヌーメン〉は分配され、もろもろの離接作用が確立されるのである。その通り、私は私の父であったし、また私は私の息子であった。「私、アントナン・アルトー、私は私の息子であり、私の父であり、私の母であり、そして私である。」分裂者は、自分自身に独自の位置決定の様式をもっている。なぜなら、彼は何よりもまず特別な登録コードをもっているが、これは社会的コードと一致しないものであり、たとえ一致するとしても、社会的コードをパロディ化するためでしかない。錯乱的コードあるいは欲望的コードは、並はずれた流動性をあらわす。分裂症者はひとつのコードから他のコードへと移行し、すばやい移動のうちにあらゆるコードを攪乱し、提起される質問に応じながら、日々同じ説明を与えることがなく、同じ系譜を引き合いにだすこともしない。また、同じ出来事を同じ仕方で登録することもしない。オイディプス的な陳腐なコードを無理強いされても、いらだっていないときには、このコードを受けいれることさえある。ただし受けいれるといっても、もともとこのコードが排除しようとしていたあらゆる離接を、このコードの中に詰めこむ。アドルフ・ヴェルフリのデッサンは、様々な大時計、タービン、発電機、天空機械、建物機械などを登場させている。これらの生産は、周辺から中央へと、隣接するいくつかの層や区域を経由しつつ、接続的な仕方で行われているが、これらの「説明」は、デッサンの登録を構成する系譜上の諸系列を喚起しようとしている。それだけでなく、この登録はデッサンそのものに折り重なって、「破局」や「没落」の線の形態をとり、これらの線は、渦巻線にかこまれた離接に対応しているのである。(14) 彼はこれらのデッサンに「説明」を加え、気分に応じてこの「説明」を変えている。分裂者は、いつも足元をぐらつかせ、よろめいている。その理由は簡単である。あらゆる側面、あらゆる離接が、等価であるという、それだけの理由なのだ。というのも、器官機械が器官なき身体にしがみついても、器官なき身体はやはり器官なしにとどまり、ことばの通常の意味で有機体になることはないからである。器官なき身体は、その流動的なすべすべした性格を保持するのである。同じように、生産のもろもろの代行者はシュレーバーの身体にはりつき、この身体にぶら下る。彼が引きつけるあの太陽光線、無数の小さな精子を含む光線も同じである。光線、鳥たち、声、神経が、神と神の分割された形態との、相互に交換可能である複雑な系譜的関係の中に入る。しかし、器官なき身体の上にこそ、あらゆることが生起し登録されるのである。諸代行者の交接、神の分割、碁盤割りの区分を作り出すもろもろの系譜とそれらの相互交換さえも、この身体の上に生起し登録される。しらみがライオンのたてがみの中に住みついているように、すべては、創造されることなく存在する〔非被造物の〕この器官なき身体の上に存在しているのだ。

第三節　主体と享受

「プロセス」ということばの意味にしたがうなら、生産の上に登録が折り重なるといっても、この登録の生産そのものは、生産の生産によって生みだされてくる。同様に、この登録に消費が続くのであるが、消費の生産は登録の生産によって、また登録の生産の中で生みだされるのだ。ということは、ある主体の秩序に属する何かが、登記の表面の上に見つかるということである。これは固定した自己同一性をもたない奇妙な主体であって、器官なき身体の上をさまよい、常に欲望機械の傍にあって、生産物からどの部分をとるかによって定義されるのだ。この主体は、いたるところで、ある生成、ある転身から報償を受け取り、みずからが消費する状態から生まれ、それぞれの状態において生まれ変わる。だから、新たに消費を終えるたびごとに、主体はその時点において生まれ変わって現われる。「だから、これは私なのである。だから、これは私のものなのだ……。」マルクスがいっているように、苦しむことさえ、自己を享受することである。おそらく、欲望的生産はすべて、すでに直接的に消費であり消尽であり、したがって「享楽」なのである。しかし、欲望的生産はまだひとりの主体にとってそうであるわけではない。主体は、登録の表面のもろもろの離接を介して、それぞれの分割の残余において、始めて姿を現わすからである。シュレーバー控訴院長はといえば、彼はこうしたことをじつに生き生きと意識している。宇宙的な享受の比率は定まっているのだから、シュレーバーが女性に変容するのと引きかえに、神はシュレーバーから享楽をうることを要求する。ところが、この神の享楽のうち、シュレーバー控訴院長が体験しうるのは、その残滓の一部だけであり、それは自分の苦しみの報酬であり、あるいは自分が女性になることの報償である。「神にこの享受を提供するのは、私の義務である。そして、このことによって、もしわずかの官能的な快楽が私に与えられるならば、私はそれを受けとることは正当であると感じる。それは長い間、私の運命であった過大な苦悩と窮乏とを少し埋め合せるものにほかならない。」生産のエネルギーとしてのリビドーの一部が登録のエネルギー（ヌーメン）に変容したのと同様に、登録のエネルギーの一部は消費のエネルギー（ヴォルプタス）に変容するのである。まさにこの残滓のエネルギーが無意識の第三の総合、「だから、これは……である」《c'est donc...》という連接的総合、すなわち消費の生産を推進する。

私たちは、この総合がいかにして形成されるか、あるいは主体というものがいかにして生みだされるのか、考察しなければならない。私たちは欲望機械と器官なき身体との間の対立から出発した。根源的な抑圧のパラノイア機械において現われていた両者の反発の関係は、奇蹟を行う機械においては吸引の関係に代った。しかし吸引と反発の間には、あいかわらず対立がある。この間にほんとうの和解が実現されうるのは、「抑圧されたものの回帰」として機能する新しい機械の次元においてでしかないように思われる。このような和解が現実に存在すること、あるいは存在しうることについては、あらゆる証拠がある。電動のパラノイア諸機械のすぐれたデザイナーであったロベル・ジーについては、他に詳細な情報もなしに、次のようなことが伝えられている。「彼は、彼を苦しめていたもろもろの流れから自分を解放することができなかったために、ついにはこれらの流れを甘んじて受け入れ、これらの流れが全面的に勝利し、凱旋するのを思い浮かべることで熱狂していた(15)」と。フロイトは、もっと正確に、シュレーバーの病気における重要な転機を強調している。それは、シュレーバーが、みずから女性になることを受けいれ、自己治癒のプロセスの中に入り、このプロセスが〈自然＝生産〉という同一性に彼を引き戻すときである（新しい人間性の生産）。シュレーバーが実際に治癒してあらゆる自分の能力をとりもどしたとき、まさに彼は、女装者の素振りや装置の中に封じ込められている。「私は、ときどき、上半身は裸で、鏡の前やら、あらぬ所に立っている。しかもリボンやイミテーションの首飾りなどをつけ、女性のように飾りたてて。

ところが、こうしたことは、私がただひとりでいるときしか起きない……。」こうしてパラノイア機械と奇蹟を行う機械に続いて新しい機械が現われる。この新しい機械を示すために、「独身機械」という名前を借りることにしよう。この機械は、欲望機械と器官なき身体との間に新しい縁組を実現し、新しい人類を、あるいは輝かしい有機体の誕生をうながすのである。主体は、欲望機械の傍に残余として生みだされると言っても、または主体それ自身は、この第三の生産的機械と一体であり、この機械がもたらす残余としての和解と一体であると言っても、同じことなのだ。ここにあるのは、つまり、「それゆえこれはそれだった」という驚嘆すべき形態をとる消費の連接的総合なのである。

ミッシェル・カルージュは、彼が文学作品の中に発見したいくつかの幻想的機械を「独身機械」と名付けて、他から区別した。彼があげている例はじつに多様であり、一見、同じカテゴリーの中に入りうるものとは思われない。デュシャンの『裸にされた花嫁…』、カフカの『流刑地にて』の機械、レーモン・ルーセルの諸機械、ジャリの『超男性』の諸機械、エドガー・ポーのいくつかの機械、ヴィリエ・ド・リラダンの『未来のイヴ』等々。(16) 考察された例によって重要さは異なるが、これらの機械をひとつにまとめる特徴は、次のようなものである。まず第一に独身機械は、拷問、暗い影、古い〈掟〉を具えていることによって、古いパラノイア機械を示している。ところが独身機械そのものは、パラノイア機械ではない。歯車、移動台、カッター、針、磁石、スポーク、といったあらゆるものが、独身機械をパラノイア機械から区別するのだ。拷問や死をもたらすときですら、独身機械は何か新しいもの、太陽の力を表わしている。第二に、独身機械のこのような変貌を説明するのは、機械が内に秘める登録によって機械に与えられる奇蹟的性格ではありえない。たしかに機械は、最も高度な登記を内に秘めているとしても（『未来のイヴ』（ヴィリエ・ド・リラダン）において、エジソンがもたらした登録を参照すること）。ここには、新しい機械によって行われる現実の消費があり、自己性愛的とも、あるいはむしろ自動的とも名付けうるような快楽があり、そこで、新しい縁組による婚礼が行われる。新しい誕生、眼もくらむような恍惚、まるで機械のエロティシズムが、他のもろもろの無制限な力を解放したかのように。

問題は次のようなものになる。独身機械は何を生産するのか。独身機械を通じて何が生産されるのか。その答えは、強度〔内包〕量ということであるように思える。ほとんど耐えがたいほどの、純粋状態における強度量の分裂症的経験が存在するのである。――最高度において体験される独身状態の悲惨と栄光、つまり生と死の間に宙づりになった叫び声、強度の移動の感覚、形象も形式もはぎとられた純粋で生々しい強度の状態。ひとは、しばしば幻覚と錯乱について語る。ところが幻覚の所与〈私は見る、私は聞く〉と錯乱の所与〈私は考える…〉は、より一層深い次元の〈私は感ずる〉ということを前提とし、まさにそれが幻覚に対象を与え、思考の錯乱に内容を与えるのである。「私は、自分が女になるのを感じる」とか「自分が神になるのを感じる」ということは、錯乱でもなければ、幻覚でもなく、幻覚を投影し、錯乱を内面化しようとすることである。錯乱や幻覚は、真に一次的なものである感動に比べれば、二次的なものにすぎない。この感動がまず体験するのは、もろもろの強度、生成、移行だけである。[17] それなら、これらの純粋な強度はどこからくるのか。これらは反発と吸引という先にあげた二つの力に由来し、この二つの力の対立から生まれてくるのだ。そういっても、もろもろの強度そのものは相互に対立しながら、中和状態のまわりで均衡しているわけではない。それどころか、それらの諸強度は、器官なき充実身体を指示する〈強度＝ゼロ〉の状態を起点として、すべて正の値をもっている。ただし、その値は、諸強度自体の複雑な関係に応じて、また強度の原因となる吸引と反発の比率に応じて、相対的に上下する。要するに、吸引力と反発力の対立は、すべて肯定的な、強度の諸要素の開かれた系列を生みだすのである。これらの要素は、決してひとつのシステムの最終的な均衡状態を表現しているのではなく、むしろ無数の準安定的な停止状態を表現し、ひとつの主体は、次々とこれらの状態を体験し通過してゆく。カントの理論によれば、強度〔内包〕量は、様々な度合において、空隙なき質料を満たすのだが、この理論は根底的に分裂病質なのだ。シュレーバー控訴院長の教説に従えば、吸引と反発は強度の神経状態を数々生みだし、この神経状態が様々な度合において器官なき身体を満たし、シュレーバー＝主体は、これらの神経状態を通過しながら、女性になり、永劫回帰の円環を辿って、さらに別のいろいろなものになる。シュレーバー院長の裸の胴体にある乳房は、錯乱でも幻覚でもない。器官なき身この乳房は、何よりも、器官なき身体の上の強度の地帯を示しているのだ。

体はひとつの卵である。そこには、軸と閾、緯度、経度、測地線が縦横に走っている。また生成と移行、そこに展開されるものの行き先を印づける勾配がいたるところにある。ここには、何ひとつなにかを表象するものはない。ここではすべてが生であり、生きられている。つまり乳房の生きられる感動は、乳房に似ていないし、乳房を表象することもない。同じように、卵の中の形成を予定されている地帯は、そこに導入される器官と少しも似ていないのである。ここには、強度の諸地帯、もろもろの潜勢力、もろもろの閾と勾配以外に何も存在しない。引き裂くような、あまりに感動的な体験、分裂者はまさにこの体験を通じて、物質に、物質の強度な生きた中心に最も接近するのである。「この感動は、精神がそれを求める特定な地点の外にある……。この感動は、物質の圧倒的な音響を精神に返してやる。魂すべてがそこに崩れ落ち、その白熱の炎をかいくぐる。(18)」いったい分裂者を、現実から分離され、生から切断された自閉的なあの廃人として思い描くことが、どうして可能になったのか。もっと悪いことに、精神医学は、どうして分裂者を実際にあの廃人に変え、あのような死人になった器官なき身体の状態に還元しえたのか。――分裂者こそ、精神が物質にふれ、そのおのおの強度を生き、これを消費する耐え難い地点に身をおいた存在だったのに。さらに、この問いは、一見かなり異なる別の問いに関係づけられるべきではないか。精神分析は、今度はどのようにして神経症患者を、ひたすら永遠に〈パパ－ママ〉だけを消費するあわれな存在に還元しようとしているのか、という別の疑問があるのだ。いかにして、「だから、これはあれであった」「だから、これは私である」という〈連接的総合〉が、オイディプスの永遠に陰鬱な発見に、「だから、これは私の父だ。だから、これは私の母だ……」に還元されてしまったのか。私たちは、まだこれらの問いに答えることはできない。私たちがわかっているのはただ、純粋な諸強度の消費は、いかなる点で家族的形態とは無縁であるか、また「だから、これは……である」という連接的な組織は、どれほどオイディプス的な組織と無縁であるか、ということである。いったいこうした生命の運動の全体を、どのように要約すべきなのか。第一の道（簡潔な路線）に従えば、こうである。器官なき身体の上のもろもろの離接の点は、欲望機械の周囲にいくつかの収斂する円環を形成している。こうして主体は、欲望機械の傍に残滓として生産され、機械に隣接する付属物、あるいは部品として、円環のあらゆる状態を通過し、ひとつの円環から次の円環へと移ってゆく。中心は機械によって占められ、主体自身は中心にいるのではなく周縁に存在し、固定した自己同一性をもたない。それは常に中心からずれ、自分が通過する諸状態から結論されるものでしかない。ベケットの『名づけえぬもの』によって描かれた輪は、まさにこのようなものである。「ときには唐突に、そして簡潔に、ワルツで揺れるように、またときにはゆったりとした抛物線をえがいて」。マーフィやワットやメルシエなど様々な状態とともに。家族は、ここに何ももたらさない。あるいはまた、もっと複雑な他の道があるが、しかし結局は同じことになる。要するにパラノイア機械と奇蹟的機械によって、器官なき身体の上に様々な割合で反発と吸引が生じ、これが独身機械の中にゼロから始まる一連の諸状態を生みだす。主体は、この一連のそれぞれの状態から生まれ、そして一瞬のあいだ主体を規定する次の状態において、たえず生まれ変るのだ。主体はこうして、自分をたえず誕生させるこれらの状態をすべて消費するのである（生きられる状態の方が、この状態を生きる主体よりも根源的である）。

　クロソウスキーは、ニーチェを註釈して、このことをみごとに指摘したのである。物質的感動としての気分 *Stimmung*[19] は、最も高度の思考と最も尖鋭な知覚を構成するものとして現前するというのである。「遠心力は、永遠に中心を逃れるわけではなく、再び中心から遠ざかろうとして、新たに中心に近づく力なのである。個人が自分自身の中心だけを求めて、自分がその一部をなしている円環全体を見ない限り、このような激しい振動は個人を圧倒することになる。この振動が個人を圧倒するのは、自分が見いだしえない中心に立つならば、振動のひとつひとつが、自分自身だと思いこんでいるのとは別の個人に対応しているからである。したがって自己同一性は本質的に偶然的で、あれやこれやの自己同一性の偶然性が、様々な個人性を必要とするためには、それぞれの同一性が一連の個人性を遍歴しなければならないことになる。」吸引と反発、高揚と衰退の二つの力は、強度ゼロを起点として、一連の様々な強度を生みだしてゆくが、強度ゼロは器官なき身体を指示するのである（「ところが奇妙なことに、単にこの強度の不在〔ゼロ〕を意味するためにも、ここでさらに新たな充溢が必要とされる」）。文献学の教授であるあのニーチェという自我などは、もともと存在してはいないのだ。この自我は突然理性を失うと同時に、もろもろの奇妙な人物に同一化することになる、などということではないのだ。一連の諸状態を通過してゆくニーチェ的主体があり、この主体が、歴史上の様々な名をこれらの諸状態と同一化するのである。歴史上のすべての名前、それは私である…。自我は円環の中心を放棄したが、いまや主体がこの円環の円周上に拡がっている。中心にあるのは、欲望の機械であり、永劫回帰の独身機械である。この機械の残滓的主体として、ニーチェ的主体は、この機械が回転させるあらゆるものから、読者がニーチェの断片的著作にすぎないと思っていたあらゆるものから、幸福感に満ちた報償（ヴォルプタス）を引きだしてくる。「ニーチェがこれ以降追求しようとするのは、ひとつの体系の実現ではなくて、ひとつのプログラムの適用なのである……。これはニーチェ的言説の残滓という形で現われるが、いわば彼の歴史主義の全レパートリーを形成することになる。」人物に同一化することではなく、歴史上の名前を器官なき身体の上のもろもろの強度的地帯に一体化すること。だから、そのたびに、主体は叫ぶのだ、「これは私だ、だから、これは私だ」。これまでに分裂者ほど歴史を作り、歴史の方法を作り出したものはいない。彼は、いっきょに世界史を消費するのである。私たちは、分裂者を〈自然人〉*Homo natura* として規定することから出発したが、彼は最後には〈歴史人〉*Homo historia* なのである。一方から他方への、幸福感は、ヘルダーリンからニーチェへの長い道程、それは加速される（「ニーチェにおいて、ヘルダーリンの冥想的疎外感ほどに長続きはしない。――ニーチェに与えられた世界像は、風景や静物の多少とも規則正しい継続を成立させるようなものではない。ヘルダーリンにおいては、この継続は、ほぼ四十年にわたっている。ニーチェの世界像は、ひとつの出来事の回想的パロディである。それをある荘厳な一日に演じるのは、ただひとりの俳優なのだ。――なぜなら、すべては、ただ一日の間に語られ、再び消えてゆくからである。――もっとも、この一日は、まともなカレンダーによれば十二月三十一日から一月六日まで続いたはずだった」)。

第四節　唯物論的精神医学

精神医学者クレランボーの有名な命題は確かな根拠をもっているように思える。包括的で体系的な性格をもつ錯乱〔妄想〕は、細分化した局所的な自動性の現象に対して二次的なものであるという命題である。じじつ錯乱は、欲望機械の生産過程を収集する登録を特徴づけるものである。パラノイアにおいて、また分裂症のパラノイア気質的形態においてさえ認められるように、錯乱は、それ自身に固有の総合や情感をそなえてはいるが、自律的な領域を構成するものではなく、欲望機械の作動や不調に対しては二次的なのである。ところが、クレランボーが「(精神的) 自動症」の用語を用いたのは、反響、有声化、閉鎖音の破裂、無意味音というふうに、語幹を形成しない音声現象を示すためにすぎなかった。クレランボーは、ここに、感染あるいは中毒の機械的な効果を見ていたのである。彼は、ここから大部分の錯乱を自動症の結果として説明した。錯乱のその他の部分、すなわち「個人的な」部分に対しては、この部分は、反応的性質のもので「性格」に帰するとされ、この性格の現われは自動症に先行するものとされた（たとえば、パラノイア的性格はそのようなものである）[20]。だから自動症の中に、クレランボーは、語の最も一般的な意味での神経学的メカニズムを見るだけで、欲望機械を作動させる経済的生産の過程を見なかったのだ。生活史に関しては、彼は先天的あるいは後天的な性格を援用することで満足していた。マルクスが次のように語った意味で、クレランボーは精神医学のフォイエルバッハなのである。「フォイエルバッハが唯物論者であるかぎりにおいて、彼には歴史は現われてこない。彼が歴史を考察しているかぎりにおいて、彼は唯物論者ではない。」真に唯物論的な精神医学は、これとは逆に、次のような二重の操作によって定義される。すなわち、メカニズムの中に欲望を導入すること、欲望の中に生産を導入することである。

贋の唯物論と観念論の典型的形態の間に、根本的なちがいはない。分裂症の理論を特徴づけるのは次の三つの概念であり、これらはこの理論の三位一体の定式を構成する。観念解離（クレペリン）、自閉症（ブロイラー）、時間－空間あるいは世界内存在（ビンスヴァンガー）の三つである。第一のものは説明的な概念であり、これは分裂症に特有の障害や根本的な欠損を指摘しようとするのである。第二のものは了解的な概念であり、錯乱そのもの、あるいは切断という効果の特殊性を指摘する。それは「現実からの離脱であって、この離脱は内的生活の相対的あるいは絶対的な優位をともなう。」第三のそれは表現的な概念であり、この概念は錯乱する人間を彼自身の特有な世界の中に発見し、または再発見しようとする。これら三つの概念に共通しているのは、分裂症の問題を、「身体のイメージ」を介して自我に関係づけていることである（これは魂の最終的な化身にすぎず、そこには唯心論と実証主義が混交している）。ところが、自我とはパパ－ママと同じで、ずっと前から、分裂者はもはやそんなものを信じてはいない。分裂者は、こうした問題の彼岸に、あるいは背後に、その下に、あるいは別のところにいるのであって、とにかくこうした問題の中にはいないのだ。ただ分裂者の存在するところに問題があり、のりこえ難い苦悩や、耐え難い困窮がある。いったいなぜ彼がぬけ出てきたところに、彼をつれ戻そうとするのか。もはや彼自身のものではないこうした問題の中に、彼を再び閉じ込めるのか。彼に観念的に敬意を払っただけで十分にほめ讃えたと思いこみ、なぜ彼の真実を愚弄するのか。分裂者はもはや〈私〉ということができない、まず彼に言表行為の聖なる機能を回復してやらなければならない、と誰かがいうだろう。分裂者は、〈私はまたないがしろにされている〉といいながら、こう要約する。「私はもう私といわない。もう永遠にこれを口にしないだろう。あんまり馬鹿げている。このことばを聞くたび、代りに三人称を使うだろう、もし思いつくなら。もしそれが彼らを喜ばすのなら。それで何も変わりはしないだろう。」だから彼が私ということばを再び口にするとしても、やはり何も変わりはしない。それほど彼は、こうした問題とは別のところに、こうした問題を超えたところにいるのだ。フロイトでさえ、自我に関して、狭い観点からぬけ出してはいない。彼がぬけ出るのをさまたげていたのは、彼自身の三位一体の定式なのだ。――あのオイディプス的、神経症的定式、つまりパパ－ママ－私である。フロイトは、分裂症に適用される自閉症という厄介な概念を再発見して、この概念を自分の権威の重さによって保証したのであるが、フロイトをうながしたのは、オイディプス・コンプレックスという分析上の帝国主義ではなかったかと問わなければならない。なぜなら何も秘密にする必要はなく、結局フロイトは分裂症者が好きではないのだ。彼は、オイディプス化に対する彼らの抵抗をきらい、むしろ彼らを獣のように扱う傾向をもっている。フロイトはこういっている。彼らは言葉を物そのものと取り違え、無感動でナルシシストで、現実から切断されていて、転移をうけつけず、哲学者に似ている。「これは望ましくない類似である」と。欲動とその徴候の関係、象徴と象徴されるものの関係を精神分析がどのようにとらえているか、しばしば問われてきた。これは因果関係なのか、それとも了解の関係なのか、あるいは表現の関係なのか。この問題提起は、あまりにも理論的すぎるのだ。というのも、じじつ私たちがオイディプスの中に閉じこめられ、オイディプスを基準に測られるとたちまち一杯食わされ、生産という本来の唯一の関係は排除されてしまうからである。精神分析の偉大な発見は、欲望的生産の、無意識のもろもろの生産の発見なのだ。しかし、オイディプスの出現とともに、この発見はたちまち新たな観念論によって蔽い隠された。つまり工場としての無意識のかわりに古代劇場が、無意識の生産の諸単位のかわりに表象が、生産的無意識のかわりに、もはや自己を表現することしかできない無意識（神話、悲劇、夢…）がいすわったのだ。

分裂症の問題が自我の次元にひきもどされるたびに、もはや分裂者のものとして前提された本質や特徴を「味わう」ことしかできはしない。愛情や憐憫をもって対するとしても、あるいは嫌悪をもって再び吐き出すことになるにしても、同じことだ。分裂者は、あるときは解離した自我であり、またあるときには切断された自我であり、また一番気のきいた別の場合には、存在をやめたことのない自我、独自に現存在している自我、しかも世界内にある自我であり、これは狡猾な精神医学者、理解力にたけて卓越した観察者、つまり現象学者によって見出されたのである。ここでもまたマルクスの次の警告を思い起そう。小麦の味から、誰がそれをつくったのかを見ぬくことはできない。生産物から、生産体制や生産関係を見ぬくことはできない。生産物が、生産物が依存する現実の生産過程にではなく、原因結果、了解、表現といった理念的な諸形式に結びつけられるなら、生産物はそれだけ特殊なもの、語りがたいほど特殊なものに見えてくるのだ。ひとがプロセスを停止し、あるいはプロセス自体を目標にし、あるいはプロセスをはてしなく空虚の中で作動させて、「魂と体とがついには崩壊してしまうような恐るべきあの極北」〈自閉症患者〉を引き寄せてしまうなら、分裂症者はそれだけますます特殊になり、人格化されて見えることになる。クレペリンのいう名高い終着点……。ところが逆に、生産の物質的プロセスに注目するなら、生産物の特殊な性格は消え始め、同時に別の「完成」の可能性が現われてくる。自閉状態において人工化され人称化された分裂症者の病状である前に、分裂症は、欲望の生産と欲望機械のプロセスなのだ。なぜ、ひとはこのプロセスから病状の方に移ってしまうのか。またこの移行は不可避なものなのか。こうした問題は依然として重要であり続けている。この点について、また他の点についても、ヤスパースは最も貴重な示唆を与えてくれた。なぜなら彼の「観念論」はまったく例外的なものだからである。彼は、プロセスの概念を人格的反応や人格的発展の概念に対立させながら、自我との虚構的関係の外でプロセスを断絶や侵入として考え、代りに自然の中の「悪魔的なもの」との関係を提唱している。ただ、ヤスパースに欠けていたのは、プロセスを経済的物質的現実として把握するということ、〈自然〉＝〈産業〉、〈自然〉＝〈歴史〉という同一性における生産プロセスとして把握することだけであった。

ある意味では、欲望の論理は、第一歩からその対象を捉えそこねている。第一歩とは、プラトンの区分のことでそれは、生産と獲得との間で選択させるのである。欲望を獲得の側におくなら、たちまち私たちは欲望について観念論的（弁証法的、ニヒリズム的）な考え方を形成してしまう。これは、何よりもまず、欲望を欠如として、対象の欠如として、現実的対象の欠如として規定するものである。確かに、他方の側面すなわち「生産」という側面が無視されているわけではない。欲望とは、「それ自身の表象を介して、これらの表象の対象を実在させる原因となる能力」であると定義して、欲望の理論に批判的革命をもたらしたのは、まさにカントなのだ。しかし、カントは、この定義を説明しようとして、迷信にみちた信仰や幻覚や幻想を引きあいに出しているが、これは偶然ではない。私たちは、現実的対象が外的な因果関係と外的なメカニズムとによってしか生産されえないことをよく知っているが、この知識も、次のように考えることを妨げはしない。たとえ、非現実的な幻覚あるいは幻想の形においてであっても、欲望の内的な力は、欲望自身の対象を生みだし、このような因果関係を欲望自身のうちで表象する。[21]欲望によって生産されるものとしての対象の現実は、それゆえ心理的現実なのである。それなら、カントの批判的革命は、本質的には何も変えていないということができる。生産性をこのように把握する仕方は、欲望を欠如と考える古典的な発想を問い直すものではなく、むしろ古典的な発想に依存し、それに支えられたまま、それを深めることで満足しているだけなのだ。じじつ、もし欲望が現実的対象の欠如にすぎないなら、欲望の現実そのものは、幻想化された対象を生産する「欠如という本質」の中にあることになる。こうして欲望は生産として把握されても、ただ幻想の生産として把握されているにすぎず、精神分析はまさにこうした欲望を完璧に展開してきたのである。解釈の最も基礎的な次元では、このことは次のことを意味している。すなわち欲望にとって欠如している現実的対象は、それ自身としては、外的な自然的あるいは社会的生産にかかわるが、一方欲望の方は想像的なものを内的に生産し、これを現実のかわりにする、ということを意味しているのである。あたかも「それぞれの現実的対象の背後には夢見られた対象」が存在するかのように、あるいは現実的生産の背後には心的生産が存在するかのように。だからといって、精神分析は、対象の精神分析という最も悲惨な形態において、アイディア商品や市場の研究に行き着くと決まっているわけではない（麺類のパックや自動車や「何やかや」の精神分析）。しかし、幻想をそのあらゆる広がりにおいて解釈し、これを単にひとつの対象としてではなく、欲望を演出する特殊な一機械として解釈する場合でさえ、この機械は単に演劇的なものにすぎず、この機械は、これから分離されてはいるが、この機械を補足するものを存続させているのだ。まさにここで欲求は、相対的な欠如として定義され、それ自身の対象によって規定されている。ところが他方、欲望は、幻想を生産するものとして出現し、自己を対象から分離することによって自己を生産し、しかもまた欠如を倍加し、それを絶対的にしていき、この欠如を「存在の癒し難い欠陥」、あるいは「生そのものにほかならない存在欠如」にするのである。こうして欲望は、もろもろの欲求に支えられたものとして現われてくるほかない。欲望の生産性は、欲求という基礎のうえに、欲求が対象を欠いているという関係のうえに成立し続けることになる（支えの理論）。要するに、ひとが欲望的生産を幻想の生産に還元するとき、彼は観念論的原理からあらゆる帰結を引きだすことで満足していることになる。この原理は、欲望を欠如として定義するだけで、生産として、「産業的な」生産として定義しない。クレマン・ロセは、的確にこう語っている。欲望がその対象を明確にしようとして、欲望にまさに欠けている欠如を強調するたびに、「世界は、何であれこの世界とは別の世界と二重写しになって現れ、次のような道をたどることになる。欲望には対象が欠けている。したがって世界は、あらゆる対象を含んでいるのではなく、少なくともひとつの対象を欠いている。それがつまり欲望の対象なのである。したがって、欲望の鍵を所蔵する別の場所が存在する（この世界には、欲望の鍵が欠如している）[22]」。

欲望が何かを生産するとすれば、それは現実を生産するのだ。欲望が生産者であるとすれば、欲望はただ現実において生産者であり、現実の生産者なのだ。欲望は、こうしたもろもろの受動的総合の総体であり、これが部分対象を、またもろもろの流れと身体を、機械として組織し、みずから生産の単位として作動する。現実的なものは欲望から生ずるのであって、それは無意識の自己生産にほかならない欲望の受動的総合の結果である。欲望には何も欠けていないし、対象も欠けてはいない。欲望に欠けているのはむしろ主体であり、欲望は固定した主体を欠いているのだ。ただ抑圧によって、固定した主体が存在するだけだ。欲望とその対象とは一体をなし、それは機械の機械として、機械をなしている。欲望とは機械であり、欲望の対象もやはりこれに接続されたもうひとつの機械である。したがって、生産物は生産する働きから採取される。そして生産する働きから生産物に移行するプロセスで、何かが離脱し、これは遊牧し放浪する主体に残余を与える。欲望の客体的存在は〈現実〉そのものなのである[23]。心的現実と呼ばれうるような実在の特定の形態といったものは、存在しないのだ。マルクスがいっているように、欠如は存在しない。「自然的感覚的対象存在」としての情念があるだけだ。欲望がもろもろの欲求に支えられているのではなく、逆に欲求の方が、欲望から派生するのだ。

もろもろの欲求は、欲望が生産する現実の中に生みだされる逆生産物である。欠如は欲望の逆効果であり、自然的社会的な現実の中に託され、備えられ、空胞になったものでしかない。欲望はいつも客体的実在の諸条件のすぐ近くにあり、こうした条件に結びつき、あるいは同伴し、これを越えて生き延びるようなことはなく、これとともに移動するのだ。だからこそ、それはたちまち死の欲望でありえ、一方、欲求のほうは、欲望を失った主体の遠ざかりの程度を計るのであって、主体はそのとき、これらの条件の受動的総合も失ってしまったのだ。空虚を実現するものとして欲求が意味をもっているとすれば、それはほかでもなく、受動的総合が残っているところに、これをさがしにいき、これをとらえ、これに寄生するということである。たとえ、私たちは草ではない、ずっと前に、ひとは葉緑素合成をしなくなった、ひとはだから食べなくてはならないのだ…、などと語ろうと、欲望はこのとき、おぞましいことに欠如の恐怖となる。ところがまさに、こう語ったりするのは、貧しい人びとや無一物のひとたちなのではない。それどころか逆に、彼らこそ自分が草と同類であり、欲望とはほんの僅かのものを「欲求」するにすぎないことをよく知っているひとたちなのだ。彼らに残されたものを欲求するのではなく、彼らからたえず剝奪されるあれらのもの自体を欲求するのであり、これらのものは主体の中心に欠如を構成していたのではなく、むしろ人間の客体性を、または人間の客体的存在を構成していたのだ。このような人間にとっては、欲望することはすなわち生産すること、現実に生産することなのである。現実的なものとは、不可能ではなく、反対に、現実的なものにおいては、すべてが可能であり、すべてが可能になる。主体における モル的欠如を表現するのは欲望ではなく、モル的な組織こそが欲望からその客体的存在を取り上げるのだ。革命家たち、芸術家たち、そして見者たちは、単に客体的であることでみちたりている。つまり彼らは、欲望が生産的な力能によって生を抱擁していること、欲望が欲求をほとんど必要としていないからこそ、より強度なしかたで生を再生産するということを知っている。それを言うだけなら簡単だ、それは本の中のアイディアにすぎない、と思っている人びとにとっては心外だろうけれど。「私がしてきたわずかな読書から、私はこういう結論をひきだしたのである。生の中に最も深くもぐりこみ、生に形を与えた人びと、生そのものである人びとは、わずかしか食べず、わずかしか眠らず、たとえ物を持っているとしても、わずかしか所有しない。彼らは義務や生殖に関して、家族を永続させ国家を防衛するという限られた目的に関して、少しも幻想を抱いてはいなかった……幻想の世界とは、われわれが征服しえなかった世界である。それは過去の世界であり、未来の世界ではない。過去にしがみついたまま前進すること、それは囚人の足枷を引きずって歩くことである。」生きた見者、それはナポリの革命家の衣装を着たスピノザである。私たちは欠如がどこから来るのか－そしてその主体的相相関物として、幻想がどこから来るのか分っている。欠如は社会的生産において整備され、組織される。欠如は反生産の審級による逆生産物であり、この審級はもろもろの生産力に折り重なって、それらを独占してしまう。それは決して最初に来るのではない。生産は決してそれ以前の欠如とのかかわりにおいて、組織されるわけではない。むしろ欠如が先行する生産の組織にしたがって居座り、空胞化し、増殖するのである。このような市場経済としての空虚の実践は、支配階級の技術に属する。それはつまり、ありあまる生産において欠如を組織すること、欲望のすべてを欠如への深刻な恐れのなかに投げ込むこと、欲望の外部にあるとみなされる現実的生産に対象を依存させることである（合理性の要求）。かたや欲望の生産は幻想のなかに入ってしまうのだ（ほかの何者でもなく幻想に）。

　一方に現実の社会的生産、他方に幻想の欲望的生産があるわけではない。これら二つの生産の間に、注入や投影といった二次的関係が確立されるわけではない。もしそうなら、あたかも社会的実践が内面化された心的実践に重なり、あるいはまた心的実践が社会的システムに投影されるだけで、これらはたがいに決して侵食しあわないかのようである。私たちが一方に貨幣、金、資本そして資本主義の三角形を、他方にリビドー、肛門、ファルス、そして家族の三角形を対比させるに過ぎないなら、心地よい時間つぶしに身をゆだねることになっても、貨幣のメカニズムは、貨幣を操る人びとの肛門的投影とはまったく無縁なままである。マルクスとフロイトの対比はまったく不毛で無関係なままであり、たがいに無縁なまま、内面化されあるいは投影される諸項をうかびあがらせるだけである。たとえば、貨幣＝糞という、あの名高い等式のように。本当は、社会的生産は規定された諸条件においては、もっぱら欲望的生産そのものなのである。社会的領野は直接的に欲望に横断され、それは歴史的に規定された欲望の産物であり、リビドーは、生産力と生産関係を備給するために、いかなる媒介も、いかなる昇華も、いかなる心理的操作も、いかなる変形も必要としない、と私たちは主張する。ほかのなにものでもなく、ただ欲望と社会的なものが存在する。社会的再生産の最も抑圧的、屈辱的な形態も欲望によって生産され、欲望から出現する組織において生産される。まさに私たちは、この組織がどのような条件において出現するかを分析しなければならないだろう。だからこそ政治哲学の根本的問題とは、スピノザがかつて提起したものと同じなのだ（それをライヒは再発見したのである）。すなわち「何ゆえに人間は隷属するために戦うのか。まるでそれが救いであるかのように」。どうして人は「もっと税金を！　もっとパンを減らして！」などと叫ぶことになるのか。ライヒがいうように、驚くべきことは、ある人びとが盗みをし、また別の人びとがストライキをするということではない。そうではなくて、むしろ飢えた人びとが必ずしも盗みをしないということ、搾取される人びとが必ずしもストライキをしないということである。なぜ人々は何世紀も前から、搾取や屈辱や奴隷状態に耐え、他人のためだけでなく、自分たち自身のためにさえも、これらを欲するようなことになるのか。ライヒは、ファシズムの成功を説明しようとして、大衆の誤解や錯覚をその原因として引き合いに出すことを拒否し、欲望の観点から、欲望の言葉で説明することを要求しているが、ライヒがこのときほど偉大な思想家であったことはない。彼はこう語っている。いや、大衆はだまされていたのではない。大衆は、一定のとき、一定の情況において、ファシズムを欲望していたのであり、まさにこのこと、群集心理的欲望のこの倒錯を説明しなければならない、と。[26] ところが、ライヒはこれに対して十分な解答を与えるまでには至っていない。なぜなら、彼は、社会的生産プロセスの中に存在している、あるいは存在しなければならない合理性と、欲望の中の非合理的なものを区別し、この非合理的なものだけを精神分析の主題とすることによって、彼自身が打ち倒そうとしていた当のものを復活させているからである。ここでライヒが精神分析の使命としているのは、ただ社会的領野における「否定的なもの」「主観的なもの」「禁じられているもの」を説明することだけである。こうして必然的に彼は、合理的に生産される現実的対象と、非合理的な幻想的生産との間の二元論に帰ることになる。[27] 彼は、社会野と欲望の共通の基準あるいは共外延を発見することを放棄するのだ。つまり唯物論的精神医学を真にうちたてるためには、彼には欲望的生産というカテゴリーが欠けていた。いわゆる非合理的な形態であれ、合理的な形態であれ、現実的なものはこのカテゴリーにしたがうべきであった。

欲望的生産にねらいを定める社会的抑圧が巨大な規模で存在するという事実は、少しも私たちの原理を損なうものではない。欲望は現実的なものを生産する、つまり欲望的生産は社会的生産と別のものではない。これが私たちの原理なのである。欲望に対して、特有な存在形態を認め、社会的生産の物質的現実に対立する精神的あるいは心理的現実という存在形態を認めることなど問題外である。欲望機械は、こうした幻想的あるいは夢幻的機械ではないのだが、幻想的、夢幻的機械は、技術的かつ社会的機械と区別され、むしろこれらの機械を裏打ちするものとみなされている。もろもろの幻想は、むしろ二次的な表現であり、こうした表現は、与えられた環境における欲望機械と社会的機械の同一性から派生してくるのである。だから、幻想は決して個人的なものではない。それは制度論的精神分析がいみじくも指摘した通り、あくまで集団幻想なのである。そして次の二種類の集団幻想があるとすれば、この同一性が二つの方向で解釈されうるからである。ひとつは欲望機械が、これを形成する巨大な群集的なマッスにおいて捉えられる場合であり、いまひとつは、社会諸機械が、これを形成する欲望の基本的な諸力に関係づけられる場合である。だから集団幻想においては、リビドーが、現存の社会野を、その最も抑制的な形態も含めて備給することがありうるし、あるいはまったく逆に、リビドーが逆備給を発生させ、この現存の社会野に革命的欲望を接続することもありうる（たとえば、十九世紀の偉大な社会主義的ユートピアは、理想的モデルとしてではなく、集団幻想として、すなわち欲望を現実に生産する代行者として作用し、現状の社会野の脱備給、「脱機構」を可能にして、欲望それ自身の革命的機構に味方するものにほかならない）。しかし二つの機械の間には、欲望機械と技術的社会的機械の間には、何ら本性上のちがいは存在しない。区別はたしかに存在するが、それは単に機械の大きさの比に対応する体制の区別にすぎない。これらは、体制のちがいを除けば、同一の機械なのである。もろもろの集団幻想はまさにこのことを示している。

私たちは先に社会的生産と欲望的生産との間の平行関係を素描した。それは二つにおいて、たちまち生産の諸形態に折り重なり、これらの諸形態を自分のものにする反生産の審級が現存することを示すためで、この平行関係は、その二つの生産の間の関係について何ら予断を下すものではなかった。私たちはただ、体制の区別に関するいくつかの様相を明確にしえたにすぎない。まず第一に、技術的機械が作動するには、調子が狂わないという条件がいることは明らかである。技術的機械自身の固有の限界は、その磨滅であって、その乱調ではない。マルクスはこの単純な原理を根拠として、次のことを明らかにしている。技術的機械の体制とは、生産手段と生産物とを厳密に区別するものであり、この区別のお蔭で、この機械は生産物に価値を与え、この機械自身が磨滅するにしたがって、機械は価値を失うというのである。これとは逆に、欲望機械は作動しながら、たえず調子を狂わせ、ただ調子を狂わせることによって作動する。つまり生産する働きは、たえず生産物に接木されるのであり、機械の部品はまた燃料でもある。芸術は、しばしば欲望機械の特性を利用して、まさに集団幻想を創造するが、集団幻想は社会的生産と欲望的生産を短絡させ、技術的機械の再生産過程に、乱調の機能を導入するのだ。アルマンの燃やされたヴァイオリンや、セザールの圧縮された車体が、その例である。もっと一般的には、ダリの批判的パラノイアの方法は、社会的生産の一対象における欲望機械の爆発を可能にしている。ところが、すでにラヴェルは、磨滅よりも乱調を好んでいた。ゆるやかな減速や消滅に代えて、彼は急激な休止、逡巡、急テンポ、不調な音、破裂音といったものを用いていた。(28) 芸術家はもろもろの対象《オブジエ》を操る達人なのだ。彼は、壊され、焼かれ、調子の狂ったもろもろの対象を自分の芸術の中に組み込み、これらを欲望機械の体制の中へ連れ戻すのだ。欲望機械の乱調は、欲望機械の作動そのものの部分をなしている。芸術家は、パラノイア機械、奇蹟を行う機械、独身機械といった諸機械を、それらに対応する技術的機械として提示するが、それは技術的機械に欲望機械を注入することでもある。それだけではない、芸術作品は欲望機械そのものである。芸術家は、自分の宝を蓄積して、やがて起きる爆発にそなえている。だから彼は、破壊がどんなに早くきても、早すぎることはないと思っている。

体制における第二の相異は、ここから生ずる。欲望機械は、まったく自分自身で反生産というものを生みだすのであるが、これに対して、技術機械に固有の反生産は、もっぱら過程の再生産にとって外的な諸条件の中において生みだされる（これらの諸条件は「事後に」到来してくるものではないけれども）。したがって技術的機械は経済的カテゴリーではなく、たえずひとつの社会体すなわち社会的機械を指示している。この社会的機械は、技術的機械とは別のものであり、こうした再生産を条件づけているのである。それゆえ技術的機械は社会的生産の一般的形態の原因ではなく、ただ単にその指標であるにすぎない。こうしてもろもろの手動機械と原始社会、水力機械とアジア的社会形態、産業機械と資本主義といった組み合せが現われてくる。だから、私たちが社会体を器官なき充実身体の類比物として措定したとき、そこにはやはり重要な相異が存在していたのだ。というのも、欲望機械は欲望の経済学の基本的カテゴリーであり、まったく自分自身だけで器官なき身体を生みだすものであり、もろもろの代行者と機械自身の部品が区別されず、生産関係とこの諸機械自身の間の関係も、社会性と技術性も区別されないからである。欲望機械は、技術的であると同時に社会的なのである。まさにこの意味において、社会的生産は単に抑制の場であるのに対して、欲望的生産は根源的な抑圧の働く場であり、また社会的生産と欲望的生産との間には「厳密な意味での」二次的な抑圧に類似する何かが行使されることになる。ここでは、すべてが器官なき身体の、あるいはその等価物の状況によって左右され、器官なき身体が内から生じてくる帰結であるのか、それとも、外から到来する条件であるのかによって左右される（これに応じて、死の本能の役割が変化する）。

ところがこれらは同じ機械であり、異なる体制のもとにあるだけである。――もっとも抑制を欲望するなどということは、欲望にとっては奇妙な気まぐれなのであるが。ここには、現実的なものの生産というひとつの生産があるだけである。たしかに、私たちはこの生産の同一性を二つの仕方で表現することはできるが、しかしこの二つの仕方は、無意識の自己生産をサイクルとして構成しているのだ。私たちに言えるのは、あらゆる社会的生産が一定の条件のもとで、欲望的生産から生ずるということである。すなわち、まず〈自然人〉がいる。しかし、さらに正確につけ加えるべきことは、欲望的生産とは何よりもまず社会的であり、それが自身の解放に向かうことになるのは最後でしかないということである（まず〈歴史人〉がいる）。つまり器官なき身体そのものが起源において与えられ、次にそれが異なる種類の社会体の中に投影されたわけではないのである。もしそうならば、あたかも原始の遊牧民の首長たる偉大なるパラノイア人が、社会的組織の根底に存在していたかのようであろうが、そうではないのだ。社会的機械すなわち社会体は、〈大地〉の身体、〈専制君主〉の身体、〈貨幣〉の身体などでありうるが、これは、決して器官なき身体の投影ではない。むしろ、器官なき身体のほうが、脱領土化した社会体の最後の残滓なのである。社会体の課題は、いつでもこういうものだった。つまり欲望の流れをコード化し登記し登録して、どんな流れも、せきとめられ、整流され、管理されることなしには、流れないようにすること。原始的な大地機械がもはや十分なものでなくなったとき、専制機械が一種の超コード化を設立した。ところが資本機械は、専制〈国家〉の多少とも古びた廃墟の上に打ちたてられたものであるかぎり、まったく新しい状況の中にある。つまり、もろもろの流れの脱コード化と脱領土化という状況である。この状況に資本主義は外から対決するのではない。なぜなら資本主義はこの状況を糧として生き、この状況の中に自分を支える条件と自分の内容をなす素材を同時に見いだし、この状況をあらゆる暴力をもって強制するからである。その徹底した生産も抑制も、これと引き換えにしか、実現されないのだ。じじつ資本主義は、二種類の流れが出会うところに発生するのであって、そこでは貨幣－資本の形態をとる脱コード化した生産の流れと、「自由な労働者」という形態をとる脱コード化した労働の流れが出会うのだ。だから、それ以前の社会的機械とは異なって、資本機械は、社会野の全体をおいつくすコードを生みだすことはできない。資本機械は、コードという観念そのものにかえて抽象量の公理系を、貨幣としてもたらし、この公理系は、たえず社会体の脱領土化運動をより遠くにおしすすめる。資本主義は脱コード化の境界に向かい、それは社会体を破壊して器官なき身体に向かい、この身体の上で、脱領土化した領野において、欲望の流れを解放する。この意味では、ちょうど、躁鬱病とパラノイアが専制機械の産物であり、ヒステリーが大地機械の産物であるように、分裂症は資本主義の産物である、と語ることは正確なことであろうか[29]。

　流れの脱コード化と社会体の脱領土化は、こうして資本主義の最も本質的な傾向をなすことになる。資本主義はこの自分の極限にたえず接近するのであり、これはまさに分裂症的なものである。資本主義は、器官なき身体の上で、脱コード化した流れの主体として、全力をあげて分裂者を生みだそうとするのだ。彼は資本家より資本家的であり、プロレタリアよりプロレタリア的である。この傾向をさらに遠くまで、資本主義がついに、自分自身のあらゆる流れとともに月世界に送られてしまうまで、続けること。実際には、まだ私たちは何もわかっていないのだ。分裂症とは私たちの病気であり、私たちの時代の病気であるといわれるとき、単に現代の生活が狂気を生むということを意味しているはずはない。問題は生活の様式ではなくて、生産の過程なのだ。問題はまた単なる平行関係でもない。確かに、コードの破綻という観点から見れば、たとえば、分裂症者における意味の横滑りという現象と、産業社会のすべての段階で不調和が増大するメカニズムとの間には、平行関係が存在していることは確かであっても。じつは私たちが言いたいのは、資本主義は、その生産のプロセスにおいて恐るべき分裂症的負荷を生みだすものであり、そのため資本主義は、抑制の全力をこれに向けるが、この負荷は資本主義的過程の極限としてたえず再生産される、ということである。なぜなら、資本主義は、自分自身の傾向においてつき進むと同時に、みずからこの傾向に逆らい、これを抑止することをやめないからである。それはみずからの極限に向かうと同時に、この極限を拒絶することをやめない。資本主義は、想像的であれ、象徴的であれ、あらゆる種類の残滓的、人工的領土性を設立し、あるいは復興し、この領土性の上に、よかれあしかれ、抽象量から派生した人物たちを再コード化し、刻印するのだ。国家も、故郷も、家庭も、すべてが再来し、復活することになる。まさにこれによって、イデオロギーの上からいえば、資本主義は「これまで信じられてきたあらゆるものをよせ集めた雑色の絵」といわれる。現実的なものは、不可能ではない。それはただ、ますます人工的なるものとなる。利潤率の低下傾向と、剰余価値の絶対量の増大という二重の運動を、マルクスは相反傾向の法則と呼んだ。流れの脱コード化または脱領土化と、流れの暴力的かつ人工的再領土化という二重の運動が存在するということは、右の法則の帰結として考えられる。資本機械が、もろもろの流れから剰余価値を引きだすために、流れを脱領土化し脱コード化して、これらを公理系化すればするほど、官僚や警察のような資本主義の付属装置は、剰余価値の増大する部分を吸収しながら、ますます力ずくで再領土化をすめることになる。

神経症者や倒錯者や精神病者について、十分に現代的な定義を与えることができるのは、確かに欲動との関係においてではない。なぜなら欲動は、単に欲望機械そのものにすぎないからである。十分な定義は、現代の様々な領土性の概念との関係によって可能となる。神経症患者とは、私たちの社会の残滓的、人為的な領土性にいすわったままで、これらをすべて究極の領土性としてのオイディプスの上に折り重ねているひとのことである。オイディプスは、分析家の診察室の中で、精神分析家の充実身体の上に再構成されるのである（その通り、経営者とは父である。国家の首長もそう。それに、先生、あなたもまた……）。倒錯者とは、策略を文字通りに信用するひとのことである。あなたはそれを欲し、あなたはそれを手にいれるだろう。社会が私たちに提案するのよりも、もっと無限に人工的な領土性を。つまり、無限に人工的な新しい家族を、ひそかな空想的社会を。分裂者については、たえず移動し、さまよい、よろめく不安定な歩みで、彼は脱領土化をどこまでも遠くへとつき進め、自分自身の器官なき身体の上で社会体を果てしなく解体させるのであって、おそらくこれは、みずから大地、分裂者の散歩を再発見するための独自のやり方なのである。分裂症者は、資本主義の極限に位置する。彼は、資本主義の発展の傾向であり、その剰余生産物であり、そのプロレタリアであり、皆殺しの天使である。彼はあらゆるコードを混乱させ、欲望の脱コード化した流れをもたらす。現実的なものは流出する。プロセスの二つの様相が合流する。ひとつは自然の中に、あるいは大地の核心に住まう「悪霊」に私たちを触れさせる形而上学的プロセスであり、もうひとつは、脱領土化する社会的機械に応じて、欲望機械の自律性を回復させる、あの社会的生産の歴史的プロセスである。分裂症とは、社会的生産の極限としての欲望的生産にほかならない。したがって欲望的生産は、またこの生産と社会的生産の体制上の差異は、最後にくるのであって、最初にくるのではない。一方の生産と他方の生産との間には、現実の生成というひとつの生成があるだけである。だから、もし唯物論的精神医学が、欲望の中に生産の概念を導入するということによって定義されるとすれば、それは分析機械、革命機械、そして欲望機械の間の最終的な関係という問題を、終末論的なことばで提起せざるをえない。

第五節　欲望機械

欲望機械が、あらゆる隠喩とは無関係に、真に機械であるといえるのは、いかなる点においてなのか。ひとつの機械は、ひとつの切断のシステムとして定義される。決して現実との分離として考えられた切断が問題なのではない。切断は変化する様々な次元において、考察される性格に従って実現される。まず第一に、およそ機械はすべて連続した物質的流れ（つまり質料）とかかわり、機械はこの流れを切りとるのである。機械はハムを切断する機械として作動する。切断は、連合する流れから何かを採取する働きをする。たとえば肛門とこの肛門が切断する糞の流れとの関係。口とミルクの流れとの関係、さらに口と空気や音の流れとの関係。ペニスと尿の流れ、そしてまた精子の流れとの関係。連合する流れは、それぞれ、理念的なものとして、豚の大きな腿の果てしない流れとして考慮されなければならない。じじつ質料は、物質が理念上所有している純粋な連続性を示している。ジョランが通過儀礼の際に吸引される団子状や粉末状のものを説明するとき、これらのものは、「理論的には唯ひとつの起源しかもたない果てしない連続体」から、つまり宇宙の果てまで拡がるただひとつの塊から採取される一集合として生じてくることを、彼は示している。(30) 切断は連続に対立するどころか、むしろ連続の条件をなし、切断されるものを理念的な連続性として含んでいる、あるいは切断されるものをそのようなものとして定義するのである。すでにふれたように、あらゆる機械は、機械の機械である。機械が流れの切断を生産するのは、ただこの機械が、流れを生産するとみなされる別の機械に接続される限りにおいてのみである。そしておそらく、今度はこの別の機械がまた現実に切断を行うのである。しかし、この機械が切断を行うのは、さらに第三の機械との関係においてのみであって、この第三の機械は、理念的に、すなわち相対的に、無限に連続した流れを生産するのである。こうして肛門－機械と腸－機械、腸－機械と胃－機械、胃－機械と口－機械、口－機械と家畜の群れの流れ（「そしてまた、そしてまた、そしてまた……」」といった関係が生ずる。要するに、あらゆる機械は、その機械が接続されている他の機械との関係においては流れの切断であるが、その機械も、それに接続されている別の機械との関係においては、流れそのものであり、流れの生産である。まさにこれが、生産の生産という法則である。したがって、横断的あるいは超限的接続の極限においては、部分対象と連続的流れ、切断と接続が一体となっているのである。——いたるところに流れ－切断が生起し、欲望はそこから発生し、それこそが欲望の生産性そのものであって、たえず生産の働きを生産物に接木してゆくことになる(たいへん奇妙なことに、メラニー・クラインは部分対象という根本的な発見をしたにもかかわらず、この点に関して、流れの研究をなおざりにし、流れをとるにたりないものと言明している。メラニー・クラインは、こうして、あらゆる接続を短絡させてしまう[31])。

Connecticut〈Connect(接続せよ)－I(ぼくは)－cut(切る)〉と、幼いジョイは叫ぶ。ベッテルハイムはこの少年を描写しているのだが、彼は、モーター、リード線、ランプ、キャブレター、プロペラ、ハンドルなどを具えた機械に自分をつながないでは、生きることも、食べることも、排泄することも、眠ることもできない。電動食事機械、呼吸の自動機械、肛門光学機械などである。欲望的生産の体制と様式がこんなに的確に示された例はあまりない。様式とは、破綻が作用そのものの部分をなし、切断が機械的接続の部分をなしている様式のことである。この分裂症的なメカニカルな生は、欲望よりもむしろ欲望の不在と破壊を表現しており、両親の極度に否定的な態度を前提とし、子供は自分を機械とすることによって、それに反発しているのだ、というひとがたぶんいるだろう。ところが、オイディプス的、あるいは前オイディプス的な因果関係の概念に好意的なベッテルハイムでさえ、この因果関係は、子供の生産性または活動の自律的様相に対応するものとしてのみ介入してくることを認めている。もっとも、彼はその後、子供における非生産的な停滞や絶対的な後退の態度といったものを定義するのであるが。したがって、まず「生命の全体的経験に対する自律的な反応」が存在するのであり、「母親はこの経験の一部にすぎない」[32]。それゆえに、機械そのものが欲望の喪失や抑圧を示している（ベッテルハイムはそれを自閉症の用語で翻訳する）と思ってはならない。私たちは、たえず同じ問題を見いだすことになる。いかにして、欲望の生産プロセスは、子供の欲望機械は、果てしなく空転し始めて、機械としての子供を生産することになったのか。いかにして、プロセスが目標に変容したのか。いかにして、プロセスは、早すぎる中断や、恐るべき激化の犠牲となったのか。ただ器官なき身体との関係において（眼は閉じられ、鼻はつままれ、耳はふさがれている）、何かが生産され、あるいは逆生産され、まさにこれが、これ自身は生産過程の部分をなしているにもかかわらず、生産を逸脱させ、あるいは激化することになる。ところが機械は欲望であり続け、欲望の配置であり続け、欲望は、根源的な抑圧と抑圧されたものの回帰を通じて、パラノイア機械、奇蹟を行う機械、独身機械を次々と遍歴して、自分の歴史を歩み続けるのである。ベッテルハイムの治療が進むにつれて、まさにこうした機械の間をジョイは移っていく。

第二に、およそあらゆる機械は、一種のコードをそなえ、このコードは機械自身の中に組み込まれ、その中にストックされている。このコードは、身体の様々な領域に登録され伝達されるということと不可分であるのみならず、それぞれの領域が、他の領域との関係において登録されるということとも不可分である。ひとつの器官は、さまざまな接続に応じて、いくつかの流れにつながれうる。この器官がいくつかの体制の間をさまよい、他の器官の体制を引きうけることさえありうる（たとえば、拒食症的な口）。こうして、機能に関するあらゆる種類の問題が提起されることになる。すなわち、いかなる流れを切断するのか。どこで切断するのか。いかにして、またどのような様式で切断するのか。他の生産者あるいは反生産者に、いかなる場所を残すべきなのか（たとえば、弟の場所はどこなのか）。食べたもので窒息し、空気を貪り、口で糞をたれるといったことは、すべきなのか、それともすべきではないのか。いたるところで、様々な登録、情報、伝達が、これまでの接続とは型を異にした、碁盤の目状の離接を形成することになる。シニフィアンの連鎖あるいは諸連鎖を巻き込む無意識のコードという、あの豊かな領域を発見し、これによって分析の仕方を変容した功績は、ラカンのものである（これに関する基本的なテクストは、『盗まれた手紙』である）。この領域は、その多様性のために、じつに奇妙なものとなり、ひとつの連鎖として、あるいはひとつの欲望的コードとして語ることさえも、容易ではなくなる。こうした連鎖はもろもろの記号によってできているからシニフィアンといわれているが、これらの記号そのものはシニフィアンではない。コードは一般の言語活動よりも、隠語に似て、開かれた多義的な形成体である。そこで記号は任意の性質をもち、その支持体とは無関係なるものである（あるいはむしろ、この支持体の方が記号に無関係なものではないのか。支持体とは、器官なき身体である）。記号は、きまった平面をもたず、あらゆる段階において、あらゆる接続において、作用している。それぞれの記号は自分自身の言語を語り、他の記号とともにもろもろに総合を実現するが、これらの総合はその構成要素の次元においては間接的であり続けるので、それだけますます横断的な仕方で直接的な総合を打ちたてる。これらの連鎖に固有の離接の働きは、まだ排他的でなく、排他作用が生起するのは、抑止するものや抑圧するものの働きによるのである。抑止し抑圧するものは、支持体を規定し、特定の人称的な主体を固定しようとする。(33) いかなる連鎖も等質的ではない。むしろ、それは異なるアルファベットの文字が行列をなすのに似て、この行列には、突如として表意文字や絵文字があらわれてくる。通っていく象や昇る朝日のちょっとしたイメージなどである。もろもろの音素や形態素などを（構成することなく）混合している連鎖の中に、突如として、パパのひげやママの高くあげた腕、リボン、小さい女の子、お巡り、短靴などといったものが現われる。それぞれの連鎖は、他のもろもろの連鎖の断片を捉え、そこから剰余価値を引きだすのであるが、それはちょうど蘭のコードがすずめ蜂からその形を「抽出する」ようなものだ。これがコードの剰余価値の現象である。それは転轍機やくじ引きのシステムの全体のようなもので、部分的に相互依存する確率的な諸現象を形成し、マルコフの連鎖に類似している。内部のコードや外部の環境から由来して、組織体のひとつの領域から他の領域へと登録や伝達が行われ、大きな離接的総合の道がたえず分岐してゆくのに従って、こうした登録や伝達は互に交錯し合ってゆくことになる。ここにひとつのエクリチュールがあるとすれば、それは現実的なものにじかに書かれるエクリチュールである。それは、奇妙にも多義的で、決して記号と意味とが一対一の対応関係をもたず、線型的でなく、決して推論的でない、横断記述的エクリチュールである。このエクリチュールは、もろもろの受動的総合の「現実的未組織状態」の全領域であり、この領域に〈シニフィアン〉と呼びうるようなものを求めても無駄であろう。この領域はもろもろの連鎖をたえず様々な記号として構成し分解しているが、これらの諸記号は、何らシニフィアンであることを使命としないのである。欲望を生産すること、これこそは記号の唯一の使命である。〈それ〉が自分を機械として作動させるあらゆる方向において。

　これらの諸連鎖は、たえずあらゆる方向に離脱するための基地であり、ここにはいたるところにそれ自身で価値をもつ分裂があり、とりわけこれは補塡してはならないものである。したがって、まさにこれは機械の第二の性格をなすのである。それは〈離脱－切断〉であって、先にふれた〈採取－切断〉と混同されてはならない。〈採取－切断〉

はもろもろの連続的な流れを対象とし、もろもろの部分対象にかかわっている。〈離脱－切断〉は異質なもろもろの連鎖に関連し、宙を舞うブロックや煉瓦のように、離脱可能な線分や可動的なストックとして実現されるのだ。それぞれの煉瓦が遠くに放たれ、煉瓦自体が異質な諸要素から構成されているものとみなさなければならない。それぞれの煉瓦は、異なるアルファベット記号による登記ばかりではなくて、もろもろの形象、さらには一本のわらや多数のわら、またおそらくは死体をも内に含んでいる。流れからの採取は、連鎖からの離脱を前提する。そして生産における部分対象は、あらゆる総合の共存と相互作用における登録のストックあるいは煉瓦を前提している。流れを形成するコードの中に断片的な離脱が起きないかぎり、どうして流れに対する部分的な採取が存在しえようか。少し前に私たちが、分裂者は欲望の脱コード化した流れの極限に存在すると語ったとき、このことは社会的コードに関して理解されるべきであった。社会的コードにおいては、〈専制君主のシニフィアン〉があらゆる連鎖を粉砕し、これらを線型状にして、記号と意味とを一対一に対応させ、それぞれの煉瓦を不動の要素として用い、秦帝国の長城を築きあげている。しかし分裂者は、これらの煉瓦を常に離脱させ、抜きとり、あらゆる方向に運び去って、欲望のコードにほかならない新しい多義性を取り戻す。あらゆる構成も分解も、可動的な煉瓦によって行われるわけである。機能解離 *diaschisis* と本能解離 *diaspasis* について、モナコウは語っていた。それは、ひとつの障害が、この障害を他の領域に伝えてゆく神経線維に従って拡がり、純粋にメカニカルな観点

〈機械的《マシニック》な観点ではない〉からすると理解しえない諸現象を、遠隔的に引き起すことであり、あるいはまた体液の異常が神経エネルギーの偏移をもたらし、もろもろの本能領域に分断され断片化される動向を生み出すことである。登録の手続きという観点からみれば、煉瓦は、欲望機械の本質的な部品である。つまり〈構成的部分〉であると同時に〈分解の産物〉でもあって、それはただ一定の瞬間に、ただ神経組織という大きな時間生成機械との関係において、空間的に配置される（「オルゴール」のようなタイプの、非空間的な配置をそなえたメロディ生産機械を思い起してもいい）[34]。モナコウとムルグの書物を唯一無二のものとしているもの、つまりこの書物自身に着想を与えたジャクソン主義を全面的にこの書物がのり超えている理由とは、煉瓦の理論であり、その離脱、その断片化の理論である。いや、とりわけ、こうした理論が前提としていること、つまり神経学の中に欲望を導入したことである。

欲望機械の第三の切断は、〈残余または残滓－切断〉であり、機械の傍にひとつの主体を、機械の隣接部品として生みだす切断である。ところで、この主体が、特定の人称的な自己同一性をもたず、またこの主体が、器官なき身体の未分化状態を破壊することなくこの身体を横断するとすれば、この主体が単に機械の傍のひとつの部分であるからだけではなくて、それ自体分割されたひとつの部分であるからだ。機械によって操作される、流れからの採取と連鎖からの離脱に対応する諸部分が、この部分にそれぞれ帰属している。こうして主体は、自分が通過する諸状態を消費して、これらの諸状態から誕生してくるのだ。つまり、もろもろの部分からなる一部分として、これらの諸状態のひとつひとつから絶えず現われてくるのだ。これらの部分のそれぞれは、一瞬間における器官なき身体の内容をなすのである。だからこそラカンは、語源的というより機械的な作用を次のように展開する。parere は procurer〔与える〕であり、separare は separer〔分ける〕であり、se parere は s’engendrer soi-même〔自分自身を生みだす〕である。ラカンはこの作用の強度的性格を強調しているのだ。すなわち、部分は全体と無縁であり、「部分は、ただ自分一個で部分という役割を演じているにすぎない。患者〔主体〕は、自分自身が部分となること partition から、自分自身の出産 parturition にとりかかるのだ……。したがって患者〔主体〕は、ここで自分自身にかかわるものを、私たちが市民の身分〔社会の一部分〕と呼んでいる状態をみずからに与える procurer ことができる。いかなるひとの人生においても、こうした状態に至ること以上に執念をかりたてるものは何もない。部分 *pars* であるためには、患者〔主体〕はまさしく自分の利益の大部分さえ犠牲にするであろう」[35]……。他の二つの切断〔〈採取・切断〉と〈離脱・切断〉〕と同じく、主体を生ずる切断があらわにしているものは欠如ではない。そうではなくて、逆に、取り分として主体に帰属する部分であり、残余として主体に帰属する収入である（ここでもまた、去勢というオイディプス的モデルはなんと悪しきモデルであることか）。じじつ、これらの三つの切断は分析の行為ではなくして、それら自身が総合の働きそのものなのである。もろもろの区分〔分割〕が生みだされるのは、これらの総合の働きによってである。子供のげっぷでミルクが戻ってくる例を考えてみよう。このミルクは、連合的な流れから採取したものの復元であるとともに、シニフィアンの連鎖からの離脱の再生産であり、同時にまた主体自身の取り分として主体に帰属する残滓でもある。欲望機械は隠喩ではない。それは、三つの様式にしたがって、切断し切断される。第一の様式は接続的総合にかかわり、リビドーを採取のエネルギーとして動員する。第二の様式は、離接的総合にかかわり、〈ヌーメン〉を離脱のエネルギーとして動員する。第三の様式は、連接的総合にかかわり、〈ヴォルプタス〉を残滓エネルギーとして動員する。まさにこうした三つの様相において欲望的生産の過程は同時に生産の生産であり、登録の生産であり、また消費の生産である。採取すること、離脱すること、「残滓になること」は、生産することであり、また欲望の実際の操作を現実に実現することである。

第六節　全体と諸部分

欲望機械においては、すべてが同時に作動する。しかし、それは、亀裂や断絶、故障や不調、中断や短絡、くいちがいや分断が同時多発する只中において、それぞれの部分を決してひとつの全体に統合することがない総和の中において作動するのである。なぜなら、ここでは、切断が生産的であり、この切断自身が統合であるからである。離接の働きは、まさしく離接でありながら、包含的である。消費の働きそのものさえ、移行であり生成であり回帰なのである。文学機械の水準において、最も厳密な仕方で、次のような問題を提起しえたのは、モーリス・ブランショである。つまり、あるがままの差異の関係をたがいの間にもつ諸断片、それら自体の差異が相互関係にほかならないような諸断片、たとえ失われたものであっても起源的な全体性に依拠することがなく、また結果として生じてくる全体にも依拠することがない諸断片をいかにして生産し、いかに考えるべきなのか、といった問題である。[36] 名詞として用いられた多様性というカテゴリーは、〈一〉だけでなく多をも超え、〈一〉と多の述語的関係を超えていて、これだけが欲望的生産を説明しうる。欲望的生産は純粋な多様性であり、つまり統一体に還元されえないものを端的に肯定する。いまや、私たちは、もろもろの部分対象、煉瓦、そして残余の時代に生きているのだ。私たちはもはや、偽りの断片を信じない。こうした断片は、古代の彫像の破片に似て、もともとの統一性にほかならない統一性を構成するために補修や修理を待っているにすぎない。私たちは、もはや起源にあった統一性も、これから先の目標としての全体性も信じない。私たちは、もはや鈍重な進化する弁証法の灰色画法《グリザイユ》を信じない。こうした画法は、輪郭を丸めて、もろもろの破片を調和的にまとめようとするのである。私たちは、傍にある全体性しか信じないのだ。そして私たちが、諸部分の傍にあるこうした全体性に遭遇するとすれば、それはたしかにこれらの諸部分の一全体ではあるが、この全体は諸部分を全体化しない全体であり、これらの諸部分すべての統一性であるが、これは諸部分を統一しないし、むしろ傍で構成された新しい部分のようにして、これらの諸部分に付け加わるのである。「統一性が現われる。しかし、この場合それは、霊感から生まれ、傍で構成された何らかの断片のように集合に付着するのである。」プルーストはバルザックの作品の統一性について、また同じく自分自身の作品の統一性について、こう語っているのだ。また『失われた時を求めて』という文学機械において、あらゆる部分が、対称的でない側面、中断された方向、閉じられた箱、底の通じていない器、仕切り壁のようなものとして生みだされているのは、驚くほどである。ここでは隣接さえも距離であり、距離とは肯定であり、パズルの断片は同じものから由来するのではなく、それぞれ異なるパズルに属し、たがいの中に荒々しく挿入され、常に局地的であって、決して特殊的でなく、これらの断片の不ぞろいな輪郭は、いつも互いに押さえつけられ、毀損され、交錯しあい、残余をともなっている。これはまさに分裂気質的作品である。ここでは、罪悪感とか、その告白とかいったものは、笑い飛ばすためでしかないといってもいい（クラインの言葉でいえば、抑鬱的な態勢は、いっそう深いところにある分裂気質的態勢を隠す覆いでしかないといえる）。なぜなら、法の厳格さが〈一なるもの〉の断乎とした主張を表現しているように見えても、それは見かけ上のことにすぎず、逆にその厳格さの真の目的は、断片化されたもろもろの宇宙を無罪放免にすることだからである。ここで法は何も〈全体〉の中に統合するのではなく、逆に、狂気から無垢をくみとるものの間隔、分散、破裂などを計測し配分する。

――したがってプルーストにおいては、罪悪感という見かけのテーマには、このテーマを否定するまったく別のテーマが絡みあっている。つまりそれは雌雄両性の仕切り壁における、またシャルリュスの出会いやアルベルチーヌのまどろみにおける植物的な無邪気さであり、ここでは、花々が君臨し、狂気が無垢なものとして示されている。シャルルスの明白な狂気であれ、アルベルチーヌの推定される狂気であれ。

だから、プルーストはこういっていたのだ。全体は生みだされる。全体そのものは、諸部分の傍にあるひとつの部分として生みだされる。この全体は、統一化することも、全体化することもしないで、これらの諸部分に適用され、相互に通じていない容器の間に異様な通路を設け、それぞれが自分に固有な次元において、あらゆる差異を保持しようとする要素相互の間に、もろもろの横断的な統一性を作りあげるのだ。だから、『失われた時を求めて』の鉄道の旅においては、決して全体が見えるわけではなく、眺める観点にも統一性はない。むしろ全体や統一性は、ただ横断線の中にあって、旅行者は夢中になって窓から窓へと移動し「途切れたり対立したりするもろもろの断片を近づけ、あるいは移しかえようとして」、このような横断線を描くのである。近づけ、あるいは移しかえるということ、これをまさにジョイスは「あらためて形態を与えること」re-embody と呼んでいた。器官なき身体はひとつの全体のように生みだされるが、それはまさにそれ自身の場所において、生産のプロセスの中で、この全体によって統一化も全体化もされないもろもろの諸部分の傍に生みだされる。そしてそれがこれらの諸部分に適用され、これらの諸部分の上に折り重なるとき、その表面の上に、もろもろの横断的交通や、超限的総和化や、多義的にして横断記述的登記をもたらす。この表面上では、もろもろの部分対象の機能的切断は、シニフィアン連鎖の切断と、そこに割り出される主体の切断によって、たえず切断し直されてゆくのである。この全体は、単に諸部分と共存するだけではない。むしろ諸部分に隣接し、それ自身は諸部分と離れて生みだされ、同時に諸部分に適用される。遺伝学者たちは、次のように語って、自分なりの仕方でこのことを説明している。「もろもろのアミノ酸は個別的に細胞の中に同化され、ついで鋳型に類したメカニズムによって適宜な順番に配置されるが、この鋳型の中で、それぞれの酸に特有な横の連鎖が、それぞれの酸の適切な場所に位置づけられる。(37)」一般的にいえば、〈全体と部分〉の関係という問題は、古典的な機械論によっても生気論によっても同様に、正しく提起されてはいない。全体が、諸部分から派生した全体性として、あるいは諸部分がそこから由来するような根源的全体性として、あるいはまた弁証法的な全体化作用として考えられているかぎり、こういうほかはない。機械論も生気論も、欲望機械の本質を把握してはいなかった。欲望の中に生産を導入すると同時に、機械機構の中に欲望を導入するという二重の必然性を把握してはいなかったのである。

あらゆる欲動をその対象とともにひとつの統合的全体に向かわせる欲動の進化といったものは存在しないし、またこれらの欲動の源泉である始原的全体性といったものも存在しない。メラニー・クラインは、部分対象という、あの爆発、回転、振動の世界の驚くべき発見をなしとげた。ところが、彼女は部分対象の論理を把握することに失敗している。このことはいかに説明したらいいのか。まず第一に、彼女は部分対象を幻想と考え、現実的生産の観点からではなく、消費の観点からこれらを判断している。彼女は、これらの部分対象に、因果関係のメカニズム（例えば取り込みと投影）、実現のメカニズム（満足感と欲求不満）、表現のメカニズム（善と悪）を割り当てているが、これらのメカニズムはいずれも、部分対象に対する観念論的な発想を彼女に強いている。このため彼女は、部分対象を真の生産過程に、つまり欲望的生産の過程に結びつけていないのである。第二にいえることは、彼女が次のような考え、分裂－パラノイア的気質のもろもろの部分対象は、ある全体に帰するという考えを免れていないということである。つまり、始原的段階における根源的な全体であるにしろ、あるいは後発的な抑鬱性態勢の中に到来する全体であるにしろ、ひとつの全体というものに部分対象が帰するというのである。だから、これらの部分対象は、彼女においては、包括的性格をもつ人物たちから採取されているように見える。〈私〉であれ、対象であれ、もろもろの欲動であれ、これらに関する統合的な全体性の中にまで部分対象が入り込んでくるだけではない。さらに部分対象自身が、〈私〉や母や父の間の対象的関係の原型をもすでに構成することになるのだ。ところが、まさにこの点で結局事態はすべて決定されることになる。確かに、これらの部分対象は、それら自体においては十分な力を蓄え、オイディプスをふきとばし、オイディプスから、あの馬鹿げた野望を、無意識を表象し三角形化して、あらゆる欲望的生産を手に入れるという馬鹿げた野望を取りあげることができる。だが、ここで問題になっているのは、オイディプスとの関係において前オイディプス的といわれるものが相対的にどれだけの重要性をもつかといったことではまったくない（なぜなら、「前オイディプス的」ということは、やはり発生的あるいは構造論的にオイディプスを参照しているからである）。問題は、欲望的生産が絶対的に非オイディプス的な性格をもっているということである。ところが、メラニー・クラインは、全体の見地を、つまり包括的性格をもつ人物や完全な諸対象を認める観点を保存しているので、しかもおそらく、彼女は、「オイディプスを認めないものは、なんぴともここには入れない」と扉に書きつけた〈国際精神分析協会〉とのいざこざを避けようとするので——、彼女はオイディプスの首枷をはねのけるために、部分対象を役立てようとはしない。それどころかオイディプスをうすめ、ミニアチュア化し、数をふやして、低年層にまで拡げるために、それを役立て、あるいは役立てるふりをしているのだ。

　ここで、私たちが精神分析家の中で最もオイディプス化を避けている学者であるメラニー・クラインの例を取りあげるのは、まさにオイディプスを欲望的生産の尺度とするためには、どれほど無理しなければならないかを示すためである。まして、精神分析の「運動」が何であるか自覚していない普通の精神分析家たちにとっては、なおさらのことである。それはもはや単なる示唆にとどまらず、テロリズムの問題である。メラニー・クラインは、こう書いている。「ディックが始めて私のところに来たとき、彼の看護婦が彼を私にあずけた瞬間、彼は少しも感動も示さなかった。私が準備しておいたおもちゃを彼に見せたとき、彼はそれを見ても、何の興味も示さなかった。私は大きな汽車を取りあげて、それを小さな汽車のそばに並べた。そして私はパパの汽車とディックの汽車と、この二つの汽車を名づけた。そこで彼は、私がディックと名付けた汽車を取りあげ、それを窓のところまで走らせて、《駅》といった。『駅はママで、ディックはママの中に入る』と私は彼に説明した。彼は汽車を放り出して、部屋の内側のドアと外側のドアの間のところに走ってゆき、『暗い』といいながら閉じこもり、またすぐに走って出てきた。彼は、こうした仕草をいくどか繰り返した。私は彼に説明した。『ママの中は暗い。ディックはママの暗がりにいる』と私は彼に説明した。……分析が進んだとき……ディックはさらに発見した、トイレが母の身体を象徴していることを。そして彼は水にぬれることに異常な恐れを示した。[38]」それはオイディプスだといいなさい。そうしないとぶつよ。精神分析家は、もはや次のようにさえ尋ねはしない。「いったい何なんだ。君のもっている君の欲望機械は」とは。その代りにこう叫ぶだけだ。「私が君に話しかけるときには、パパ−ママと答えなさい」と。メラニー・クラインさえもそうなのだ……。すると、あらゆる欲望的生産は押しつぶされ、両親のイメージの上に折り重ねられて、前オイディプス的諸段階にそって整列させられ、オイディプスの中に全体化されることになる。つまり、こうして部分対象の論理は無に帰し、したがってオイディプスは、私たちにとって、いまや論理の試金石となる。なぜなら、始めに私たちが予感していたように、諸部分対象が包括的な性格をもつ人物から採取されるのはみかけの上のことでしかないからである。現実には、これらの部分対象は、ひとつの流れからの、非人称的なひとつの質料〔ヒュレ〕からの採取を通じて生産される。部分対象は、他のもろもろの部分対象と接続することによって、この質料とコミュニケーションを行うのである。無意識は、人物の存在を知らない。部分対象は、両親という人物の表象〔代理〕でもなければ、家族関係の支えでもない。部分対象は、欲望機械の中のもろもろの部品であり、何ものにも還元されない生産過程や生産関係にかかわるのであって、これらこそ、オイディプスの形象の中に登録されるものと比べて根本的なのだ。

フロイトとユングの絶交について語るとき、その出発点がささいで実際的なものであったことを、あまりにしばしばひとは忘れてしまう。ユングは、転移において、精神分析家がしばしば悪魔や神や魔法使いのようにあらわれ、患者にとって彼の役割は両親のイメージをまったく逸脱してしまうということを指摘している。そのあとすべてが悪化してしまったが、出発点は悪くなかったのである。子供たちの遊びについても、同じことがいえる。子供は単にパパ－ママごっこをして遊ぶのではない。子供は、魔法使い、カウ・ボーイ、お巡りや泥棒ごっこさえするし、汽車や小さい自動車でも遊ぶ。汽車は必ずしもパパとはかぎらないし、駅もまたママではない。問題は欲望機械の性的な性格にかかわるのではなく、むしろ性愛の家族的性格にかかわる。子供が大きくなると、もはや家庭的ではない社会的関係の中に捉えられることは、誰も認めている。しかし、これらの社会的関係は後からくるものとみなされているので、可能な道は二つしかない。ひとつは、精神分析のいう「事後」という形で、性愛が社会的（および形而上学的）関係の中に昇華され、あるいは中和されることを認めるか、それとも、もうひとつは、これらの諸関係が性的でないエネルギーを作動させ、性愛が逆にこのエネルギーを、神秘的な「彼岸」として象徴するにとどまることを認めるか、この二つである。まさにこの点について、フロイトとユングは仲たがいするのである。少なくとも彼らは二人とも、リビドーは何の媒介もなければ社会的あるいは形而上学的領域を備給しえないと信じている。しかし、それがまちがいなのだ。遊んでいる子供を、あるいは這い這いして家の中の部屋を探険する子供を考えてみよう。彼は電気のコンセントを眺め、自分の体を機械と化し、一本の足を櫓のように使い、台所や書斎に入り、小さい自動車を操縦する。子供にとって両親はいつでも現存しており、両親がいなければ、子供には何もないことは明らかである。しかし、問題はそれではない。問題は、子供の触れるものがすべて、両親を表象するものとして体験されるのかどうか、である。誕生して以来、ゆりかご、乳房、おしゃぶり、排泄物は、子供の身体のもろもろの部分と接続された欲望機械なのである。一方で、子供はもろもろの部分対象の間で生きていると語り、同時に他方で、この子供自身が部分対象において捉えるものは、まさに断片となった両親という人物そのものだと言うことは、私たちには矛盾と思われる。乳房が母の身体から採取されるということは、厳密にいうと正しくない。というのも乳房は欲望機械の部品として存在し、赤ん坊の口と接続され、濃かったり薄かったりする非人称的なミルクの流れから採取されるからである。欲望機械や部分対象は、何も表象しない。つまり部分対象は表象的ではないのだ。部分対象はたしかにもろもろの関係を支え、様々な代行者を配分するものであるが、これらの関係は間主体的ではなく、同様にこれらの代行者は人物ではない。関係とは生産関係そのものであり、代行者とは生産と反生産の代行者のことである。ブラッドベリが育児室を欲望的生産の場として、また集団幻想の場として描いたとき、彼はまさにこのことを示している。この場は、ただもろもろの部分対象と代行者を結びつけるのだ(39)。小さい子供は、いつも家族の中にいるが、この子供は家族の中で始めから、直接的に恐るべき非家族的な経験をする。精神分析は、こうした経験をみのがすのだ。リンドナーの絵を見よう。

子供にとって生死にかかわり情愛にかかわる両親の重要性を否定することが問題なのではない。欲望的生産における両親の位置や機能が何であるのかを知ることが、問題なのである。逆のことをして、欲望機械のあらゆる働きをオイディプスの制限されたコードに切り詰めてしまってはならない。両親が他の諸代行者と関係しながら、特別な代行者として占めることになる位置や機能は、いかにして形成されるのか。なぜならオイディプスは始めから社会野の四方に向かって開かれ、またリビドーによって直接的に備給される生産野の四方に向かって開かれているという仕方においてだけ、存在するからである。両親が欲望的生産の登録の表面に事後的に現われてくることは、はっきりしているように思われる。ところが、ここにこそまさしくオイディプスの問題のすべてがあるのだ。どのような力の働きによって、オイディプスの三角形化の作用は閉じられることになるのか。それ自身ではこうした三角形化作用をもたない表面の上に、この三角形化の働きが欲望の水路を形成することになるのは、どのような条件においてなのか。いたるところで三角形化の枠を超えるもろもろの経験や機械作用に対して、この三角形化作用があるタイプの登記を形成するのは、どのようにしてなのか。まさにこの意味において、またこの意味においてのみ、子供は部分対象としての乳房を母という人物に関係づけ、母の顔をうかがい続けることになるのである。この「関係づける」ということばは、自然的生産的な関係を示しているのではなく、登記のプロセスの中、〈ヌーメン〉の中に、報告し登記することを示しているのである。子供は、幼いころからすぐに、まさに欲望する生命をもち、つまり欲望の諸対象や諸機械との間に結んだ家族的でない関係の総体をもっている。この生命は、直接的な生産という観点からは自分を両親に関係づけることはないのであるが、生産過程の登録という観点からは、（愛によるにせよ、憎しみによるにせよ）両親に関係づけられている。この登録にとってきわめて特別な、しかじかの諸条件があるのだ。もっとも、これらの条件は、生産過程そのものに反作用を及ぼすのである（フィードバック）。

子供が自分の生命を体験し、生きるとはどんなことなのかを問うのは、もろもろの部分対象の間でであり、欲望的生産の非家族的な諸関係の中においてである。たとえ、この問いが両親に「関係づけ」られなければならず、家庭的諸関係の中でのみ暫定的な解答をうるものだとしても、このことに変わりはないのだ。「私は八つのときから、いやもっと前からさえ、いつも、私が誰であるのか、何であるのか、そしてなぜ生きているのか疑問に思っていたことを憶えている。私は、六つのとき、マルセイユのブランカルド大通りの家（正確には、五九番地）でのことを憶えている。母といわれていたある婦人が私にくれたチョコレート・パンをおやつに食べていたときのことだ。私は疑問に思ったのだ。存在するということ、そして生きるということはいかなることなのか、自分が呼吸しているのを見るとはいかなることなのか。さらに、生きているという事実を実感するために、またこの事実が私にふさわしいかどうか、またいかなる点でふさわしいのか知るために、みずからを呼吸しようとしたことも。(40)」これはまさに本質的なことだ。ひとつの問題が子供に提起されている。この問題は、おそらくママと呼ばれる女性に「関係づけられる」ことになるが、しかし、彼女との関係で生みだされるものではなく、欲望機械の作用の中で生みだされるのだ。たとえば、〈口-空気〉機械あるいは味覚機械の次元で、次のような問題が生みだされる。——生きるとは何か、呼吸するとは何か、私とは何か、私の器官なき身体の上にあって呼吸する機械とは何か、といった問題である。子供は形而上学的存在なのだ。デカルトのコギトの場合におけるように、両親はこういった問いの中には入ってこない。だから、問いが（両親に対して語られ表現されるという意味で）両親に関係づけられているという事実と、この問いが（両親と本性的に関係をもっているという意味で）両親に関係するという観念とを混同することは誤りである。子供の生命をオイディプス・コンプレックスの中に閉じこめ、家族的諸関係を幼年期における普遍的媒介とみなすことによって、ひとは、無意識そのものの生産と、じかにこの無意識に働きかける集団のメカニズムを見失ってしまわざるをえない。とりわけ根源的な抑圧、欲望機械、そして器官なき身体のあらゆる作用を見失うことを。なぜなら無意識とは孤児であり、無意識自身は自然と人間とが一体であるところに生産されるからである。無意識の自動生産は、まさにデカルトのコギトの主体が両親と無関係に自分を見いだすところで、また社会主義の思想家が人間と自然との統一性を生産作用の中に見いだすところで、さらに循環サイクルが、両親への果てしない退行から、みずからの独立を発見するところで生起するのである。

あたいは
〈パパ－ママ〉のものじゃない

私たちは、「プロセス」という概念の二つの意味がいかに混同されているかを見てきた。すなわち、自然におけるダイモンの形而上学的生産としてのプロセスと、歴史における欲望機械の社会的生産としてのプロセスという二つの意味である。社会的諸関係および形而上学的諸関係は、〈事後〉や〈彼岸〉を構成するものなのではない。これらの諸関係は、あらゆる心理－病理学的審級の中に認められなければならない。最も荒廃した最も非社会的な様相の下に現われる精神病の症候群が問題となるとき、これらの諸関係の重要性はそれだけ大きいものとなるであろう。ところですでに子供の生活において、しかも乳幼児の最も基本的な諸行動から、こうした諸関係は、全体としての欲望的生産の諸法則にしたがって、もろもろの部分対象や、生産の諸代行者や、反生産の諸因子とともに編みあげられる。この欲望的生産の本性はどのようなものか、またいかにして、いかなる条件において、いかなる圧力の下で、オイディプス的三角形化は、過程の登録の中に介入してくることになるのか。こういったことを始めに見ておかないと、私たちは普及して一般的に受けいれられているオイディプス主義の網の中に捉えられてしまう。オイディプス主義こそは、子供の生命やその後の経過を、また成人の神経症と精神病の諸問題を、さらに性愛の全体を根本的に歪めてしまうのである。ロレンスの精神分析に対する反応を思い出し、忘れないようにしておこう。少なくともロレンスの場合、彼が精神分析に対してためらいを抱いたのは、性愛の発見を前にしてこれに恐怖したからではない。そうではなくて、彼は精神分析に対してこういう印象を、純粋な印象を抱いていた。つまり、精神分析が性愛を、ブルジョワ的装飾をほどこした奇妙な箱の中に、かなりおぞましい一種の人工的な三角形の中に閉じこめつつあるといった印象である。この三角形は、欲望の生産としてのあらゆる性愛を窒息させ、新しい様式において性愛を「汚ならしいささやかな秘密」に、家庭の小さな秘密に作りかえ、〈自然〉と〈生産〉という目覚ましい工場のかわりに、内密な劇場を作ってしまったからである。ロレンスは、性愛がもっと多くの力を、あるいは潜在力をもっているという印象をもっていた。そしておそらく精神分析は、この「汚ならしいささやかな秘密を消毒する」ことになったのであるが、しかし現代の暴君としてのオイディプスのみじめな汚ならしい秘密は、これよりましとはいえない。こうした、私たちをおとしめ、堕落させ、私たちに罪を着せるという、あの昔からのたくらみを、精神分析がひきつぐということはありうることだろうか。ミシェル・フーコーが指摘しえたことは、狂気と家庭との関係が、どの程度まで、ひとつの発展を根拠にしていたのかということであった。この発展は十九世紀のブルジョワ社会全体に影響を及ぼして、家族にもろもろの役割を委ねたのである。まさにこの役割を通じて、家族のメンバーの責任と、起りうる彼らの罪責感とが評価される。ところで、精神分析が狂気を「両親コンプレックス」の中に包みこみ、オイディプスに由来する自己刑罰の形態の中に罪責感の告白を見いだす限りにおいて、精神分析は革新の力を失って、十九世紀の精神医学が始めたことを成し遂げるのだ。すなわち、精神病理学の家族的かつ教化的言説を昂揚させること。「〈家族〉の半ば現実的、半ば想像的な弁法に」狂気を結びつけること。「父に対するたえざる暴行」とか、あるいは「堅固な家族機構や、その最も古風な象徴に対するもろもろの本能の暗闘」とかを、この弁証法によって解読することである。[41]こうなると、精神分析は、実際に解放の企てに参加するどころか、最も一般的なブルジョワ的抑制活動に加担していることになる。この抑制活動は、ヨーロッパの人間性をパパ－ママの軛に縛りつけ、この問題に永遠にしがみつこうとするのだ。

第二章　精神分析と家族主義　すなわち神聖家族

第一節　オイディプス帝国主義

限定された意味でのオイディプスは、パパ－ママ－私の三角形の形象をなして、まさに家族の星座を体現している。しかし、このオイディプスを自分の教義とするとき、精神分析は、子供においては前オイディプス、精神病患者においては外オイディプス、他の諸民族においては擬似オイディプスといわれるような関係が現実に存在していることを知らないわけではない。教義としての、つまり「核をなすコンプレックス」としてのオイディプスの機能は、ある無理強い（forcing）と切り離せないものであり、この無理強いによって、精神分析の理論家は、オイディプスが普遍的であるとする立場に到達する。一方で、精神分析の理論家は、男女それぞれの患者に即して、欲動や情動や人間関係などといったものの、一連の強度の系列を常に考慮に入れているが、この系列は、コンプレックスの正常な肯定的形態を、その逆の否定的形態に結合するのである。すなわち〈系列のオイディプス〉といわれ、フロイトが『自我とイド』〔一九二三年〕において提起しているものである。この〈系列のオイディプス〉は、必要に応じて前オイディプス的諸段階を否定的コンプレックスに関係づけることを可能にするものである。また他方で、精神分析の理論家は、もろもろの患者自身が外延的に共存し、彼らが相互に多様な作用を与えあっていることを考慮している。これは〈グループのオイディプス〉といわれるもので、これが傍系親族、子孫、先祖といったものを統合するのだ（分裂症者がオイディプス化に対して示す明白な抵抗、つまりオイディプス的絆が明らかに不在であるという事実は、祖父母を含むオイディプス的布置の中では目立たないものになってしまう。精神病患者をつくるには、三世代の蓄積が必要であると考えられるにせよ、あるいは、祖父母がさらにもっと直接的に精神病に介入するメカニズムが発見され、それによってオイディプスとオイディプスの二乗が形成されることになるにせよ、そうした結果になってしまうのだ。つまり、神経症は〈父－母〉であるが、おばあさんは、精神病だ、というわけである）。最後に、想像界と象徴界を区別することによって、立場と機能の体系としてオイディプス的構造をとりだしてくることが可能となる。こうした立場や機能とは、所定の社会的組織体あるいは病理学的組織体の中でそれぞれに立場や機能を占める人びとの可変的な形象と一致するものではない。これはすなわち〈構造のオイディプス〉（3＋1）であって、三角形をなすのではなく、ある一定の領域の中に欲望、その対象、法則を配分し、可能なかぎりあらゆる三角形化の操作を可能にするのである。

先の二つの普遍化の様式〔系列のオイディプスとグループのそれ〕が、その真の射程を見いだすのは、ただ構造論的解釈においてであることは確かである。この構造論的解釈によって、まさにオイディプスはあらゆる想像的様態の彼岸において一種の普遍的な万能的象徴となる。この解釈によってまたオイディプスは、前オイディプス的諸段階、擬似オイディプス的諸変化、外オイディプス的諸現象のいずれにも通ずる座標軸となるのである。たとえば、ラカンの「排除」の観念は、もっぱら構造論的な欠如を示しているように思われる。この欠如を利用して、たとえば三世代にわたる見地から、分裂症者は当然ながらオイディプス的な軸の上におき直され、オイディプス的な軌道に戻される。例えば母は自分自身の父に対して自分の欲望を措定することはできなかったし、したがって息子も母に対して措定しえなかった、というように。ラカンのある弟子は、次のように書くことができる。すなわち、私たちが考察しようとするのは、まず「オイディプス的機構が精神病の中で役割を果すために用いる方便である。次には精神病的前性愛期の諸形態がいかなるものであり、またこれらの諸形態がオイディプス的座標をいかにして維持しうるか」といった問題である、と。だから、私たちが先にのべたオイディプス批判は、極めて表面的で狭量なものとして判断される恐れがある。あたかも、私たちの批判は単にひとりの想像的なオイディプスだけに向かい、両親という形象の役割を問題としているだけで、象徴的な位置や機能がもっている構造および秩序には何ら手をそめていなかったかのように。ところが、私たちにとって問題は、ほんとうにこの点に本質的な差異があるかどうかということである。真の意味での差異は、想像的であり、かつ象徴的であるオイディプスと、それ以外の何か、あらゆるオイディプスたちがおしつぶし抑圧している他の何ものか、つまり欲望的生産との間にあるのではないか。——欲望的生産とは、欲望の諸機械のことであるが、これらの諸機械は、構造にも人物にも還元されえないものであり、象徴界も想像界も超えて、あるいはそれらの下に、〈現実的なもの〉そのものを構成するのである。マリノウスキーは、考察される社会形態に応じて、諸形象が変化することを示しているが、私たちは、彼が行ったような試みをくりかえそうとは思わない。ひとがオイディプスを一種の不変項として提示しながら私たちに語ることを、私たちはそのまま信じさえする。しかし、問題は、まったく別のところにある。つまり、次の点にあるのだ。無意識の生産とこの不変項との間には（欲望機械とオイディプス的構造との間には）、果して適合性が存在しているのか。それとも、この不変項は、そのあらゆる変化や様態を通じて、長い誤謬の歴史を、終ることのない抑圧の努力を表現しているだけではないのか。私たちが問題にしているのは、精神分析が身をまかせている途方もないオイディプス化の操作である。イメージと構造とを対にした源泉によって、精神分析は、実践的にも理論的にもこれに没頭しているのである。ラカンの弟子たちによって最近みごとな書物が何冊か書かれたが、それにもかかわらず、私たちは、ラカンの思想がそうした方向にじっさいに進んでいるのかどうか問題にしたい。単に分裂者までもオイディプス化することだけが問題なのか。それとも、それとは別のことが、まさに逆のことが問題ではないのか。[1] 分裂症化すること、オイディプスの首枷を吹きとばし、いたるところで欲望的生産の力を再び見いだすために、無意識の領野も歴史的社会的領野も分裂症化すること。分析機械と欲望と生産の間の絆を、〈現実的なもの〉にじかに接して結び直すことが、問題ではないのか。なぜなら、無意識そのものは、構造的でも人称的でもなく、想像することも形象化することもしないし、象徴することもしないからである。無意識は機械として作用し、機械的なものである。無意識は、想像的でも象徴的でもなく、それ自体〈現実的なもの〉である。つまり、「不可能なる現実的なもの」であり、またこれの生産なのである。

それにしても、もし精神分析が登場してからの期間だけを考えるとしても、あの長い歴史はいったい何を意味しているのか。これは、様々な懐疑や迂回や悔悛なしに進展したものではない。ラプランシュとポンタリスは、次のような諸点を指摘している。すなわち、フロイトは、自身の自己分析において、一八九七年にオイディプス・コンプレックスを「発見する」が、彼がそれについて一般化された最初の理論的定式を与えるのは、一九二三年になって、『自我とイド』においてである。またこの間に、オイディプスはむしろ周辺的な存在であり、「たとえば、(『性愛の理論に関する三論文』〔一九〇五年〕の中の)思春期における対象選択に関する別の一章、あるいは(『夢の解釈』〔一九〇〇年〕の中の)もろもろの典型的な夢に関する一章の中に隔離されている」。彼らは、さらにこう語っている。まさにフロイトは心的外傷と誘惑の理論を放棄するが、このことはそのままオイディプスの一義的な規定に道を開くわけではなく、内部成長的な性格をもつ幼児の自発的性愛の叙述にもつながる、と。ところがすべては、あたかも、「フロイトがオイディプスと幼児性愛とを相互に連結するには至っていない」かのように推移する。性愛は成長という生物学的現実に、オイディプスは幻想という心理学的現実に関係づけられるからである。オイディプスは、「生物学的リアリズムのために」すんでのところで失われかけていたのである。(2)

しかし、事態をこのように説明することは正確だろうか。オイディプスの帝国主義は、単に生物学的リアリズムの放棄を要求していただけなのか。それとも、もっと無限に強力な、別の何かが、オイディプスの犠牲になったのではないか。なぜなら、フロイトや初期の精神分析家たちが発見したものとは、すべてが可能になるような自由な総合の領域であるからだ。すなわち、終ることのない接続、排他性のない離接、特殊性をもたない連接、それに部分対象と流れ、といったものである。欲望機械は、無意識の根底でとどろき唸りをあげている。イルマの注射、〈狼男〉のチック・タック、アンナの咳き込み機械、そしてまた、フロイトが組み立てたあらゆる説明装置、これらはすべて神経生物学的な欲望機械なのである。生産的無意識のこうした発見は、二つの相関項をもっているようだ。まずこの欲望的生産と社会的生産との間、症候学的組織体と集団的組織体との間には直接的な対決があり、これらは本性を同じくしながらも、同時にその体制においては異なっている。他方で、社会的機械は欲望機械に抑制を及ぼしており、無意識の抑圧は、この社会的抑制と関係をもっている。ところが、オイディプスの主権が確立されるとともに、こうしたことはすべて見失われ、あるいは少なくとも奇妙な形で妥協させられることになる。自由連想は、多義的な接続に対して開かれる代りに、一義性の袋小路の中に再び閉じ込められる。あらゆる無意識の連鎖は、一対一に対応させられ、線型化されて、専制君主シニフィアンの下に吊り下げられることになる。欲望的生産はすべて押しつぶされ、表象の要求に従属し、表象において表象するものと表象されるものの陰鬱な作用に従属することになる。このことは、まさに本質的なのだ。欲望の再生産は、理論においても、治療のプロセスにおいても、単なる表象に道をゆずる。生産的無意識は、もはや自分を表現することしかできない無意識に――神話や悲劇や夢の中において自分を表現する無意識に席をゆずることになる。しかし、たとえ変形の作業を考慮するとしても、夢や悲劇や神話こそが無意識の組織体に適合するものであるなどと、誰がいうのだろうか。人間と自然が外延を共にする領域において、無意識が自己生産することに関しては、フロイトよりも、グロデックの方が忠実であった。あたかも、フロイトは、未開的な生産や爆発的な欲望のこの世界を前にして後退してしまい、いかなる犠牲を払っても、そこにささやかな秩序を、ギリシア古代演劇の古典的となった秩序を設けようとしていたかのようである。というのも、フロイトが彼自身の自己分析においてオイディプスを発見しているということは、いったい何を意味しているのか。それは、彼自身の自己分析においてなのか。それとも、むしろ彼のゲーテ的な古典的教養においてなのか。彼は、自分の自己分析において、何かあるものを発見し、それについて、〈おや、こいつはオイディプスに似ている〉とつぶやく。そこで、この何かを、彼はまずあの「家族の物語」のひとつの変形とみなす。それはパラノイア的登録であって、欲望は、まさにこれによって家族の諸規定を破壊するのである。ところが、少しずつ徐々にであるが、彼は逆に家族の物語をオイディプスの単なる付属物に変え、無意識の中のすべてをオイディプス化すると同時に神経症化することになる。つまり、家族の三角形の中にあらゆる無意識を閉じ込めることになる。分裂者は、まさに敵となる。欲望的生産は人称化され、あるいは、むしろ人称論化され、想像化され、構造化される、といってもい い（これらのいくつかの用語の間に、真の意味での差異あるいは境界が存在しないことを、私たちはすでに見た。これらは、おそらく補完的である）。このとき生産は、もはや幻想の生産、表現の生産でしかない。無意識は、それ自身がそれであるところのもの、すなわち工場や工房であることをやめて、演劇、舞台、演出になる。しかも、それは、フロイトの時代にあったような前衛演劇（ウェデキント）でさえなくて、古典演劇つまり表象の古典的秩序である。精神分析家は、生産の諸単位を組み立て、生産の、また反生産の集団的代行者とせめぎあう技師や機械技術者であるかわりに、私的な演劇のための演出家となる。

精神分析はロシア革命のようなものである。私たちは、いつそれが悪化し始めたかわからない。そこで、たえず、先へ先へと遡るしかない。それが始まったのは、アメリカ人たちと関係ができてからなのか。〈第一インターナショナル〉からか。〈秘密委員会〉のせいか。フロイトの諦めと同時にフロイトと縁を切った人びとの裏切りを意味する最初の決裂のせいなのか。オイディプスを「発見」してからのフロイト自身のせいなのか。オイディプスは、まさに観念論的な転回点なのだ。ところが、精神分析が欲望的生産を無視し始めたということはできない。欲望の経済学の基本的な概念である労働と備給は、あいかわらず重要である。しかし、この二つの概念は無意識の表現的形態に従属し、もはや生産的無意識の組織体にかかわらない。欲望の生産の非オイディプス的な性質は、あいかわらず現前しているが、オイディプスの諸座標の上に引き下ろされ、これによって、この非オイディプス的な性質は、「前オイディプス」「擬似オイディプス」「準オイディプス」などに翻訳されることになる。欲望機械は常にそこに存在するが、しかし、それらは、もはや精神分析の診療室の、壁の背後で作動しているにすぎないのだ。根源的幻想が、すべてをオイディプスの舞台に引き下ろしてしまうとき、壁の背後や舞台裏だけが、この幻想によって許される欲望機械の場所となる。[3] 欲望機械は、それでも地獄の喧騒をやめない。精神分析家自身も、これを無視することはできない。だから、精神分析は、むしろ〈否認〉の態度をとることになる。確かにそうしたことはすべて真実だけれど、それでもやはり、それは〈パパ－ママ〉に関することだというのだ。診療室の玄関には、こう書いてある。君の欲望機械を戸口に置いてきたまえ。両親なき孤児である君の独身機械を諦めたまえ。君のテープレコーダーも、自転車も放棄したまえ。入ったら、君自身をオイディプス化させたまえ。ここからすべてが発生することになる。治療の語りがたい性格から始めて、高度に契約的な治療の果てしなく続く性格、貨幣の流れと交換される言葉の流れ、といったものが、ここから生じてくることになる。ところがここに精神病的なエピソードとでも呼べるものが介入するだけで十分なのだ。つまり分裂症の一瞬の稲妻。ある日、私たちはテープレコーダーを分析家の診療室にもちこむ（やめたまえ）。欲望機械の侵入。すべてはひっくりかえる。私たちは契約を破ったのだ。私たちは、第三者を排除するという大原則を守らなかったのだ。私たちは第三者を導き入れた。欲望機械そのものをもちこんだのだ。[4] ところが、それぞれの精神分析家はすべて、オイディプスの下で、オイディプスを通じて、あるいはオイディプスの背後で、自分がまさに欲望機械にかかわっていることをおそらく知っていたにちがいない。だから始めに精神分析家たちは、無意識そのものの中にオイディプスを導き入れ注入しようとして、無理が強いられたことを、意識せずにはいられなかった。その後で、オイディプスは欲望的生産に折り重なり、これを自分のものとしたのだ。こうして、あたかも欲望のあらゆる生産力は、オイディプスから発するかのように見える。精神分析家はオイディプスの外套の裾持ちをする小姓となって、欲望における反生産の大いなる手先となったのだ。これは〈資本〉の物語と同じ物語である。あの魔法をかけられ奇蹟を授けられた資本主義世界の物語と（マルクスはこう語っていた。始めは、最初の資本家たちも意識せずにはいられなかった……、と）。

第二節　フロイトの三つのテクスト

問題がまず実践的なことであり、何よりも治療の実践に関係しているということは、容易に分る。なぜなら、強制的なオイディプス化のプロセスがはっきりと現われてくるのは、まさに、オイディプスが「核をなすコンプレックス」として、まだ理論的に十分に定式化されておらず、周辺的な存在にとどまっているときであるからだ。シュレーバーの分析は、彼をじかに診療して行われたものではないが、これはその分析が治療の実践という点においてもつ模範的な価値を何らそこなうものではない。ところで、フロイトが最も恐るべき問題に遭遇しているのは、シュレーバー症例を分析したあのテクスト（一九一一年）においてなのである。すなわち、この控訴院長の妄想のように、こんなにも豊かな、特別な、「神々しい」妄想を、どうして、あえて父親という主題に還元してしまうのか、という問題に。――自分の〈回想記〉において、控訴院長が父の記憶に対してはまったく短い言及しか与えていないということは、すでに注目されていたことである。何度か繰り返して、フロイトのテクストは、彼がどれほど難点を感じているかを示している。まず、たとえ偶然であるとしても、医者のフレヒジッヒという人物に対する「同性愛的リビドーの昂進」の中に病気の原因があるとするということに、難点があることは明らかである。しかし、私たちが医者を父に代え、この父に妄想の神を説明する役割を負わせるならば、私たち自身がこうした遡及の運動に従うことに困難を覚える。私たちが要求している権利は、錯乱を把握する私たちの視点がすぐれているということによってしか正当化されえないような権利であるからである（同書二九六頁、二九八頁）。ところがフロイトは、こうしたためらいを述懐するほどに、ますますこのためらいを斥け、これを確固とした解答の中に一掃してしまうのである。だから、この解答は二重になっている。すなわち、一方で、精神分析が法外な単調さに陥って、至るところに、フレヒジッヒの中に、神の中に、太陽の中に、父を認めるとしても、それは私の誤りではない。それは、性愛の誤りであり、またその頑迷な象徴主義の誤りなのである（同書三〇一頁）。他方で、父が、決してそれと分らない最も隠された形態をとってたえず現実の錯乱の中にもどってくるのは、驚くべきことではない。なぜなら、父は、いたるところに回帰し、もっと眼につきやすい仕方で、古代の神話や宗教の中に回帰しているからである。これらの神話や宗教は、無意識の中に永遠に働いているもろもろの力やメカニズムを表現している（同書二九八頁、三二三頁）。確認しておくべきことは、シュレーバー院長が、ただ生きながら天からの光線によってオカマを掘られるという運命を知っていたばかりではなくて、死後にフロイトによってオイディプス化される運命をも承知していたことである。シュレーバーの狂気の政治的社会的歴史的な膨大な内容については、一言も語られていない。あたかもリビドーがこうした事柄にはかかわらなかったかのように。性的な議論と神話学的な議論のみが、引き合いに出されているだけである。性的な議論は、性愛と家族的コンプレックスとの溶接を行うもので、神話学的議論は、無意識の生産的力能と「神話と宗教の教化力」との適合性を確立するものである。以上の議論はたいへん重要であり、ここでフロイトがユングとの一致を表明していることは偶然ではない。ある意味で、この両者の一致点は、両者が絶交した後にも存続している。というのは、たとえ、無意識は神話や宗教の中に十全に表現されると考えられても（もちろん内容が変形されることは、いつも考慮してのことである）、この十全性を読みとるには二つの仕方があり、二つの仕方はともに次のような公準を共通にもっているからである。この公準とは、無意識を神話の尺度で測り、無意識の生産的な組織を、始めから、単なる表現形態によって置き換えてしまったのである。何ゆえに神話に回帰するのか、なぜ神話をモデルにするのか、といった根本的問題は、無視され、斥けられている。こうして、前提となった十全な適合性は、「天上」を志向する神秘的な仕方によって解釈することができ、あるいは逆に、神話をもろもろの欲動に関係づけながら、「地上」を志向する分析的な仕方でも解釈することができる。――しかし、もろもろの欲動がさまざまに変形されていることを考慮するなら、それは神話から転写され、引きだされているものなので……。私たちがここでいいたいことは、まさに同じ公準から、ユングは最も広く流布した、最も霊的な宗教性を再建することになり、フロイトのほうは、最も厳密な無神論の中で自己を確認するということである。共通の公準とされた適合性を解釈するために、ユングが神の本質を肯定する必要があったのと同じく、フロイトもやはり神の存在を否定する必要があったのだ。しかし、宗教を無意識的なものにすること、あるいは無意識を宗教的なものにたえず宗教的なものを注入することである（無意識のものとされている名高い罪悪の感情がなければ、フロイトの分析はいったい何であろうか）。それなら精神分析の歴史に何が起ったのか。フロイトは、まるで英雄のように自分の無神論に執着した。ところが、彼をとりまく人々は、ますますうやうやしく彼に語らせ、この老人に自由にしゃべらせて、彼の背後では教会と精神分析との和解の準備を進めていったのだ。和解が成立すれば、このとき〈教会〉の方は、教会自身の精神分析家たちをつくりあげることになるであろうし、また精神分析家たちの方は、自分たちの運動の歴史に関して〈こういうわけで、私たちもまたやはり敬虔なのである〉と書くことができることになる。マルクスの偉大な宣言を思いおこそう。彼のいうところでは、神を否定するひとは、「二次的なこと」しかしていない。なぜなら、彼が神を否定するのは、人間の存在を打ちたて、（この変形を考慮に入れて）人間を神の座につけるためであるからだ。[5] ところが、人間の場所がまったく別のところに、つまり人間と自然が外延を共にして一緒に存在しているところにあるということを知っているひとは、「自然と人間を超えてその上に位置する存在、つまり異質な存在に関しては」、それを問題にする可能性さえ認めない、と。要するに彼は、もはや神話を媒介とする必要がなく、もはや神の存在を否定するという媒介を経由する必要がないのである。なぜなら、彼は、無意識の自己生産の領域に到達したからである。これらの領域において、無意識は孤児であると同時に、無神論者でもある。つまり、直接的に孤児であり、直接的に無神論者なのである。おそらく先の性的な議論を検討しても、私たちは同様な結論に導かれることになるであろう。なぜなら、性愛を家族的コンプレックスに溶接し、オイディプスを精神分析における性愛の基準とし、とりわけ正統性の試金石とすることによって、フロイト自身は、社会的かつ形而上学的な諸関係の集合を、欲望が直接的には備給しえない〈事後〉あるいは〈彼岸〉として措定してしまったからである。このとき彼は、この〈彼岸〉が、欲望の分析による変形を通じて家族的コンプレックスから派生するものなのか、それとも神秘的な象徴化の働きを通じてこの欲望によって意味を与えられているものなのか、といったことについては、もう無関心になっているのだ。

もっと後のフロイトの別のテクスト『ある子供が打たれる』(一九一九年)を考察することにしよう。ここでオイディプスは、すでに「核をなすコンプレックス」として示されている。このテクストの読者は、不安をおぼえさせる奇妙な印象にかられざるをえない。父のテーマは、決して曖昧になっていたわけではないが、といって、これまでに、このテーマがこれほどの情熱や決断をもって肯定されたことはない。オイディプスの帝国主義は、ここでは不在の上に基礎づけられているのだ。その理由は、結局こうなのである。女児において想定されている幻想の三つの時期の中で、第一の時期は父がまだそこに現われない時期であり、第三の時期は父がもはやそこに現われない時期である。残っている第二の時期は、父が「はっきりと、少しの曖昧さもなく」光り輝いている時期である。――ところが、まさに「この第二の段階はまったく現実存在をもっていない。この段階は、無意識のうちにとどまり、このため記憶によって想起されるということがまったくありえない。この段階は、分析によって再構成されるものでしかない。しかし、これは必然性のある再構成なのだ」。では、実際にこの幻想においては何が問題なのか。少年たちが誰かによって、例えば教師によって、少女たちの眼の前で打たれる。ひとは、始めからフロイトの二重の還元に立ち合うことになる。この二重の還元は、何ら幻想によって強制されているものではなく、あらかじめ前提されたものとしてフロイトによって要求されている。一方で、フロイトは断固として、幻想の集団的性格を純粋に個人的な次元に還元することを望んでいる。つまり、打たれる少年たちは、ある意味では〈私〉（つまり「患者自身の代理人」）でなければならないし、打つひとは〈父〉（つまり、「父の代理人」）でなければならない。他方で、この幻想のもろもろのヴァリエーションは、離接の関係の中に組織されなければならず、離接は厳密に排他的に使用されなければならない。したがって、ここには少女の系列と少年の系列とが存在することになるが、これらの二系列は非対称的である。すなわち、女子の幻想は三つの時期をもち、その最後の時期は「少年たちが教師に打たれる」というものであるが、男子の幻想は二つの時期しかもたず、その第二の時期は「私の母が私を打つ」というものである。唯一の共通の時期（少女たちの第二の時期と少年たちの第一の時期）において何の曖昧さもなく肯定されていることは、二つの場合とも父の優位であるが、この時期とは、名だたる非在の時期なのである。フロイトの場合はいつもこうなのだ。男女両性に共通のものが、何かなければならないが、この何かは、両性のいずれにも等しく欠如しており、非対称的な両性の系列に欠如を分配して、離接の排他的使用を基礎づけるためのものである。つまり、君は少女であるか、さもなければ少年なのだ！　オイディプスとその「解決」に関してても同じことで、これらは少年と少女とにおいては異なるものでなければならない。去勢についても、また去勢とオイディプスの関係についても、事態は同様である。去勢は、共通の宿命で、すなわち優越的かつ超越的な〈ファルス〉〔男根〕であるとともに、同時にその排他的分配であり、これが少女においてはペニスの欲望として、少年においてはペニスを失う恐怖あるいは受動的態度の拒否として現われる。この共通な何かは、無意識の離接作用の排他的使用を基礎づけ、そして私たちに忍従を教えるものでなければならない。オイディプスへの忍従、去勢への忍従、少女たちにはペニスの欲望の断念を、少年たちには雄としての反抗の断念を、要するに「自分の性を甘受すること」を教えるものでなければならないのだ⑹。この共通な何かは、偉大なる〈ファルス〉であり、重ね合わすことのできない両面における〈欠如〉であるが、それは純粋に神話的なものであり、否定神学の〈一者〉のようなものである。それは、欲望の中に欠如を導入し、排他的な系列を生みだし、これらの系列に対して、目標や根源や忍従の道を定めるのである。

逆のことをいわなければならないだろう。つまり、二つの性の間には何も共通性がないと同時に、またこの二つの性は、横断的な仕方でたえまなく相互に交通し続けているのだ。横断的な仕方においては、それぞれの主体は、男女二つの性を所有しており、ただそれらは仕切られて、二つの性をもつ他の主体の、どちらかの性と交通するのである。まさにこれが部分対象の法則である。何ものも欠如してはいないし、欠如として定義される何ものもない。無意識におけるもろもろの離接は、決して排他的ではない。そうではなく、それは本来的に包含的な使用の対象であって、私たちはまさにこれを分析しなければならない。そして、この逆の面を語ろうとして、フロイトはひとつの概念を、つまり両性具有の概念を用意していた。しかし、彼は、この概念が要求していた精神分析上の立場や範囲をこの概念に決して与えることができなかったし、またそれを望みもしなかったのであり、それは偶然ではない。そこまでさえゆかないで、活発な論争が起きたことがある。ある分析家たちが、メラニー・クラインの後をついで、女性器の無意識的な力を、部分対象と流れにかかわる肯定的な諸性格によって規定しようとしたときのことである。このささやかな観点の移動は、決して神話的な去勢を抹殺するものではなくて、性器を去勢に従属するものとみなすかわりに、去勢を二次的に性器に従属させるものであった。ところが、このことが、フロイトの大きな反対に遭遇することになったのだ。[7] フロイトは、無意識の観点からすれば、性器が理解されうるのはもっぱら欠如から、すなわち根本的な欠乏からであって、その逆ではないと主張したのであった。ここには、精神分析に固有の誤謬推理が認められる（この誤謬推理は、シニフィアンの理論において、もっと顕著に再び見いだされるものである）。この誤謬推理はまさに、分離可能な部分対象から、分離したものとしてひとつの完全対象（ファルス）の措定に移行するのである。この移行のプロセスは、男女いずれかの性に固定され、〈私〉として規定された主体をともなうが、この主体は、自分が暴君的な完全対象に従属していることを、必然的にひとつの欠如として体験する。おそらく、部分対象が、部分対象そのものとして器官なき身体の上におかれるとき、事態はもはや同じではない。このとき部分対象は、唯一の主体として「私」とともにではなくて、むしろ欲動とともにある。欲動は、部分対象とともに欲望機械を形成し、他のもろもろの部分対象と接続、離接、連接の諸関係を結び、これに対応する多様性の中にあって、その要素はどれも肯定的にしか定義することができないのだ。オイディプス化と同じように、「去勢」についても語らなければならない。去勢は、オイディプス化を仕上げるのである。去勢とは、精神分析が無意識を去勢し、去勢を無意識の中に注入する操作のことである。無意識に対する実践的操作として去勢が達成されるのは、まったく肯定的生産的な欲望機械の無数の〈流れ－切断〉が、ひとつの同じ神話空間の中に、シニフィアンの統一的特性の中に投射されるときである。私たちは、無意識の無知を、いくらあげても足りない。無意識はオイディプスも知らなければ、去勢も知らない。また両親も神々も法も欠如も……知らないのだ。

女性解放のもろもろの運動が、〈わたしたちは、去勢なんかされていない。わたしたちは、あなたたちなんか相手にしない〉といっているのは、正しい。(8)これに対して男たちは、〈それはまさに女たちが去勢されている証拠だ〉と答えたり、――あるいは、女たちとは異なる別の面において去勢されていることを喜びながら、〈男たち自身もまた去勢されている〉といって女たちを慰めたりさえして――、姑息な策を用いてやりすごそうとするが、それはとうてい無理なことで、むしろ、私たちは、女性解放の運動が、多少とも曖昧な状況のなかにあって、あらゆる解放の要求に属するものを担っていることを認めなければならない。それはつまり、無意識そのものの力、欲望による社会野への備給、抑圧構造からの備給の撤収〔脱備給〕といったものである。ここでも問題は、女性たちが去勢されているか、いないか、ではなくて、ただ、無意識自身が「去勢を信じている」かどうか、であるなどといってはならない。――なぜなら、あらゆる曖昧さはまさにここにあるからである。無意識に適用される信仰とは、いったい何を意味するのか。生産しないで、もはや「信ずる」ことしかしない無意識とは、何なのか。もろもろの「信仰」を無意識の中に注入する操作や手だてとは、何なのか。この「信仰」は、非合理的でさえもなく、逆にあまりにも合理的で、既成の秩序に一致しているのだ。

「ある子供が打たれる。子供たちがぶたれる」という幻想に再び戻ることにしよう。これは典型的な集団幻想であり、これに欲望が備給しているものとは、社会野とそれが行っている抑制的諸形態そのものである。もしそこに演出があるとすれば、それは社会的欲望機械の演出なのだ。だから、私たちはこの機械が生みだした内容を抽象的に考察して、少女と少年の場合を分離し、あたかも少年少女のそれぞれが、いつもパパやママとの間で自分の関心事にかまけている小さい〈私〉であるかのように考えてはならない。逆に私たちは、それぞれの個人の場合においても、また同時に集団幻想を主導的に組織している社会体の場合においても、少年－少女あるいは生産と反生産の諸代行者－両親といった集合と相補性を考察しなければならない。少年たちが、幼い少女（見る機械）を前にしたエロティックな舞台で教師に打たれて大人になるのと、また彼らが、ママを通じてマゾヒスト的な享楽を味わう（肛門機械）のとは、同時なのである。だから、少年たちは幼い少女たちになることによってしか見ることはできないし、少女たちは少年たちになることによってしか、体罰の快楽を感ずることはできない。これはまさにひとつのコーラスであり、モンタージュなのだ。ヴェトナム戦争から復員して村に帰り、涙を流す妹たちを前にして、「海兵隊」のならずものたちは、ひざの上にママを坐らせている教練教官に殴られて、あれほど邪悪であり、あれほど拷問をしたことの快感を思い知るのである。何という悪。しかし、それはまた何という快感だろう。『北緯17度ベトナム戦争実録』（ヨリス・イヴェンス）の映画の場面が思い起されるかもしれない。ひとは、そこで、将軍の息子のパットン大佐が次のように言明するのを見る。自分の仲間たちはすばらしい連中である。彼らは、父や母や祖国を愛し、死んだ戦友たちや勇ましい仲間たちのための礼拝で涙を流している。――それから大佐の顔色が変わり、しかめ面になる。制服を着た偉大なパラノイア患者が露わになり、最後に彼は叫びだす、「そのうえ、彼らはほんものの殺し屋だ」……。伝統的な精神分析が、〈教練教官とは父であり、大佐もまた父であり、母自身もまたやはり父である〉と説明するとき、この精神分析があらゆる欲望をすべて家族的な規定に引き下ろしてしまっていることは、明らかである。しかし家族的な規定は、リビドーによって実際に備給される社会野とは、もはや何の関係もないのだ。確かに、父や母に属する何かが常に存在し、それはシニフィアンの連鎖の中に組み込まれている。それは父の口ひげであったり、母があげた腕であったりする。ところが、こうしたものは、もろもろの集合的代行者の間では、ひそかな場所を占めているにすぎない。オイディプスを構成すべき諸項は三角形を形成しないで、むしろ社会野の隅々にまで寸断されて存在しているのだ。母は教練教官のひざの上にのっており、父は大佐の傍にいるというふうに。集団幻想は社会体と一体になり、機械として作動している。父と母は、社会体に対して、伝達し執行する末端の代行者としての役割を担ってはいるが、社会体によってオカマを掘られ、またオカマを掘られることを欲望するという事態は、父と母に由来するのではない。

集団幻想の概念が制度的分析の視野から作りあげられたとき、ジャン・ウリの周囲に集まったラ・ボルド病院のスタッフのもろもろの仕事を考えてもらいたい。第一の課題は、集団幻想と個人幻想の本性上の差異を示すことであった。集団幻想が、現実としての社会野を定義する「象徴的な」連節と切り離せないように思われる一方、個人幻想は、社会野の総体を「想像的な」所与の上に引き下ろしていた。次に、この第一の区別をそのまま延長すれば、次のような事態が生じてくることがわかる。個人幻想そのものは、現実に存在する社会野につながれてはいるが、この社会野を想像的な諸性質の下に捉えている。ところが、このような諸性質が、社会野に一種の超越性や不滅性を与え、個人、〈私〉は、これらを隠れ家にして、擬似的な運命を演じることになる。だから、将軍はいうのだ。〈軍隊〉は不滅であるがゆえに、私が死ぬことなど大したことではない。個人幻想の想像的次元は、死の欲動に対して決定的な重要性をもつことになる。それほどにも、実在する社会秩序に与えられた不滅性が〈私〉の中に運び込むものはといえば、抑制のあらゆる備給であり、同一化や「超自我形成」や去勢といった諸現象であり、またあらゆる欲望－諦念（将軍になること、下層幹部、中間幹部、あるいは上層幹部になること）であり、これには、この社会秩序のために諦めて死ぬことも含まれている。一方で死の欲動そのものは外に投射され、他者たちに向けられる（異国人には死を、私たちの仲間でないものたちには死を）。逆に、集団幻想の革命的な極が現われるのは、もろもろの制度そのものを死すべきものとして経験する能力の中においてである。また死の欲動を真の制度を創造する力に変えながら、欲動と社会野の分節にしたがって、もろもろの制度を破壊し、あるいは改変する能力の中においてである。なぜなら、革命的制度と、巨大なる惰性つまり既成秩序の諸制度の中に法によって伝達される巨大なる惰性とを区別する基準は、少なくとも形式的な基準は、まさにここにあるからだ。ニーチェが言っているように、教会、軍隊、〈国家〉という犬たちの中で、死のうとしているのはどの犬なのか。ここから、集団幻想と、個人のものといわれる幻想との間に、第三の差異が生じる。個人の幻想は、合法的な、あるいは合法化された諸制度によって規定されるかぎりで、〈私〉を主体としてもつのであって、それは諸制度の中で「自らを想像する」。したがって、〈私〉は、たとえ倒錯している場合でさえも、法によって課せられた離接の排他的使用に服従しているほどである（たとえば、オイディプス的同性愛の場合がそうである）。ところが、集団幻想が主体としてもつものは、もはや欲動そのものと欲望機械でしかなく、欲動は革命的制度とともに、欲望機械を生み出すのである。集団幻想は、もろもろの離接作用を包含している。集団幻想において、それぞれの主体は、自分の人称的自己同一性は奪われているが、自分のもろもろの特異性は奪われていないからである。またこの主体は、部分対象に固有なコミュニケーションに従って他の主体と関係し合っているからである。つまり、それぞれの主体は、器官なき身体の上で他の主体の身体の中に入り込むのだ。クロソウスキーは、この点に関して幻想を二つの方向に引き裂くような逆の関係が存在することをいみじくも指摘した。つまり、経済的法則が「心理的交換」の中に倒錯を引き起こすか、それとも逆に、心理的交換が経済的法則の壊滅を促進するかに従って、幻想は二つの方向に引き裂かれる。「群居性の制度的水準からいって時代錯誤であるような特異な状態は、その強度の大小に応じて制度そのものに脱現実化の働きを及ぼし、今度は逆に制度の方を時代錯誤として告発することがありうる。[9]」だから、次のいずれの道をとるかによって、二つの型の幻想が、あるいはむしろ二つの体制が区別される。ひとつは、「財貨」の社会的生産がその規則を〈私〉を通じて欲望に押しつける道であり、〈私〉がもっているかにみえる統一性は、財貨そのものによって保証される。もうひとつは、もろもろの情動の欲望的生産がみずからの規則を制度に強いる道で、制度を構成する要素は、もはや欲動以外のものではない。この後の方向において、フーリエ流にユートピアについて語らなければならないとすれば、それは決して理想のモデルとしてではなくて、革命的行動と情念としてである。こうして、クロソウスキーは、最近のいくつかの著書において、私たちがフロイトとマルクスの間で論争している不毛な平行状態をのりこえる唯一の手段を私たちに示している。すなわち、社会的生産と生産諸関係が、いかに欲望の一制度であるか、またもろもろの情動や欲動がいかに下部構造そのものに属しているか、発見することによって、それを示しているのだ。なぜなら、経済的形態において、これら自身の抑制を生み出し、また同時に、この抑制を終わらせる手段を生み出すことによって、これら情動と欲動は、下部構造に属し、あらゆる仕方で、そこに現前しているからだ。

　集団幻想と個人幻想との間のもろもろの区別を展開していくと、結局、個人幻想というものが存在しないということがはっきりする。むしろ、〈主体集団〉と〈隷属集団〉といった二つの種類の集団が存在するだけである。——オイディプスと去勢は、想像界の構造を形成し、この構造にしたがって〈隷属集団〉の成員は、自分たちが集団に所属していることを個人的に体験し、あるいは幻想化したりするように規定される。さらに、このような二種類の集団は、たえず相互に移行する状態にあるといわなくてはならない。〈主体集団〉はたえず従属の危険に脅かされているし、〈隷属集団〉が、ある場合には革命的な役割を引き受けることもありうるからである。フロイトの分析が、いかに幻想から排他的な離接の方向のみを取りだしているか、またいかに幻想をその個人的、あるいは擬似個人的な次元の中に押しつぶしてしまっているかを見ることほど、憂慮すべきことはない。このような個人的、擬似個人的次元は、本性的に幻想を〈隷属集団〉に関係づけるだけで、逆の操作を行って幻想を集団の次元において捉え、幻想の中で、集団の革命的潜在性の隠れた要素を解放するものではないからである。教練教官あるいは教師も父であり、大佐も母もまた父であることを学び、こうして社会的な生産と反生産のあらゆる代行者を、家族的再生産の形態に引き下ろすとき、度を失ったリビドーは、もはやオイディプスの外に出ようとはせずに、オイディプスを内面化することを、私たちは理解する。言表の主体と言表行為の主体との二元性の形態によって、リビドーは、オイディプスを内面化するのである。この二元性は、去勢的な性質をもち、擬似個人的な幻想に特徴的なものである（「確かに人間として、私はあなたを理解するが、裁判官、保護者、大佐あるいは将軍、つまり父として、私はあなたを断罪する」）。しかし、この二元性は、人工的、派生的な二元性であり、集団幻想における言表行為の集団的代行者と言表との直接的な関係を前提としている。

一方には抑制的な精神病院や法律一点張りの公立病院、他方には契約的な精神分析があり、制度的分析はこの二つの間で、困難な自分の道を歩もうとしている。そもそも精神分析的関係は、始めから最も伝統的なブルジョワ医学の契約的関係の型にはめて作られたものである。すなわち、第三者の見かけだけの排除。精神分析によって新たに道化的な正当化をえた、貨幣の偽善的役割。そしていわゆる時間の制限、それは負債を無限に再生産し、尽きることのない転移を養い、たえず新たな「葛藤」を育てつつ、たえず自己矛盾に陥るのである。分析が終るということは、それが終るという事実そのことによって失敗であるなどといわれるのを聞くのは驚くばかりである。こうした発言は分析家の微妙なほほえみをともなうとはいえ。経験の豊富な分析家が、事のついでに、次のようなことばを口にするのも驚きである。自分の「病人たち」のひとりは、何年かの分析を終えた後に、この分析家の家でおやつや食前酒に招かれることをなおも夢みているというのだ。あたかも患者たちが精神分析によっておぞましい依存の関係に追い込まれることについて、いささかも兆候などないかのように。治療において、こんな具合に愛されたいというおぞましい欲望、みずからひざまずき、ソファの上に身を横たえて、そこにとどまりたいという泣き声まじりのヒステリックな欲望を、どのようにして払いのけたらいいのか。フロイトの第三にして最後のテクスト『終りある分析と終りなき分析』（一九三七年）を取りあげてみよう。この表題は「有限の分析、無限の分析」と翻訳した方がよいとする最近の提案に、私たちは従うべきではない。〈有限－無限〉は、ほとんど数学や論理学の事柄であるが、いま問題はとりわけ実践的具体的な事柄であるからだ。そもそも、この物語には終りがあるか。分析は、結着がつきうるものなのか。治療のプロセスは終結しうるのか。答えはイエスなのか、ノーなのか。治療は完結することがありうるのか。それとも無限に継続せざるをえないのか。フロイトがいっているように、現実に起っている「葛藤」を根絶することはできるのか。将来に起こりうる葛藤に対して病人を予め守ることはできるのか。予防を目的にして新たに葛藤を引き起してもいいのか。ある大きな魅力が、このフロイトのテクストに生気を与えている。何か分らない絶望的な、幻滅した、うんざりした感じがあり、また同時に完成された業績に固有の落ち着き、確信がある。このテクストは、フロイトの遺言なのだ。彼はそのうちに死ぬことになるし、彼自身もそのことを知っている。彼は、精神分析において、何かがうまくいっていないことを知っている。治療は、ますます終りのないものになろうとしている。この事態がどうなるか見きわめようとしても、間もなく自分がもはやこの世にいなくなるということも、彼には分っている。このとき彼は、自分の仕事の何が貴重であるかを感じているひとの落ち着きをもって、もうそこに忍び込んだ毒も感じとり、治療の障碍になるものを検討している。もしも、欲望の経済の問題が単に量的なものであったならば、すべてはうまく行ったことであろう。欲動に対抗して、自我を強化するだけでいいだろう。あの成熟した強固な〈私〉が登場し、つまるところ正常であるこの〈私〉と分析家との間に「契約」「協定」が成り立てばいいのだ……。ただし欲望の経済の中には、質的な要因があり、これがまさに治療の障碍になるのである。フロイトは、質的要因を十分に考慮しなかったことで自分を責めている。

これらの障碍的要素の第一は、去勢の「岩」である。この岩は非対称的な二つの斜面をもち、私たちの中に癒し難い空洞をもたらすものであるが、精神分析はこの岩につまずくことになるのだ。第二の要素は、葛藤を引き起す質的な傾向である。この傾向によって、リビドーの量は、異性愛と同性愛に対応する二つの可変的な力に分配されないで、むしろ大部分の人びとにおいて、この二つの力の間に打ち消し難い対立が創りだされるのだ。最後に、第三の要素は、経済的重要性をもち、動力学的局所論的な考察によっては捉えられず、位置を決定しえないある種の抵抗に関するものである。つまり、ある種の患者においては、リビドーがきわめて粘着的であり、あるいは逆にきわめて流動的で、どんなに分析をつくしてもこれらの患者から何も「獲得する」ことができないほどなのだ。以上のようなフロイトの指摘は、細部の観察でしかなく、枝葉末節にすぎないものと考えるのは、誤りであろう。じつはこれは、欲望の現象の中で最も本質的なことにかかわっている。つまりリビドーの質的な流れが問題になっているのである。アンドレ・グリーンは、そのみごとな論において、三つの型の「面接」の表を作って、上記の問題を最近あらためて取りあげている。この三つの型のうち、最初の二つは分析に対して禁忌の徴候を含み、第三のものだけが分析において理想的な面接を構成する。(10)第一の型（粘着性、すなわちヒステリー形態の抵抗）によると、「面接は、うっとうしく重々しい、沼のような雰囲気によって支配される。沈黙は鉛のようであり、話は現在の出来事が支配的で……、単調である。それは描写的な語り方であり、この語り方においては、過去への関連は何ひとつ見つからない。話は、切れ目のない糸のように繰りひろげられ、いかなる断絶も入るすきはない……。いくつかの夢が物語られる。……夢の謎は、二次的な加工の対象となり、物語としての夢、また出来事としての夢だけが際立っている、夢は思考への働きかけにほかならない。転移はとりもちに絡んだように粘つく……」。第二の型（流動性、すなわち強迫的形態の抵抗）の表によると、「この場合、面接はあらゆる種類の表象の極端な移動性によって支配される。……舌は滑らかに軽くすばやく回転して、まるで立て板に水のようである。……ここでは、あらゆるものが通り過ぎてゆく……。じじつ、患者が前に言ったことと正反対のことを語ったとしても、分析状況に根本的な変化は何も起らないであろう……。こうしたことはみんな、何の結果も生まないのだ。なぜなら、水があひるの羽にそって滑るように、分析はソファの上をすべってゆくからである。ここでは、無意識が錠をこじあけて出てくることもなければ、転移の中に碇をおろすこともない。ここで転移は気化してしまうだけである……」。あとにはただ第三の型が残っているが、この型に属するもろもろの性格によって、よい分析が定義されることになる。この場合患者は「一連のシニフィアンの過程を構成するために語るのである。意味は、言表されたひとつひとつのシニフィアンが指示しているシニフィエに結びつけられるのではない。そうではなくて、意味は、連鎖する諸要素の過程、縫合、連結によって構成される……。（患者）によって提供される解釈は、それ自身の意味を予期して、すでに意味されたもの（シニフィアン）のように与えられる。この点で、解釈は受容された意味にほかならず、つねに回顧的である。それが意味していたのは、それゆえまさにこれであった……」。

重大なのは、フロイトが決して治療のプロセスに疑問を抱いていないということである。おそらくフロイトにとって、もう遅すぎたのであろう。しかし、その後はどうなったのか。フロイトは、これらの要素を治療の障碍として解釈してはいるが、治療そのものの不十分な点として、あるいは治療の手順の効果や逆効果として解釈してはいない。というのも分析可能な状態としての去勢（あるいは分析不可能な究極の岩）は、むしろ精神分析的行為としての去勢の効果であるからである。また、オイディプス的同性愛（葛藤を引き起す質的傾向）は、むしろオイディプス化の効果であり、これはおそらく治療によって作りだされたものではなくて、治療を実行する際の人工的な諸条件（転移）の中で、治療によって促進され強化されたものである。そして逆に、リビドーのもろもろの流れが治療の実践に抵抗するとき、それは自我の抵抗であるよりもむしろ、あらゆる欲望的生産の壮大な喧騒なのだ。倒錯者が容易にはオイディプス化されないということは、私たちにはすでに周知のことである。どうして彼が、なされるがままになっていようか。彼は、オイディプスの領土よりもさらにもっと人工的で、もっと夢想的な他の領土を作りだしたのである。また分裂者がオイディプス化されえないということも、私たちは知っていた。なぜなら分裂者は領土の外に存在し、自分の流れを砂漠に導いたからである。ヒステリー的または強迫観念的形態の「抵抗」は、オイディプスの大地そのものの上において、欲望の流れが非オイディプス的性質のものであることを証明しているわけであるが、しかしこうしたことが分ってしまうと、あとにはいったい何が残るのか。リビドーの質的な経済学が示していることは、まさしくこのことに関するのだ。ここでは、もろもろの流れがにじみだし、三角形を通りぬけ、三角形のそれぞれの頂点を引き裂くのである。オイディプスの詰め物は、ジャムの中や水の上では役立たないように、これらの流れをせきとめることができない。三角形の内壁を襲い、外へと向かって、これらの流れは、溶岩の抵抗しがたい圧力を、打ち勝ち難い水の浸透力を行使する。治療の良好な条件とは、何であるかがよく問われる。流れがオイディプスの詰め物によってせきとめられること。存在してさえいない完全対象、つまり去勢のファルスのもとに、もろもろの部分対象が包摂されること。もろもろの流れ－切断が神話的な場に投射されること。多義的な連鎖が一対一に対応させられ、線型化されて、ひとつのシニフィアンの下にぶら下げられること。無意識が表現されてしまうこと。接続的総合が、包括的かつ特殊的使用に限定されること。離接的総合が、排他的制限的使用に限定されること。連接的総合が、人称的かつ分離差別的使用に限定されること……。等々である。そもそも「それが言わんとしていたのは、それゆえまさにこれであった」とは何を意味するのか。「それゆえ」ということばは、オイディプスと去勢の上に押しつぶされる。安堵のため息。ほらね。大佐。教練教官、教師、保護者、これはみんな、あれを意味している。つまりオイディプスと去勢である。「すべての歴史は、新たに解釈されることになる」……。私たちは、オイディプスと去勢が何でもないとはいっていない。私たちは、オイディプス化されるし、去勢されもする。精神分析が、こうした操作を発見したのではない。それはただ、その才を働かせて新しい源泉と手法をこれらの操作に貸し与えているだけなのである。しかし、こんなことだけで、欲望的生産のざわめきを黙らせるのに十分であろうか。私たちはみんな分裂者だ。私たちはみんな倒錯者だ。私たちはみんな、過剰に粘着質か、過剰に流動的な〈リビドー〉なのだ……。私たちは、好き好んでそうなったのではない。脱領土化した流れにさらわれてこうなったのだ……。すこし重大な症状であれば、いかなる神経症患者であれ、分裂症の岩に、この場合は、動く岩、あるいは隕石に支えられていないものがあろうか。オイディプスの遊園地の彼方にある倒錯の領土に出没しないものがいるだろうか。自分の欲望の流れの中に、熔岩や水流を感じていないものがいるだろうか。いったい私たちは何で病気になるのか。プロセスとしての分裂症そのものによって病気になるのか。それとも、私たちが強制的な神経症化に追い込まれるからか。精神分析は、この神経症化のためにオイディプスと去勢という新しい手段を発明したのだ。私たちが病気になるのは、プロセスとしての分裂症によってなのか。——それとも、このプロセスが空虚の中で無限に空転することによって、恐ろしいほどに激化することによってなのか（臨床実体－分裂症者の生産）。あるいはまたプロセスと目標とが混同されることによってなのか（人工－倒錯者の生産）。あるいは、またプロセスの早すぎる中断によってなのか（精神分析－神経症患者の生産）。私たちをオイディプスと去勢の十字架によって測るためにせよ、あるいは、私たちがその十字架によっては測られないことを確証するためにせよ、私たちは無理やりオイディプスと去勢に対面させられ、これらの上に引き下ろされる。まさに、何はともあれ、災いが起きている。治療は、分裂症化の道の代りに、まったく廃物だらけのオイディプス化の道を選んだのである。分裂症化の道は、私たちをこの治療から癒すにちがいないのに。

第三節　生産の接続的総合

無意識のもろもろの総合が与えられているので、実際的な問題は、これらの総合の使用が正当かどうか、またその使用を正当あるいは不当として定義する諸条件は何か、ということである。ここで同性愛の例を取りあげよう（ただし、この例は、まさにひとつの例以上のものである）。私たちは、プルーストの場合、『ソドムとゴモラ』の有名な数頁が、明白に矛盾した二つのテーゼを、いかに交錯させていたかを指摘した。ひとつは、「呪われた人種」の根底的な罪責に関するものであり、もうひとつは花々の根本的な無罪に関するものである。プルーストには、抑鬱的主調と〈サド－マゾヒスト的〉罪責感をともなった母への固着が認められるので、彼に対しては早々とオイディプス的同性愛の診断が下されてきた。もっと一般的にいえば、人びとは読み進むにつれて、様々な矛盾を発見し、それらの矛盾を何にも還元することができないと言明したり、あるいはまたそれらを解決するなり、または見かけのものにすぎないと説明するなど、好みに応じて性急に対応してきたにすぎない。ほんとうは、見かけ上も、実際上も少しも矛盾は存在しないので、ただユーモアの度合が異なっているだけなのだ。そして読むということはそれ自身が、ブラックからホワイトまで、ユーモアのもろもろの度合を具えている。読むこととは、これらの度合によって、読まれるものの中に共存しているもろもろのユーモアの度合を評価することなのである。したがって、唯一の問題は常に、強度の諸段階に、いかに事物を割りふるかであり、まさに強度の諸段階が、それぞれのもの、それぞれの存在、それぞれの場面の位置と用法とを画定するのである。ここにはこれがあり、次にはあれがある。私たちはこれでやっていくだけだ。気に入らなくても、仕方がない。といった具合である。「年とったばあさんのことなんか放っておこうよ。ねえ、小さいゴロツキくん」という、シャルリュスのやくざな忠告は、この点で予言的かもしれない。というのも『失われた時を求めて』は、無限に変化するただひとつの同じ物語であるが、いったいこの作品で起きていることは何であろう。はっきりしているのは、語り手は何も見ず、何も聞かないで、ひとつの器官なき身体であり、あるいはむしろ、いわば自分の巣の上でじっと身構えている蜘蛛のような存在であるということである。この蜘蛛は何も観察しないが、ほんの僅かの兆候、ほんの僅かの振動にも反応して、自分の餌にとびかかる。すべては、もろもろの星雲から始まる。つまり、輪郭があいまいな統計学的集合から、偶然に配置された特異性を含むモル的または集合的組織体から始まる（つまり、サロン、若い娘たちのグループ、風景……からである）。次に、これらの星雲あるいは集合体の中において、「いくつかの側面」が形をあらわし、もろもろの系列が組織され、これらの系列の中に人物たちが姿をあらわすことになるが、このことは欠如、不在、非対称、排他、非コミュニケーション、悪徳、罪責などといったもろもろの奇妙な法則のもとに進行するのである。さらにまた、すべてはあらためて混沌となり、解体するが、今度は、純粋な分子的多様性の中にあり、ここでは、もろもろの部分対象、「箱」、「器」がすべてひとしく肯定的に規定され、作品全体をつらぬく横断線にしたがって、意想外のコミュニケーションが行われる。それぞれの部分対象によって生産されるとともに新たに切断され、再生産されてはまた切断される膨大な流れがここにある。悪徳よりもむしろ、狂気とその無垢が不安をかきたてると、プルーストはいっている。もし分裂症が普遍的なものであるならば、偉大なる芸術家とは、まさにこの分裂症の壁をのりこえ、未知の国にたどりついたひとのことである。そこで彼は、もはやいかなる時間、いかなる境遇、いかなる流派にも属してはいないのだ。

アルベルチーヌへの最初の接吻を描く典型的な一節は、まさにこのようなものだ。アルベルチーヌの顔は、始めは、若い娘たちの集合からかろうじて引きだされるひとつの星雲である。次には、彼女の区別される複数の個性に対応する一連の局面を通じて、アルベルチーヌという人物が現われ、アルベルチーヌの顔は、語り手の唇が彼女の頬に近づくにしたがって、ひとつの局面から他の局面へと次々と飛び移ってゆく。最後に、この接近がまったく誇張され、すべては砂の上に描いた絵のように崩壊して、アルベルチーヌの顔は破裂して分子的な部分対象となり、他方、語り手の顔を構成する部分対象は、再び器官なき身体にもどってゆく。眼は閉じられ、鼻はつままれ、口はふさがれる。ところが、さらにいえることは、愛というものの一部始終もこれとまったく同じ物語を語るということである。統計学的な星雲から、男性女性の愛のモル的集合から、呪われた罪深い二つの系列が現われてくる。それはたがいに排除し合うソドムの系列とゴモラの系列である。この二つは、重ね合わせることのできない二つの様相において、同一の去勢を証明しているものにほかならない。ところが、これがすべてではない。なぜなら、植物のテーマ、すなわち花々の無垢は、私たちにさらに別のメッセージと別のコードとをもたらすからである。それぞれが両性であり、二つの性をもちながら、二つの性は仕切られており、たがいにコミュニケーションを行わない。男性は、単に、その中で雄の部分が統計学的に優位にある人間にすぎず、女性は、単に、雌の部分が優位にある人間でしかない。したがって、基本的な組み合せのレベルでは、少なくとも二人の男性と二人の女性がいて多様性を構成し、この多様性の中で横断的なコミュニケーションが、もろもろの部分対象と流れの接続が成立する。一男性の雄の部分は、一女性の雌の部分と交わることができる。しかしまた、一女性の雄の部分とも、あるいは別の男性の雌の部分とも、あるいはまた、この別の男性の雄の部分とも交わることができる。ここでは、あらゆる罪責感は消滅する。というのも、いかなる罪責感も花々にはとりつくことができないからである。「あれか、これか」の排他的な二者択一に対して、組み合せと順列の「あれであれ、これであれ」が対立することになる。「あれであれ、これであれ」においては、もろもろの差異は差異であり続けながら、同じものに帰するのだ。

私たちは、統計学的あるいはモル的には異性愛者であるが、しかし、個々の人物としては、それと知らずに、あるいはそれと知りつつ同性愛者であり、根源的あるいは分子的には、結局〈横断性愛者〉である。だから、プルーストは、彼自身の解釈をオイディプス的に解釈することをすべて否認した最初のひとであり、みずから二つの型の同性愛を対立させている。あるいは、むしろ二つの領域というべきか。一方には、端的にオイディプス的、排他的、抑鬱的な領域、他方には、非オイディプス的な分裂気質の、包含され包含する領域がある。「あるひとたちにとって、つまり、おそらく非常に臆病な幼年期を送ったひとたちにとっては、彼らが相手から受けとる肉体的種類の快楽はそれほど問題ではない。たとえ彼らが、その快楽を、ある男性の顔に結びつけることができるとしても。ところが、一方、別のひとたち、おそらくもっと激しい官能をもったひとたちは、自分たちが感ずる肉体的快楽というものを、ぜがひでも局部に限定しようとする。もしこの種のひとたちが告白したならば、多分彼らは世間一般の人びとにショックを与えることになるであろう。彼らはおそらく、サトゥルヌス〔土星〕の星座の下でだけ生きようとはしない。なぜなら、彼らにとっては、先にあげた第一のひとたちとちがって、女性をまったく受けつけないというわけではないからである……。この第二の男たちは、女性を愛する女たちを求めているのだ。こうした女たちは、彼らが若い男をつかむ機会を与えてくれるし、彼らがこの若い男とともにするはずの快楽を大きくしてくれるかもしれぬ。それだけではない、彼らは同様にして、彼らが男とともにする場合と同じ快楽を、女たちを相手にして味わうことができる……。なぜなら彼らは、こうした女と関係を結ぶとき、女たちを愛する相手の女のために、別の女性の役割を演じているからである。そして相手の女性は、彼らが男性に見いだしているものとほぼ同じものを、同時に彼らに提供するわけである……[11]。」

ここで対立しているものは、接続的総合の二つの使用、つまり包括的かつ特殊的使用と、部分的かつ非特殊的使用である。第一の使用において欲望は、固定した一主体を、どちらかの性に特殊化された〈私〉を、そして包括的人物として規定された完全対象を、同時に受けいれる。このような操作の複雑さや根拠が明らかになるのは、しかじかの用法に対応する無意識の異なる総合作用の間に起きる相互反応を考察するときである。じっさいまず登録の総合こそが、オイディプスを形成する諸条件にしたがって、登記の表面上に自我というものを措定する。この自我は、座標軸となる両親のイメージ（父、母）との関係において規定可能で区別可能なものとなる。ここには三角形化の働きが存在し、この働きは本質において構成的禁止をともない、人物を区別する前提となっている。禁止とは、母と近親相姦すること、父の地位を占めることを禁ずるのである。ところが、ひとは奇妙な推理によって、それは禁止されているがゆえに、まさにそれは欲望されている、と結論するのである。ほんとうは、包括的な形態をもつ人物たちも、こうした人物の形態そのものも、彼らに重くのしかかり彼らを構成する禁止以前には存在しないし、彼らが収まる三角形化の働き以前には存在しないのだ。つまり、欲望が最初の完全対象を受けとるのと、欲望にそれらの対象が禁じられるのとは、同時なのである。だからまさに、同じオイディプス的操作があって、一方でこれが禁止にしたがって人物たちを区別するという道によって、固有の「解決」可能性を基礎づけ、他方で、禁止が作りだした区別の裏側としての未分化状態に転落することによって挫折あるいは停滞する可能性とを同時に基礎づけている〔父と一体化することによる〔母との〕近親相姦、母と一体化することによる〔父との〕同性愛……〕。人物の形態と同じく、侵犯の対象となる個々の人物の実質も、禁止より以前には存在しない。それゆえ、始めから禁止は欲望の場所を置き換えているわけであるから、禁止そのものがみずからを置き換えるという特質をもっていることは明らかである。オイディプス的登記が、登録の総合の中に押しつけられるなら必ず、包括的形態をもつ新しい人物たちを導入することで生産の総合に反作用を及ぼし、この総合のもろもろの接続を深く変容することになるという意味で、禁止そのものがみずからを置き換えてしまうのである。父と母とに続いて、新たに導入される人物のイメージは、姉妹と妻である。じじつ、禁止が二つの形態において存在してきたということは、しばしば指摘されてきた。ひとつは否定的な形態で何よりもまず母にかかわり、区別を強制する。もうひとつは肯定的な形態で、妹にかかわり、交換を命令するものである（自分の姉妹とは別の女性を妻とする義務、自分の姉妹を他の男性に残しておく義務、自分の姉妹を義理の兄弟に残し、義理の父から自分の妻をうけとること）(12)。こうして近親相姦や同性愛の新しい形象として、新たな鬱積や頽落といったものがこのレベルにおいて生みだされてくることになるが、この二次的な段階なしには、オイディプス的三角形は自分を伝播し自分を再生産する手段をもちえないことは確かである。すなわち、第一次の段階は三角形の形態を作り上げるが、しかし二次的な段階だけがこの形態の伝播を保証するのである。私は私の姉妹とは別の女性を妻とする。それは、私の子供を頂点とする逆立ちした新しい三角形の区別された底辺を構成するためである。――このことはオイディプスの外に出ることといえるが、それはまたオイディプスを再生産し伝播することである。近親相姦を犯し、同性愛者となり、ゾンビになってくたばるよりは、むしろましというわけだ。

こうして登録の総合の両親的あるいは家族的使用法は、生産の接続的総合の婚姻的あるいは縁組的使用法にまで拡張される。要するに、人物たちの結合の体制がもろもろの部分対象の接続にとって代るのである。全体としては、欲望的生産に固有な器官－機械のもろもろの接続は、家族的再生産の規則にしたがう人物たちの結合に席を譲ることになる。部分対象は、もはや、次々と部分対象の間を移動する非人称的な流れから採取されるのではなくて、いまや人物たちから採取されるように見える。なぜなら、ここでは、流れに代って、人物たちがもろもろの抽象量から派生してくるからである。部分対象は、接続によって獲得されるものではなくて、一人物の占有物となり、さらに必要に応じて、他の人物の財産ともなる。カントが離接的〔選言的〕三段論法の原理として神を規定するとき、彼は幾世紀にもわたるスコラ哲学の思索から結論を引きだしているのであるが、これと同様に、彼が、〈結婚は、一人物を他の人物の性的器官の所有者とする絆である〉と規定するとき、彼は幾世紀にもわたるローマ法の思索から結論を引きだしているのだ⑬。欲望機械としての器官の接続が、人物の結合〔婚姻〕体制の中で、いかなる制約のもとで認められているかを見るためには、性に関する決疑法の宗教便覧を見れば十分である。この体制は、妻の身体から何を自分のものとしてよいかを法律的に規定している。ところが、さらにいえば、体制の相異が現われてくるのは、ひとつの社会が性的混交の小児的状態の存続をどこまで認めるかという点においてなのである。この小児状態においては、ある年齢に達するまですべてが許されていて、青年はやがて子供の社会的生産を規制する結合の原理の統制下に入ってゆく。おそらく欲望的生産のもろもろの接続は、二項的規則にしたがっていた。そして、私たちは、まさにこの二項関係に、第三項が介入することを見た。それこそが器官なき身体であり、生産物の中に再び生産の働きを注入して諸機械のもろもろの接続をさらに延長し、登録の表面という役割を果すのである。

ところが、まさしくここにおいては、一対一の対応を強い、生産を表象者たちの方に引き下ろすようないかなる操作も成立しない。この水準では、いかなる三角形化の働きも認められない。三角形化の働きは、欲望の諸対象を包括的な性格をもつ人物たちに、また欲望を特殊な一主体に結びつけるのだ。唯一の主体は、器官なき身体の上の欲望そのものである。この欲望こそが、流れと部分対象を機械化し、さまざまな接続と取得の方式にしたがって、流れと部分対象が、それぞれにたがいを採取し切断しながら、ひとつの身体から他の身体へと移動してゆく。このような接続そして取得の方式は、占有者あるいは所有者たる〈自我〉の人為的統一を、そのつど破壊するのである（非オイディプス的性愛）。

オイディプスの三角形は、両親的使用において形成され、婚姻的使用において再生産される。この三角形の形成は欲望の登録に干渉して、欲望のあらゆる生産的接続を変容するものであるが、私たちはまだ、どのような力がこの三角形化を規定しているのかを知らない。しかし、私たちは、少なくとも大すじにおいて、これらの力がどのように働くか追うことはできる。部分対象は、早々と現われる全体性の直観に捕獲され、同じように自我は、この自我の実現に先行する統一性の直観に捕獲されるといわれる（メラニー・クラインにおいてさえも、分裂気質の部分対象はひとつの全体に関係づけられ、この全体は、抑鬱段階における完全対象の到来を準備する）。ところが、このような統一性－全体性は、何らかの不在の様相においてしか措定されないということは明らかである。つまり、それは部分対象や欲望の主体にとって「欠如している」のだ。だから、すべては演技なのだ。ひとは、超越的な何か、共通の何かを外挿することによって成立する精神分析の操作に、いたるところで遭遇する。ところが、この何かが、まさに普遍的―共通的であるのは、欲望の中に欠如を導入するため、不在の形態において〈私〉や人物をそれぞれに固定化し特殊化し、男女の区別については排他的な意味を押しつけるためでしかない。これがフロイトにもあてはまる。オイディプスについても、去勢についても、ある子供が打たれるにおける幻想の第二期についても、あるいはさらに、分析の神秘化が絶頂に達する名高い潜在期についても。この共通な、超越的な、不在な何かは、ファルスあるいは法と名づけられ、それがシニフィアンを指示することになる。シニフィアンは、連鎖の総体に意味作用の諸効果を分配し、そこにもろもろの排他作用を導入するのである（ここからラカン主義のオイディプス化的な諸解釈が生ずる）。まさにシニフィアンが、三角形化の形相因として作用し、つまりは三角形の形態とその再生産を可能にする。こうしてオイディプスは〈3＋1〉の定式をもち、超越的なファルスという〈一者〉をそなえ、これなしに当の各項は三角形を形成しえない[14]。いわゆるシニフィアンの連鎖は、それ自身はシニフィアンでない諸要素、多義的なエクリチュールや離脱可能な諸断片からなっているが、すべてはあたかもこの連鎖が特殊な処理を受け、粉砕されるかのようである。これによって、この連鎖から離脱した対象が、つまり専制君主的シニフィアンがとりだされ、これ以降は連鎖全体が、このシニフィアンの法にぶらさがり、それぞれの鎖の環は三角形化されることになる。ここには、無意識の総合の超越的使用法をもたらす奇妙な誤謬推理が認められる。すなわち、離脱可能な部分対象から、離脱した完全対象への移動が起り、そこから欠如の指定によって、包括的性格をもつ人物が派生するのである。たとえば、資本主義のコードとその三位一体の定式において、離脱可能なる連鎖としての貨幣は、離脱した対象としての資本に変換され、この資本は、ただストックと不在という物神的様相においてのみ存在する。オイディプスのコードにおいても同じことが言える。採取や離脱のエネルギーとしてのリビドーが、離脱した対象としてのファルスに変換され、このファルスは、ただストックと不在という超越的形態においてのみ存在するからだ（ファルスは、男性にも女性にも同じく欠如する共通の何か、不在の何かである）。この変換こそが、まさにあらゆる性愛をオイディプスの枠の中に陥らせる。すなわち、すべての流れ－切断が同一の神秘的な場所に投射され、シニフィアンでないあらゆる記号が同一の支配的シニフィアンの上に投射されることになる。「実際の三角形化は、性愛を個々の性に特殊化することを可能にする。もろもろの部分対象は、その毒性と有効性を何ひとつ喪失したわけではない。ところが、ペニスに関係づけられたことによって、去勢というものが十全な意味を獲得することになるのだ。これによって、もろもろの部分対象の欠乏、欲求不満、部分対象の欠如といったものにかかわるあらゆる外界の経験に、意味が付与される。それ以前のすべての歴史は、去勢の光に照らして新しい形に書きかえられる。[15]」

この歴史の書きかえと、部分対象のものとされるこの「欠如」こそは、まさに私たちを憂慮させるものである。部分対象に対して基本的に正当でない総合の使用が行われるとすれば、部分対象は、どうしてその毒性と有効性を喪失せずにいられるだろうか。オイディプス的な性愛、オイディプス的な異性愛や同性愛、オイディプス的な去勢が存在し、もろもろの完全対象、包括的な性格をもつイメージ、特定の〈私〉といったものが存在することを私たちは否定しない。けれども、私たちは、こうしたものが無意識の生産物であるということを否定する。さらにいえば、去勢とオイディプス化は、まさにこうした基本的な錯覚を与えるのである。そのせいで私たちは、現実の欲望的生産は、高度な組織体を受け入れ、このような組織体が欲望的生産を統合し、これを超越的な諸法則に従属させて、さらに上位の社会的文化的生産に役立たせると考える。こうして欲望の生産に対して社会野が、いわば「剝離」することになり、これを口実にして、あらゆる諦念があらかじめ正当化されることになる。ところで、精神分析が、治療の最も具体的な次元において、全力をあげて強調していることは、このような見かけ上の運動である。精神分析そのものが、無意識のこのような転換を保証している。みずからが前オイディプス的と呼んでいるものの中に、精神分析はひとつの段階をみているが、この段階は発展的統合にむけてのり越えられるか(完全対象の支配の下で抑鬱性態勢にむかうか)、あるいは構造論的統合に向けて組織されるか（ファルスの支配の下で専制君主的シニフィアンの定立に向かうか)、どちらかにならざるをえない。フロイトが語っていた葛藤を引き起す素質、あるいは同性愛と異性愛との間の質的な対立は、ほんとうはオイディプスのひとつの結果なのである。この素質は、治療に対して外からくる障碍であるどころか、オイディプス化の産物であり、治療の逆効果であって、これがオイディプス化を強化する。真の問題は、前オイディプス的段階に関することではまったくない。この段階はあいかわらずオイディプスを軸として考えられている。そうではなくて、非オイディプス的な性愛、つまり非オイディプス的な異性愛や同性愛、非オイディプス的な去勢の存在とそれらの本性が問題なのだ。というのも欲望的生産のもろもろの流れ－切断は、神話的な場に投射されるものではない。欲望の記号は、シニフィアンの中に外挿されるものではない。横断的な性愛は、局所的で非特殊的な異性愛と同性愛との間に何ら質的な対立を生じさせるものではない。こうしてすべてが逆転するなら、精神分析的変換から生じた有罪性に代って、花々の無罪性が現われる。ところが、無意識全体を、欲望的生産の非オイディプス的な形式や内容にひきもどすことを確実にし、また確実にしようとするのではなく、精神分析の理論と実践は、あいかわらず無意識をオイディプスの形式や内容に変換することを推進している（じじつ、私たちは後に、精神分析がオイディプスを「解決する」と称していることが何であるかを見るであろう）。したがって、このような無意識の変換を精神分析が推進しているのは、まず接続的総合を包括的特殊的に使用することによってである。この使用は超越的使用と定義されうるものであり、精神分析的操作における第一の誤謬推理をもたらすものである。私たちがここでもういちどカントの用語を用いているのは、単純な理由からである。カントがみずから批判的革命と呼んでいたことにおいて提起していたことは、意識の総合の正当な使用と不当な使用とを区別するために、認識に内在する規準を発見することであった。だから、彼は、超越論的哲学（諸規準の内在）の名において、形而上学に見られるような諸総合の超越的使用を告発したのである。同様に私たちは、精神分析はその形而上学すなわちオイディプスをもっているといわなければならない。またひとつの革命、こんどは唯物論的革命が起りうるのは、このオイディプスの批判を通じてでしかないといわねばならない。つまり、オイディプス的精神分析にみられるような、無意識の総合の不当な使用を告発すること。こうして諸規準を内在させていることによって定義される超越論的無意識と、これに対応する分裂分析という実践を取り戻すこと。

第四節　登録の離接的総合

オイディプスは、欲望的登録の離接的総合の中に忍び込むとき、これらの総合にある種の制限的排他的使用の理想を押しつける。この使用は、三角形化の形態――パパ、ママ、あるいは子供であること――と一体である。これによって、近親相姦を禁止する区別機能の内部において、あれかこれかの支配が確立される。ここからはママの場所だ。

ここはパパだ。そこはおまえだ。おまえは、おまえの場所にとどまっていなさい。近親相姦を犯すオイディプスの不幸は、じつはまさに、誰がどこで始まるのか、また誰が誰であるか、もはや知らないことである。ところで、「両親であるか、子供であるか」という区別は、三角形の辺における二つの別の区別をも伴っている。「男であるか、女であるか」という区別と、「死んだか、生きているか」という区別である。オイディプスは、自分が両親であるか、子供であるか知ってはならないし、また自分が生きているのか、死んでいるのか、あるいは男であるか、女であるか、も知ってはならない。ひとたび、近親相姦を犯すことになれば、お前はゾンビであり両性具有者であろう。まさにこの意味において、家族にかかわるといわれる三大神経症は、区別機能あるいは離接的総合のオイディプス的衰退に対応しているように思われる。恐怖症患者は、もはや、自分が両親であるか、子供であるかを知ることができない。同じく、強迫観念症患者は、もはや、自分が死んでいるか、生きているか、またヒステリー患者は、もはや、自分が男であるか、女であるかわからない(16)。要するに、家族的三角形化は、ひとりの「私」が同時に親子の世代と性別と生死の状態について、自分を区別する座標を受けいれるための最低限の条件を表わしている。そして、宗教的三角形化は、別の仕方でこの結果を確認しているのだ。したがってその三位一体においては、ファルスの象徴を守るために女性のイメージが消失しているが、これはどのようにして、三角形が自分自身の根拠に近づき、根拠を同化しようとするかを示している。こんどは、もろもろの人物の区別を可能にする最高の条件が問題となる。だからこそ、神を離接的〔選言的〕三段論法のアプリオリな原理として措定するカントの神の定義が私たちには重要になってくるのだ。あらゆるものは、より大きい実在（実在的全体 *omnitudo realitatis*）を限定してゆくことを通じて、神から派生してくるとみなされるからである。ここには、神をひとつの三段論法の達人とみなすカントのユーモアがある。

　オイディプス的登録に固有の特性は、離接的総合の排他的、制限的、否定的使用を導入するということである。私たちはあまりにもオイディプスに慣らされているので、ほとんど他の使用を想像することができない。三つの家族的神経症でさえ、もはやこれが適用されえないことに悩んでいるが、やはりこの外に逃れられないでいる。精神分析において、フロイトにおいて、いたるところで、この排他的離接への傾向を、私たちは見いだした。ところが、思うに分裂症はオイディプスの外にあるものについて特異な認識を開き、離接的総合の未だ知られざる力を、もはや排他的、制限的ではなくて、まったく肯定的、無制限的、包含的な内在的使用を発見したのである。離接はあいかわらず離接的ではあるが、しかし離接の諸項をすべて肯定し、諸項の間の距離を超えてこれらの諸項を肯定し、諸項はたがいに制限しあうことも、排除しあうこともない。このような離接は、おそらく最高のパラドックスであろう。「あれか、これか」の代りに、「あれであれ、これであれ」が登場することになる。分裂症者は、男性にして女性であるのではない。彼は男性あるいは女性なのである。しかし、彼はまさしく男女両方に属していて、男性たちの側面では男性であり、女性たちの側面では女性なのである。〈愛すべきジェイエ〉（アルベール・デジレ〔欲望されるアルベール〕、登録番号五四一六〇〇一）は、男性的と女性的の平行的な二系列について長広舌をくりひろげ、自分自身を男女の両側におく。すなわち、「登・アルベール、録男番号五四一六、狂気のローマ人サルタン」「登・デジレ、録女番号一〇〇一、狂気のローマ人サルタン妃」[17]。分裂症者は、生者または死者であって、同時に両者であるわけではない。むしろ、彼は、両者の距離の一方の端において、両者のうちのいずれかであり、この距離を滑りながら一方から他方へと飛び移る。彼は子供あるいは親であって、同時に両者であるわけではない。むしろ、彼は、分解不可能な空間の中にある棒の両端のように、他方の端において一方であり、一方の端において他方なのである。ベケットにおける離接の意味は、こうしたものである。彼は、自分の作中人物たちやこれらの人物に到来する諸事件を、このような離接の働きの中に登記する。すなわち、すべてが分割されるが、それ自体のうちで分割される。離接が包含的になると同時に、距離でさえも肯定的なものとなる。ヘーゲル学派の最後の哲学者がするように、分裂症者が、あたかも離接ではなく、もろもろの矛盾を同一化する漠然たる総合を用いていたかのように考えるのは、上にのべたような思考の秩序をまったく無視することであろう。分裂症者は、離接的総合を矛盾の総合に代えるのではない。そうではなくて、離接的総合の排他的、制限的使用をその肯定的使用に代えるのである。彼はあいかわらず離接の中にあり、そこにとどまっている。彼は、もろもろの矛盾を深めることによってこれらを同一化し、離接の働きを消滅させるのではない。反対に彼は、不可分の距離を飛び移りながら、離接の働きを肯定するのだ。彼は単に〈男女両性〉でもなければ、男性と女性との間に存在するのでもなく、また〈中性体質〉でもなく、横断的性なのである。彼は横断的生死であり横断的親子である。彼は、二つの対立項を同一項に同一化するのではない。そうではなく、彼は、異なるものとしての対立項を相互に関係づけるものとして、二つの項の間の距離を肯定する。彼は矛盾に対してみずからを閉じるのではなくて、逆に開くのだ。彼は胞子を一杯につめこんだ袋のようなものであり、彼が不当にも閉じ込めていたこれらの胞子を、それぞれ特異性として解き放ってやるのだ。彼は、それらのあるものは排除し、あるものを確保しようとしていたが、いまではこれらは、記号−点となり、そのすべてが新しい距離のおかげで肯定されることになる。包含的となった離接は、自分自身の諸項の上に閉じられるのではなく、逆に無制限になる。「閉じた箱のおかげで私は何とか自分を保ってきたが、このとき私はもはやこの閉じた箱ではなかった。壁が崩壊したのである。」これによって、ひとつの空間が開かれ、そこでモロイやモランが指示しているのは、もはや人物ではなく、あらゆるところからおしよせる特異性であり、消滅する生産の代行者である。それは自由な離接であって、示差的な位置は完全に持続し、そのそれぞれが固定されない性質をもってさえいるが、しかしそれらの位置はすべて、位置を横断し顔をもたないひとつの主体によって占められる。シュレーバーは、男性であって女性であり、親であって子であり、死者であって生者である。ひとつの特異性が存在するところにはどこにでも、また、特異点が印されたあらゆる系列とあらゆる分枝の中に、シュレーバーは存在する。なぜなら彼自身、彼を女性に変えるあの距離そのものであるからであり、この距離の一端において、すでに新しい人類の母であり、ついに死ぬこともできるのである。

したがって、分裂症の神と宗教の神は、同じ三段論法にかかわっているとはいえ、ほとんど関係がないのだ。『バフォメット』の中で、クロソウスキーは神と反キリストとを対立させていた。神は、排他と制限から派生する現実に関して、そのような排他と制限の師匠であり、反キリストは、逆に一主体が可能なかぎりあらゆる述語を遍歴することを規定する変身の王子である。私は神であり、神ではない。私は神であり、〈人間〉である。ここでは、派生した現実の否定的な離接を、〈神－人〉という根源的な現実において超越してゆくような総合が問題なのではない。むしろ一項から他項へと漂流し、その間の距離に応じて、それ自体で総合を実現するような包含的離接が問題なのである。ここには根源的なものは何も存在しない。それは、『モロイ』の有名な一節が示すとおりだ。「真夜中である。雨が窓ガラスを打っている。真夜中ではなかった。雨は降っていなかった。」ニジンスキーは、次のように書いていた。私は神である私は神でなかった私は神の道化である。「私はアピスである。私はエジプト人であり、赤い肌のインディアンであり、黒人であり、シナ人であり、日本人であり、外国人であり、未知のひとである。私は海の鳥であり、また堅固な陸の上を飛ぶ鳥である。私はトルストイの樹であり、根をはっている。」「私は夫であり妻である。私は私の妻を愛し、私は私の夫を愛する…。[18]」重要なのは、両親の呼称でもなければ、人種や神の呼称でもない。ただ、これらの呼称の用法が重要なのである。意味が問題ではなく、用法だけが問題なのだ。根源的か派生的かが問題ではなく、普遍化した派生が問題なのである。分裂者は、未開の、無制限の系譜的素材を解き放ち、同時にあらゆる方向への分岐に身をおき、そこに自分を登記し、自分を位置づけることができる。彼は、オイディプス的系譜を吹きとばす。次から次へと関係を構成し、それによって彼は、不可分な距離の絶対的な跳躍を試みる。狂気の系譜学者は、器官なき身体の上に離接の網の目を縦横に張りめぐらせる。神は、登録のエネルギー以外の何ものでもなく、パラノイア的登記においては最大の敵でありうるが、奇蹟を授ける登記においては最大の友でもある。いずれにしても、ここでは自然や人間より上位の存在はまったく問題にならない。すべては器官なき身体の上に存在する。登記されるものも、登記するエネルギーも。神に創造されたのではない身体の上で、分解不可能な距離は必然的に飛びこえられ、同時に離接の項はすべて肯定される。私は文字でありペンであり紙である。（こんなやり方で、ニジンスキーは自分の日記をつけていた）——そうだ、私は私の父であったし、私の子供であった。

　したがって登録の離接的総合においても、私たちは接続的総合と同じ結果に導かれる。離接的総合においてもまた、一方では内在的、他方では超越的といった二つの使用が可能だからである。超越的使用は、離接の網の目のいたるところに排他性と制限を導入し、無意識をオイディプスの中に突き落とすものであるが、精神分析はなぜそれでも超越的使用を支持するのか。また、なぜまさにオイディプス化は、そのようなものなのか。」というのもオイディプスによって導入された排他的関係は、ただ差異化するものとみなされる多様な離接の間だけに働いているのではなくて、むしろ、それが強いるこれらの区別の総体と、それが前提とする未分化の間に働いている。オイディプスは私たちにこう語る。もしおまえが、〈パパ―ママ―私〉を区別する道を歩まず、こうした区別を画定する排他性にしたがわないなら、おまえは未分化の暗闇に落ち込むことになる。排他的離接は、包含的離接とまったく異なるものであることをよく理解しよう。そこでは神も同じ役割を果さないし、両親の呼称も同じ役割を果さない。両親の呼称が示しているのは、もはや強度的状態ではない。主体は強度的状態を通じて、器官なき身体の上を、孤児にとどまる無意識の中を通ってゆくのだ（そうだ、私は……であった）。両親の呼称は、包括的性格をそなえた諸人物を指示するが、そのようなものは禁止事項より以前には存在せず、禁止によって始めてこれらの人物が生まれ、相互に区別され、〈私〉とも区別されることになるのだ。したがって、ひとたび禁止が犯されると、区別の規則や示差的機能が失われ、相関的にもろもろの人物の混同が起り、これらの人物と〈私〉との同一化が起る。まさに私たちはオイディプスについて、こう語らなければならない。オイディプスは二つのことをもたらすのである。区別を命じること、そして未分化状態に陥るということで私たちを脅すこと。オイディプス・コンプレックスが三角形化の中に欲望を導入すること、そして三角形化の各項によって欲望が満足することを禁止すること、これらは同じ運動の中で行われる。オイディプス・コンプレックスは、欲望に対しては、区別された両親という人物を対象とすることを強制するとともに、同時にこれと相関する〈私〉に対しては、これらの人物によって欲望を満足させることを禁ずる。同じように区別を要求しながら、そこで未分化の脅威をふりかざしているのである。しかしこの未分化状態、まさにこれをオイディプスは、彼の生み出すもろもろの区別の裏面として生み出すのである。オイディプスは私たちにこう語る。君は、排他的離接を統括する示差的機能を内面化しなさい。そうすれば、オイディプスを「解決することができる」――さもなければ、想像的な同一化によって、神経症の闇の中に落ち込むことになるだろう。あるいは、またこう語る。君は、三つの項を構造化し区別する三角形の線にしたがいなさい。――さもないと、君はいつも三角形の一項を、まるでそれが他の二項に対して余計なものででもあるかのように作用させることになる。そうして君は、いつも同一化して無差別になる二者関係を、あらゆる方向に再生産することになる、と。しかし、いずれにしても、ここにはオイディプスがいる。だから、すべての人びとは、精神分析がオイディプスを解決すると呼んでいることが、何のことなのか知っているのだ。それは、オイディプスを自分の中に内面化して、外部の社会的権威の中で、それをさらに再発見すること、こうしてオイディプスを分散させ、子供たちの中に移すことである。「子供は、オイディプス・コンプレックスを解決することによってしか大人になれない。この解決によって、子供は社会の中に導かれ、そこで〈権威〉の形象において、再びオイディプス・コンプレックスを体験し直されなければならないことに気づくのである。今度はあらゆる出口はふさがれている。それに、文化状態以前の状態に戻れないことと、文化状態が引き起す不安が増大することとの間に、均衡点が見いだされるかどうか、それも確実ではない。[19]」オイディプスは、迷宮のようなものである。ひとは、そこを出ようとすれば、そこに戻るしかない（あるいは、そこに誰かを連れこむしかない）。問題としての、あるいは解決としてのオイディプスは、あらゆる欲望的生産を拘束する縛めの両端である。ナットは固く締められて、生産からもはや何も伝わってこない。ただ、どよめきが聞えるだけである。無意識は破壊され、三角形化され、自分自身のものではない選択に委ねられた。あらゆる出口はふさがれた。ここでは、もはや、包含的、無制限的離接を使用することは不可能である。無意識に、両親があてがわれたのである！

ベイトソンは、たがいに矛盾する二つの秩序のメッセージを同時に発信することをダブル・バインド〔二重拘束〕と呼んでいる（例えば、父が息子に、さあ、私を批判してみろ、という。ところが父は、あらゆるほんとうの批判、少なくともある種の批判は歓迎されないことを強力にほのめかす）。ベイトソンは、ここに、とりわけ分裂症をひき起す状況を認めて、ラッセルの階梯理論の見地から、この状況をひとつの「ナンセンス」として解釈している。[20]私たちにはむしろ、このダブル・バインドつまり、二重の袋小路はありふれたものであって、とりわけオイディプス化的な日常状況であるように思われる。さらに、この状況を定式化することを覚悟の上でいえば、これはラッセルのいう別の種類のナンセンスにかかわるのである。すなわち、二者択一あるいは排他的離接はひとつの原理との関係で決定されるが、にもかかわらずこの原理そのものが二者択一の両項または二つの下部集合を構成していて、この原理自身が二者択一の枠の中に入っている（これは、離接が包含的である場合に起きるのとは、まったく異なる事態である）。まさにここに精神分析の第二の誤謬推理がある。要するに「ダブル・バインド」はオイディプスの総体そのものなのである。この意味でオイディプスはひとつの連続状態として現前し、神経症的な同一化と、いわば規範の内面化という二極の間をゆれ動いている。どちらにしても、オイディプスがいて、それは二重の袋小路である。したがって、ここに分裂者が臨床実体として生みだされるとすれば、それがいわばこの二重の道を逃れる唯一の手段だからである。この二重の道においては、規範性も神経症と同じく出口をもたず、解決も問題も同じく道をふさがれている。ここでひとはみずからを器官なき身体の上に折りたたむしかないのだ。

フロイト自身、オイディプスがこの袋小路と不可分であるということ、オイディプスが無意識を二重の袋小路に追いこんでいることをはっきりと意識していたように思われる。だからこそ一九三六年のロマン・ロランへの手紙に、フロイトはこう書いている。「あたかも成功の本質は父よりも先に進むことであるかのように、しかも父がのり越えられることは常に禁じられているかのように、すべてが生起するのです」と。このことがいっそうはっきりするのは、フロイトが、歴史的神話的な一カテゴリーを開陳しているときである。つまり、その話の一端では、父殺しを確認することによってオイディプスが結実し、別の一端では、父親の権威が回復され内面化されることによって、オイディプスが再び結実するからである（「新しい平面で古い秩序を再建すること」(21)）。この二つの間に潜在期が、あの名高い潜在期があり、これこそは疑いなく精神分析が生んだ最大の欺瞞なのである。つまり「兄弟たち」のあの社会、兄弟たちは父殺しの罪の成果を得ることをみずからに禁じ、あらゆる時間を内面化のために過ごすのである。ところが、ひとは私たちにこう警告する。この兄弟たちの社会はじつに陰鬱で、不安定である。この社会は、両親の権威の等価物に再会する道を用意するものでなければならない。つまり、私たちを他の極に移らせるものでなければならない、と。フロイトの示唆にしたがって、アメリカの社会は、つまり匿名の管理、個人的権力の消滅を特色とする産業社会は、「父親なき社会」の再来として私たちの前に現われている。もちろんこの社会は、等価物を復興するために、独創的な方法をみつけなければならない（例えば英国王室は結局は悪いものではない……といったミッチャーリッヒの驚くべき発見(22)）。だから、ひとがオイディプスのひとつの極を去るのは、他の極へ移るためでしかないということは明らかなのだ。神経症であろうと正常であろうと、オイディプスの外に逃れるすべはないのだ。兄弟たちの社会は、欲望機械と生産について、何ひとつ発見しない。むしろ、逆に、この社会は、潜在期のヴェールをあらゆるものの上に拡げるのだ。どういう形であれ、どちらの極であれ、オイディプス化されるがままにならない人びとのことは、精神分析家が存在して、精神病院や警察に助けを呼びかけるのだ。警察は私たちの仲間だ！　このことばほど精神分析が、社会的抑制の運動を支持し、全力でこれに参加しようとする傾向をはっきりと示したものはない。私たちが、精神分析の派手な面だけを取りあげているなどとは思わないでほしい。ラカンの側では精神分析について別の考え方をしているからといって、公認の協会において主流になっている傾向を、マイナーとみなすべきではないからである。メンデル博士のようなひと、またステファヌ博士の一派の人びと、彼らの激怒、そして彼らのむき出しの警察的使命に注目すべきである。誰かがオイディプスの罠をのがれようとしていると思われると、たちまち彼らは動き出す。オイディプスとは、いわばもう誰もそれを信じなくなればなるほど、それだけ危険なものになるような代物なのである。それでデカたちが偉大な神父たちに代って登場することになる。この意味でダブル・バインドを深く洞察した最初の分析の実例は、マルクスの『ユダヤ人問題について』の中に見いだされるかもしれない。それは家族と〈国家〉の間の――家族的権威のオイディプスと社会的権威のオイディプスとの間のダブル・バインドである。

二つの局面から無意識を縛りあげることを除けば、厳密にはオイディプスは何の役にも立たない。私たちは、数学者のことばを使えば、オイディプスがどのような意味で、厳密に「非決定的」であるか、見てみよう。オイディプスのせいで調子がよいとか、オイディプスで具合が悪いとか、オイディプスのお蔭でいろいろの病気がでてくるとかいった話に、私たちは心底からうんざりしている。ときには、ある分析家が、精神分析の受け皿であり隠れ家であるこの神話にあきあきし、源泉に回帰するといったことが起ってくる。「フロイトは、結局、父親の世界からも、罪責感の世界からも出なかった……。まさに彼は、父との関係の一論理を構築する可能性をもたらして、人間が父親の支配から解放される道を最初に開いたのである。父の法の彼岸に、あらゆる法の彼岸に生きるという可能性は、おそらくフロイトの精神分析がもたらした最も本質的な可能性であろう。しかし、逆説的にいえば、おそらくフロイト自身が原因であるが、すべてはこう考えさせるのである。精神分析によって可能になったこうした解放は、精神分析そのものの外部において実現されるであろうし、あるいはすでに実現しているということである[23]。」ところが私たちは、このペシミズムも、このオプティミズムも共有することができない。というのも、精神分析がオイディプスの真の解決を可能にすると考えている多くのオプティミズムが存在するからである。オイディプスは神のごとくであり、父は神のごとくである。問題が解決されるのは、私たちが、問題と解答を廃棄する場合だけである。分裂分析は、オイディプスを解決することを目指しはしない。それはオイディプス的な精神分析より、もっと巧みにオイディプスを解決することを提案しているのではない。それは、真の問題に遭遇するために無意識を脱オイディプス化しようとしているのである。それが到達しようとするのは、孤児としての無意識の領域であり、まさに「あらゆる法の彼岸」であり、ここではもはや問題が提起されることさえない。だからこそ、私たちはペシミズムも共有しないのである。ペシミズムは、こうした変化や解放が精神分析の外でしか実現されえないと考えるものである。ところが私たちは逆に、内部からの逆転の可能性を信じている。この逆転によって、精神分析機械は革命的装置の不可欠の一部品となる。そのうえ、こうした可能性の客観的な諸条件が、現実に与えられているように思われるのだ。

すべては、あたかもオイディプスそれ自身が、二つの極をもっているかのように推移する。同一化の傾向をもつ想像的な形象という極と、差異化の傾向をもつ象徴的機能の極である。しかし、いずれの仕方においてであろうと、ともかくひとはオイディプス化されるのである。もしひとがオイディプスを病的危機としてもたないのであれば、それを構造としてもつというわけである。こうして病的危機が他者に伝染し、それが反復される。これこそがオイディプス的離接の関係であり、それは振子の運動であり、排他的な逆比例の関係である。だから、ひとが、両親のイメージに基づくオイディプスという単純な発想をのり越えて、ひとつの構造の中の象徴的機能を定義するように私たちに勧めるとき、ひとは伝統的なパパ-ママを、機能としての母、機能としての父に代えようとして無駄なことをしているだけなのである。これによって何がえられるか、私たちにはよく分らない。ただもろもろのイメージの可変性の彼方にオイディプスの普遍性を基礎づけ、欲望をさらに強固に、法と禁止に結びつけ、無意識のオイディプス化プロセスを果てまでおし進めることになるだけである。オイディプスをその変化するイメージの未分化的価値に向かうものと考えるか、それともその象徴的機能の差別化的能力に向かうものと考えるか、これにしたがってオイディプスは、ここで自分の両極端を、最小限と最大限を見いだすことになる。「ひとが質料的な想像に近づくとき、示差的な機能は減少し、ひとはもろもろの等価なものを志向する。ひとが形式化的な諸要素に近づくとき、示差的な機能は増大し、他と区別される価値を志向する。[24]」構造としてのオイディプスはいわばキリスト教的三位一体であるが、病的危機としてのオイディプスは、信仰によってまだ十分に構造化されるにいたっていない家族的三位一体であるという。私たちはこのことを知ってもほとんど驚かないであろう。つまりこの両極は、常に逆比例の関係にある。オイディプスよ、永遠なれ！ *for ever*[25]。ラカン主義の解釈は、大っぴらにせよ、秘密裏にせよ、信心深く、どれほど構造論的オイディプスを頼りにしてきたことか。こうしてそれは二重の袋小路を形成しこれを封鎖し、私たちを再び父の問題に連れもどし、分裂者さえオイディプス化し、また象徴界の穴が私たちを想像界に送り返し、逆に想像界の失態や混乱が私たちを構造に送り返すことを示そうとするのだ。名高いひとりの先達が彼に従う連中に語っていたことだ。きみたちは、このことを既にきまり文句にしてしまった……。だから、私たちとしては、想像界と象徴界の間に、いかなる本性の相異も、いかなる境界も、いかなる際限も認めることはできなかったし、それは病的危機としてのオイディプス概念と構造としてのオイディプス概念との間、あるいは問題と解答の間にしても同じなのだ。ここではただ相関的な二重の袋小路が問題であり、あらゆる無意識を一掃する任務を帯び、たえずひとつの極から別の極にもどる振子の運動だけが問題なのだ。それは排他的離接において無意識を押しつぶす二重のハサミなのだ。

本性上の真の差異は、象徴界と想像界との間にあるのではない。そうではなくて、欲望的生産を構成する機械的なものの現実的境域と、想像界と象徴界からなる構造論的総体との間にあるのである。構造論的総体は、もっぱらひとつの神話とそのもろもろの変形を形成するにすぎない。オイディプスの二つの使用法の間に、差異があるのではない。そうではなくて、包含的、無制限的離接の非オイディプス的使用法と、排他的離接のオイディプス的使用との間に差異があるのである。この後者のオイディプス的使用法が、想像界の道につこうと、象徴界の価値につこうとかわりはない。だからラカンがオイディプスについてのフロイト神話に対して発した次のような警告には、耳を傾けるべきであった。「悲劇の意味がますます失われてゆく社会形態の中では、いつまでもその上演が続くことはありえない……。神話だけでは儀礼を維持しえない。精神分析はオイディプスの儀礼ではないのである。」だから、たとえひとがイメージから構造へ、想像的形象から象徴的機能へ、父から法へ、母から大文字の〈他者〉へと遡るとしても、ほんとうは問題が後退しているにすぎない(26)。さらに、この後退に費やされた時間をひとが考慮しようとしても、ラカンはこう語るのだ。兄弟たちの、つまり同胞愛の社会にとって唯一の基礎は「隔離」にほかならない、と（ラカンは何をいおうとしているのか）。ラカンがネジをゆるめたばかりのところで、またこれらのネジを締め直すということ、つまり分裂者をオイディプス化することは、とにかく適切ではなかった。ラカンは反対に、神経症さえ分裂症化して、精神分析の領野をくつがえすことができる分裂症の流れを解放したのである。ラカンのいう〈対象a〉は、地獄の機械〈仕掛け爆弾〉として構造論的な平衡の只中に侵入する。それは、欲望機械なのである。ラカンの弟子たちの第二の世代が登場してくるが、オイディプスという偽の問題に対してはだんだん鈍感になる。ところがまさに最初の弟子たちがオイディプスの軛を再び締めつけたいと思うようになったのは、ラカンがシニフィアンの諸連鎖を専制君主シニフィアンの上に、いわば投影することを主張して、欠如する一項にすべてをぶら下げるように思われたからではないのか。この欠如する項は、それ自身において欠如しており、欲望の諸系列の中に再び欠如を注入し、これらの諸系列に排他的使用を強制していたのである。オイディプスは神話にすぎないと告発しながら、にもかかわらず去勢コンプレックスそのものは神話ではなく、反対に現実的な何かであると主張することは、果して可能であったのか。（アリストテレスの叫びを反復するべきではなかったか。「ぜひともやめなければならない」。フロイトのあの〈アナンケ〉〔運命の必然〕を、あの〈岩〉を？）

第五節　消費の連接的総合

消費の連接的総合という第三の総合において、器官なき身体がどのようにしてひとつの卵であるのか私たちは見たのである。卵はいくつもの軸線に横断され、もろもろの地帯に取り巻かれ、さまざまな区域や領野に分かれ、勾配によって計測され、ポテンシャルに満たされ、閾を刻まれている。この意味で私たちは、分裂症の生化学（これは、薬品の生化学と結びつく）といったものの可能性を信じるのであって、この生化学は、しだいにこの卵の性格と、領野－勾配－閾の配分を決定することができるだろう。重要なのは強度の関係であって、これを横断して主体は器官なき身体の上をかけめぐり、もろもろの生成変化、没落や昂揚、移動や置換を行うのである。レインは分裂プロセスを通過儀礼の旅として、エゴの消滅という超越論的経験として定義しているが、これはまったく正しい。この経験を通じて主体はこういうのである。「私は、いわば、生の最も原始的な形態（器官なき身体）から出発して、現在にたどりついた。」「私は見ていた、いやむしろ感じていたのだ、私の眼前に恐るべき旅を。[27]」ここで旅について語っていることは、さきほど卵について、また卵の中で卵の上で起きることについて語ったことと同じく、隠喩ではない。それはすなわち形態発生の運動、細胞集団の位置変動、もろもろの伸長、褶曲、移動、ポテンシャルの局所的変化、またもろもろの潜在力の位置変動などである。ある内的な旅をさまざまの外的な旅に対立させるようなことさえも、すべきではない。レンツの散歩、ニジンスキーの散歩、ベケットの人物たちの散歩は、ほんとうの現実なのである。しかしこの場合、質料的実在はあらゆる外延を離脱したのであり、同じく内的な旅は、あらゆる形式や質を捨ててしまったのである。こうして外においても内においても、結合された純粋強度をきらめかせるだけである。ほとんど耐え難いこの純粋強度を、ある遊牧的主体が通過していくのだ。これは幻覚的経験でもなければ、錯乱的思考でもなく、ひとつの感情である。つまり、もろもろの強度量の消費にほかならない一連の感動と感情であって、次に発生する幻覚や錯乱の素材を形成するのである。強度的感動つまり情動は、錯乱や幻覚の共通の根源であると同時に、これらを分化させる原理でもある。だから、すべてはこうした強度の生成変化、通行そして移動の中で混じり合うと考えてもいい。時間の流れを上り下りするあのあらゆる漂流がある。――さまざまな国、人種、家族、両親の呼称、神の御名、歴史的地理的な名前、そしてささいな出来事さえ。（私はこう感じる）、私は神になる。私は女になる。私はジャンヌ・ダルクであった、そして私はヘリオガバルスである。また〈偉大なるモンゴル人〉、ひとりの〈中国人〉、ひとりのアメリカ・インディアン、ひとりの〈聖堂騎士〉である。私は私の父であったし、私の息子であった、と。そしてまたあらゆる犯罪者たち、すべての犯罪者たちのリスト、誠実なものも、邪悪なものも。フロイトとそのオイディプスよりは、むしろソンディ。「おそらくワームであろうとすることによって、私は最後にマホッドになるだろう。そのとき私はワームでありさえすればいい。これに成功するには、たぶんターテンピオンであろうと努力すればいい。したがって、私はもうターテンピオンでありさえすればいい。」しかし、すべてがこんなふうに混じり合っているとすれば、それは強度においてであって、ここには空間や形態のとりちがえなどというものはない。というのも空間や形態は、新しい秩序、つまり強力な、強度的秩序のために、まさに解体されているからである。

この新しい秩序とは何か。器官なき身体の上にまず分配されるものは、もろもろの人種、文化、そしてそれらの神々である。分裂者がどれほど歴史を学び、世界史を幻覚にし錯乱させ、もろもろの人種を移住させてきたかということは、これまで十分に注目されなかった。あらゆる錯乱は人種をめぐるものであるが、このことは必ずしも人種差別を意味しない。これは器官なき身体の諸領域がもろもろの人種や文化を「表象している」ということではない。充実身体は、まったく何も表象してはいない。逆に、人種や文化の方がこの身体の上の諸領域を、もろもろの強度の地帯やポテンシャルの領野を指し示しているのだ。個人が現われ、男女の性が現われるといった諸現象は、これらの領野の内部に生起する。ひとつの領野から別の領野へと、ひとは数々の閾を越えて移行する。つまり、ひとは移動することをやめないのだ。他の個人になることもあれば、性を変えることもある。出発することは、生まれることと死ぬことと同じように単純になる。他の人種に戦いが挑まれ、いくたの文明が破壊され、膨大な移住者が通過して、その後にはもう草木一本も生えることがないといったことが起きる。――もっとも、こうした破壊は、後にみるように、きわめて異なる二つの仕方で行われうる。ひとつの閾を越えるなら、常に他のところに災厄をもたらすことになる。捨てられた場所で、器官なき身体は閉じてしまうことになる。〈残酷演劇〉は、私たちの文化に対する闘争や、「人種」の間の対決や、メキシコに、その力とその宗教に向かうアルトーの大移動と切り離せない。個体化が起きるのは、強度の振動によって明白に規定された力の場の中においてのみであり、これこそが残酷な人物たちに生気を吹き込む。彼らは、誘導された器官、あるいは欲望機械の部品でしかない（つまりマネキン人形）。〈地獄の季節〉は、どうして次のようなものから切り離されようか。ヨーロッパの家族の告発、なかなか実現しない破壊を訴える呼び声、囚人への讃歌、歴史のしきいを越える強度、あの驚異的な移動といったことから。あの〈女性になること〉、スカンジナヴィア人やモンゴル人になること、あの「人種や大陸の移動」、錯乱や幻覚を支配する未開の強度の感情、とりわけ「永遠の劣等人種」であろうとする、あの断乎とした執拗な現実的意志から。「私は由緒正しい家族の子供たちとはみんな知り合いだった……、私はこの民に属したことはまったくない。私は、これまでにクリスチャンであったことはまったくない……、そうだ、私はあなたがたの光には眼を閉じたままだ。私は獣なのだ。黒んぼなのだ……。」〔ランボー〕
そして、ツァラトゥストラを「偉大なる政治」や人種〔民族〕の昂揚から切り離すことはできない。それがニーチェに言わせるのだ。私はドイツ人ではない、私はポーランド人だ。ここでも、個体化が形成されるのは、もっぱら力の複合体の中においてであり、この複合体は、もろもろの人物をまさに強度の状態として、ある「犯罪者」の中に体現される強度の状態として規定する。強度の状態は、家族とか自我といった模造の統一性を破壊して、たえず閾をのり越える。「私はプラドである。私はプラドの父である。私は、自分がレセップスであるとあえていう。つまり、私は、私の愛するパリの住民たちに、誠実な罪人という新しい観念を与えたいと思っていたのだ。私はシャンビージュである。もうひとりの誠実な罪人なのだ……。私の謙虚心をそこなう不愉快なこととは、結局歴史上のすべての名は、私である」[29]ということだ。「自分のことを誰かであると思い込んでいる」などと、狂人について誤ったことがいわれているが、ここでは決して他の人物に同一化することが問題ではない。まったく別のことが問題なのだ。つまりもろもろの人種や文化や神々を、器官なき身体の上の強度の領野に同一化させ、様々の人物たちを、これらの領野をみたす諸状態に同一化させ、またこれらの領野を、閃光を放ちつつ横断する諸効果に同一化させることが問題なのである。こうして名前自体が役割を果し、固有の魔術を発揮する。表象の場面において人種や国民や人物に次々と同一化してゆく自我などありえない。ただ固有名詞が存在して、これが人種や国民や人物を、強度量の生産におけるもろもろの領域や閾や効果に同一化する。固有名詞の理論は、表象をめぐる用語で考えられてはならないのであって、むしろ「結果」の等級にかかわるのだ。結果とは、単にもろもろの原因に依存しているのではなく、むしろひとつの領域をみたし、記号の体系を現実化する。このことは、物理学においてよく見られることで、固有名詞は、ポテンシャルの領野における何らかの効果を指示するのである（ジュール効果、シーベック効果、ケルヴィン効果）。歴史においても、物理学の場合と同じことが起きている。ジャンヌ・ダルク効果、ヘリオガバルス効果。――それは歴史上のあらゆる名前であって、父の名ではない。

現実性の乏しさ、現実の喪失、生との接触の欠如、自閉症や感情鈍麻については、あらゆることがいわれてきたし、分裂症者たち自身もまたあらゆることをいってきた――彼らは予期される病状の鋳型に自分を流し込む傾向があるのだ。暗黒の世界、膨張する砂漠。孤独な機械が浜辺で唸り、砂漠には原子力工場が建てられる。ところが、器官なき身体がまさにこうした砂漠であるのは、それがいわば分割不可能な不可分の距離であるからであり、分裂者はこの距離を飛び移り、現実的なものが生産されるいたるところ、生産されたところ、生産されるであろうところのどこにでも存在しようとする。確かに、現実はひとつの原理ではなくなったのである。この原理にしたがって、現実的なものの現実は、分割可能な抽象的量として措定されていたし、一方で現実的なものは、質的に規定された単位に、判明に区別された質的形態に配分されていた。ところがいまや、現実的なものとは、ひとつの生産物であり、もろもろの強度量の中にもろもろの距離を内包している。不可分なものが内包されていて、それは不可分なものを内包しているものは、分割されるなら、必然的に本性または形態を変えるということを意味する。分裂者には、いかなる原理もないのだ。彼が何ものかであるのは、何か別のものであることによってである。彼がマホッドであるのは、ワームであることによってでしかなく、またワームであるのは、ターテンピオンであることによってでしかない。彼が娘であるのは、この娘を真似て、そのふりをする老人であることによってでしかない。あるいはむしろ、娘を真似しつつある老人の真似をしている誰かであることによってでしかない。あるいはむしろ、誰かを真似して……云々。こうしたことは、すでにあの十二人のローマ皇帝の（つまり、スエトニウスの十二人のパラノイア患者の）まったくオリエント風の技法であった。ジャック・ベスの驚くべき書物の中で、私たちはもう一度あらためて分裂者の二重の散歩に遭遇する。すなわち、分割不可能なもろもろの距離をたどってゆく外界の地理的旅と、こうした距離を内包するもろもろの強度をたどってゆく内面的な歴史的旅に遭遇する。クリストファ・コロンブスは自分の乗組員の叛乱を鎮め、再び提督に返り咲くのだが、それは踊る娼婦を真似る（偽の）提督の真似をすることによってなのである。[30] しかし、このような擬装《シミュレーション》の行為は、先ほど同一化について語ったような意味でとらえなくてはならない。それは強度の中に常に内包されている分割不可能な距離を表わしているのであって、強度はたがいにおいて分割されるなら形態を変えてしまうのである。同一化が、命名であり指名であるとすれば、擬装はこの命名に対応するエクリチュールであり、現実的なものにじかに触れる奇妙にも多義的なエクリチュールなのである。擬装は、現実的なものを固有の原理の外に連れ出し、それが実際に欲望機械によって生産される地点にまで導くのだ。このときコピーはコピーであることをやめて、〈現実的なもの〉となり、またその巧緻となるのだ。強度の現実界を、それが自然と歴史の共通の外延において生産されるがままに把握すること、ローマ帝国やメキシコの諸都市、ギリシァの神々や発見された諸大陸を発掘し、これらから、よりいっそうの現実を抽出すること、そしてパラノイア的虐待や独身者の栄光の宝庫を形成すること。——歴史上のあらゆる大虐殺、それは私なのだ。歴史上のあらゆる勝利もまた。あたかも、しかじかの一義的な単なる出来事は、この著しい多義性からうかびあがってくるかのようなのだ。クロソウスキーの定式による分裂症者の「歴史家趣味」とはそのようなものであって、残酷演劇のための真のプログラム、現実的なものを生産する機械の演出なのだ。分裂症者は、生命との不思議な接触を喪失したどころではなくて、現実の鼓動の最も近くに位置して、現実的なものの生産と一体をなす強度の点に立っている。だからこそ、ライヒはいうのだ。「分裂症を性格づけているものは、この生の元素の体験である。……生の感情に関していえば、神経症患者や倒錯者が分裂症者を前にするときは、ちょうどさもしい商売人が偉大な冒険家を前にしているようなものである」[31]と。こうして次のような問題が再び戻ってくる。いったい何が、分裂症者を、現実から切り離された自閉症の入院患者という姿におとしめているのか。それはプロセスなのか、それとも逆にプロセスの中断、悪化、空転なのか。分裂症者を、聞くことも見ることも話すこともできなくなった器官なき身体の上に、無理やり内向させているものは何なのか。

彼は自分がルイ十七世であると思いこんでいる、と人はいう。そんなことは、まったくない。ルイ十七世をめぐる出来事において、あるいはむしろ王位継承権を主張したあのリシュモンのじつにみごとな場合において、中心にはひとつの欲望機械があり、あるいは独身機械がある。関節の曲がる短い足をもつ馬が用意され、王太子をその中に入れて逃がそうとしたのである。そして、その周囲には、生産と反生産のもろもろの手先がいる。逃走をたくらんだものたち、共犯者たち、同盟した君主たち、敵の革命軍、敵意を抱いて嫉妬する叔父たち。彼らは人物というよりも、王位継承権主張者が体験する順境逆境の様々な状態なのである。さらに、王位継承権を主張したリシュモンの天才的企ては、単にルイ十七世の「説明をすること」でもなければ、他の王位継承権主張者たちを偽者として告発して彼らの説明をすることでもない。彼の天才的企ては、他の王位継承権主張者たちも引き受け、正当化することによって、すなわち彼ら自身さえもまた、自分が体験した諸状態であると規定することによって、彼らを説明することなのである。私はルイ十七世であるが、しかし私はまたエルヴァゴーでもありマルチュラン・ブリュノでもある、というわけだ。この二人は、自分こそルイ十七世であると語っていた人物である。(32) リシュモンは、ルイ十七世に同一化しはしない。彼は、報償を要求する。ルイ十七世を誘拐する機械の周囲に収束する系列のあらゆる特異性を経めぐるものに属する報償を要求しているだけなのだ。中心に私がいるのではなく、周辺にもろもろの人物が分配されているわけでもない。離接の網状組織の中にある一連の特異性、または連接的繊維組織の中にある一連の強度的状態、そして円環全体にわたって位置を横断する一主体があるだけだ。この主体はあらゆる諸状態を通過し、自分の敵であるかのような諸状態のいくつかに打ち勝ち、別の状態は自分の味方であるかのように享受し、いたるところで自分の転身のまやかしの報償を手に入れるのだ。部分対象とは、局所的な、しかし不確定な傷痕であって、王位継承権主張者が欠いている幼年期のあらゆる思い出よりも価値のある証拠である。ここで、連接的総合はこう表現されうることになる。だから、王は私なのだ。だから、王国は私に属している、と。しかし、この私は単に残滓としての主体にすぎず、それが円環を経めぐり、その振動から引きだされてくるのにすぎない。

あらゆる錯乱は、歴史－世界的、政治的、人種的内容をもっている。それはもろもろの人種、文化、大陸、王国をまきこみ、かきまぜる。この長大な漂流がオイディプスという派生物しか生まないかどうか、それが問題なのである。家族の秩序は粉微塵になり、家族は拒まれている。息子も、父も、母も、妹も。――「私は、すべてが人権宣言に基づくような家族を私の家族と考える。」「もし私が最も深刻な敵をさがすならば、私は常に母と妹とに遭遇する。私がドイツ人のようなやくざと縁続きであるのを見ることは、神性に対するひとつの冒瀆であり、……永劫回帰についての私の思想に対する最も重大な異議であった。」問題は、人種的、文化的、歴史－政治的なものは、ただ明白な内容に属し、形式的に仕上げの作業に依存するものか、それとも逆に、それは家族の秩序のもとに隠された潜在的なものの脈流としてたどるべきものではないか、それを知ることである。家族との断絶とは、一種の「家族の物語」とみなされるべきものなのか。それはあいかわらず私たちを家族に連れ戻し、家族そのものの内にある出来事に、あるいは構造論的規定に送り返すものなのか。それとも逆に、この断絶は、問題がまったく別の仕方で提起されなければならないしるしなのか。なぜなら、分裂者自身にとって、問題はおのずから別のところにあるからである。「歴史上の名前」は父の名から派生したものなのか。もろもろの人種や文化や大陸はパパ－ママの代用物であり、オイディプス系譜の付属物にすぎないのか。歴史にとって、死んだ父はシニフィアンなのか。もう一度、シュレーバー控訴院長の錯乱を考察してみよう。確かに人種の使用法、歴史の概念や動員の仕方は、私たちが先に引用した著者たちの場合とはまったくちがっている。それでもシュレーバーの〈回想録〉は、神に選ばれた民の理論と、現在の選民たるドイツ人、ユダヤ人やカトリック教徒やスラヴ人に脅かされているドイツ人の遭遇する様々な危険とに満ちている。シュレーバーは、強度の変身や移行を続けながら、ジェズイットたちのもとで生徒になり、ドイツ人がスラヴ人に対して戦っている町の市長になり、フランス人に対してアルザスを守る若い娘になる。最後に彼は、アーリア人の勾配や閾を越えて、モンゴルの王子となる。生徒になり、市長や若い娘やモンゴル人になることは、何を意味しているのか。およそパラノイアの錯乱といわれるものは、必ずこうした歴史的、地理的、人種的な大群を動員するのである。ところが、このことから、例えばファシストたちが単純なパラノイア患者であると結論することは、誤りであろう。それは確かに誤りなのである。というのも、現状においては、それはやはり錯乱の歴史的政治的内容を家族的な内面的規定に連れ戻すことになるであろうからである。さらにもっと私たちを悩ますものは、この膨大な内容がすべて、フロイトの行う分析からは全面的に脱落しているということである。こうした内容のいかなる痕跡も残らない。すべては、オイディプスの中で破壊され、粉々にされ、三角形化される。つまり、すべてが父の上に引き下ろされ、オイディプス的精神分析の不十分さを最も露骨な仕方で露わにすることになっている。

モー・マノーニが報告しているような、とくに豊かな政治的な性格をもつパラノイアの妄想を考察しよう。私たちはモー・マノーニの著作と、彼が制度的、反精神医学的諸問題を提起する手法を大きく評価しているので、それだけにここで引く例は私たちには驚くべきものと思われる。ここに、マルチニック島から来たひとりの男がいて、彼は自分の妄想の中で、アラブ人たちとアルジェリア戦争にかかわり、白人と六八年五月の事件についてかかわり、自分をこう位置づけている。「私はアルジェリア問題で病気になった。私は彼らと同じ愚かなことをやっていた（性的な快楽）。彼らは私を彼らの人種上の同胞として扱った。私にはモンゴルの血が流れている。私が何をやっても、アルジェリア人たちは私に反論した。私は人種差別の観念をもっていた……。私はゴール人たちの王朝の子孫である。だから私は貴族に価する……。私の名前をはっきりと確定してほしい。学問的にはっきりと確定してほしい。そうすれば、私は次にハーレムをつくることができるであろう。」ところでマノーニは、精神病の中に含まれている「反抗」と「万人のための真理」に気づいているので、これについてこう主張している。つまり患者自身が人種差別的、政治的、形而上学的と宣言している主題をめざして、家族的関係が破壊されるが、この破壊の原因は、原基としての家族構造の内部にある、と。したがって原因は、象徴的空虚の中に、つまり「父のシニフィアンの最初の排除」の中にあるのだ。科学的に規定されるべきその名前、そして頻りに歴史にまといつくその名前は、もはや父の名以外のものではない。他の場合と同じく、この場合も、〈排除〉というラカンの概念を使用することは、反逆者を無理やりオイディプス化することになる。オイディプスの不在は、父の側の欠如として、すなわち構造の中の穴として解釈され、次に、この欠如の名において、私たちはオイディプスの他の極に、母の未分化状態における想像的同一化の極に送り返されることになる。ダブル・バインドの法則が容赦なく作用し、私たちは一方の極から他方の極へと押し戻される。象徴界の中で排除されたものは、幻覚の形態をとって現実界に再び現われなければならないからである。まさにこうして、オイディプスの支配下にあっては、つまりオイディプス化されるがままになる患者にとって「欠如している」ものが支配しているところでは、あらゆる歴史的－政治的主題は、想像的同一化の集大成として解釈される。[33] だから、問題は確かに、家族的な規定にせよ無規定にせよ、それがある役割を果しているかどうかではない。役割を果していることは、明らかなのである。しかしいったいその最初の役割は、象徴的な組織者（あるいは脱組織者）という役割なのだろうか。それから、歴史的妄想のもろもろの浮動する内容が、想像的鏡像の破片として派生してくることになるのだろうか。分裂者の三位一体の定式とは、父の空虚、母と妹の癌のような肥大であり、それが分裂者を無理やりオイディプスに連れ戻すのだろうか。ところが、すでに見てきたように、分裂症において問題にならないこととは、まさに同一化なのである……。そしてもし病気を治すこととはオイディプス化することであるなら、「治りたがらなくて」、身震いする病人のことが分ってくる。彼は、分析家を家族の味方、そして警察の味方とみなす。分裂症者はオイディプスを欠如しているがゆえに、あるいはオイディプスの中の何かを「欠如している」がゆえに病み、実在から切り離されることになるのか。それとも逆に、彼がオイディプス化に耐えられないがゆえに、またすべてがこぞって彼にオイディプス化をおしつけるがゆえに（つまり精神分析以前の社会的抑制のために）、病人となるのか。

分裂症の卵は、生物学上の卵のようなものだ。両者は類似した歴史をもっている。そしてこの二つの認識は同じ難点、同じ錯覚に遭遇してきた。卵の発達と分化とについては、始めは、文字通りの「形成体」が各部分の運命を決定するものと信じられていた。ところが、一方では、あらゆる種類の可変的な実質が、予想される刺戟と同じ作用をもち、他方では、卵の各部分そのものが、刺戟と無関係な能力と特別な潜在力とをもっていることが分ってきた（移植の実験）。ここから、刺戟は形成するものではなくて、単なる誘導子であるという考えがでてきた。せいぜい何らかの性質をもった誘導子だというのである。あらゆる種類の実質、素材が殺され、煮沸され、粉砕されても、同じ結果が生ずるのである。錯覚が起きたのは、発達の発端に次のようなことが認められたからである。つまり細胞分裂における発端がきわめて単純であるせいで、〈誘導されるもの〉と〈誘導するもの〉との間に一種の適合が存在すると信じられたのである。しかし、私たちは、あることがいつもその発端で捉えられたために誤って判断されるということをよく知っている。なぜなら、そのものは出現するために、構造的状態を偽装し、そのものを仮面として覆う力の状態の中にすべりこむしかないからである。それだけではない。発端から、そのものはこの仮面のまったく別の用途を見いだし、仮面の下に、あるいは仮面を通じて、最終的な形態と、特別な優越的状態に備給し、これらそのものを最終的に措定する、といったことが認められる。オイディプスの歴史は、まさにこうしたものである。両親の形象は何ら形成体ではなく、何らかの価値の誘導子あるいは刺戟であり、まったく別の性質のプロセスを、いわば刺戟に対して無関係なプロセスを始動するのである。おそらく発端においては(?)、刺戟またはオイディプス的誘導子が真の形成体であるということを信じることができるかもしれない。しかし、信ずるということは、意識あるいは前意識の操作であり、外部的知覚であって、無意識がそれ自身に対して行う操作ではない。幼年期の発端から、早くも問題になっていることは、オイディプスの仮面を貫いて現われるまったく別の企てであり、仮面のあらゆる裂け目を通って流れ出るまったく別の流れであり、欲望的生産の冒険というまったく別の冒険である。ところで、ある意味でこのことに精神分析が気づいていなかったとはいえない。根源的な幻想、古代的な遺伝の痕跡、超自我の内発的源泉などに関する理論において、フロイトはいつも、実効的因子は現実の両親でもなければ、子供が想像する両親でさえもないということを明確にのべている。同じく、なおのこと、ラカンの弟子たちもこの立場をとっている。すなわち、彼らが想像界と象徴界との区別を再検討し、さらに父の名を〈イマーゴ〉に対立させ、またシニフィアンに関する排除を父なる人物の現実的不在または欠如に対立させる場合には、とりわけそうなのだ。両親の形象は何らかの誘導子であり、真の形成体は別のところに、つまり誘導されるものの方にあって、誘導子の方にはない、ということがよく分る。ところが、まさにこの点で、生物学の卵に関するのと同じ問題が生ずるのである。というのも、こうした条件の下で考えるならば、前成という系統発生的生得性の形式においてであれ、あるいは早熟現象に結びつけられる文化的象徴的先天性の形式においてであれ、卵の「素質」という観念を復活させる以外に適切な解決策はないのか、といった問題が起るからである。もっと悪いことに、こうした先天性を援用したところで、あらゆる精神分析にのしかかる最も狭い意味の家族主義の外にはまったく出られないということは明らかなのだ。反対に、ひとはこうした家族主義にのめり込み、それを一般化することになる。両親は、無意識における自分の真の位置に、つまり何らかの誘導子という位置におかれることになったが、しかし形成体の役割は、あいかわらず象徴的あるいは構造的諸要素に委ねられている。これらの要素は、あいかわらず家族の要素であり、オイディプス的原基に属する要素なのである。またしても、ひとは家族の外に出られない。単に家族を超越的なものにする手段が見つかったにすぎない。

　これがまさに精神分析の癒し難い家族主義であり、これが無意識をオイディプスの枠の中に閉じこめ、包囲して縛りあげ、欲望的生産を破壊し、患者がパパ‐ママと答えて、たえずパパ‐ママを消費するように強制するのだ。精神分析は、十九世紀の狂人保護院の精神医学においてピネルやテュークが提案していたことを、ある意味ではなしとげ完成した、とフーコーが語ったとき、彼は完全に正しかったのだ。それは次のようなことだった。狂気を両親コンプレックスに溶接し、この狂気を「家族の半ば現実的、半ば想像的な弁証法に」結びつけること、――「ブルジョワ社会とその諸価値の堂々たる巨大な構造」を、〈家族と子供〉〈罪と罰〉〈狂気と無秩序〉といったものを象徴的に表現する小宇宙を構成すること、――両端にオイディプスをおき、疎外の克服に疎外と同じ道を歩ませ、こうして〈父にして裁判官〉〈家族にして法律〉たる医師の道徳的権威を基礎づけること、――そしてついには次のようなパラドックスに到達することである。つまり「精神を病んだ人が、自分の医者の現実的人格の中において完全に疎外されるのに対して、医者は精神の病気の現実を、狂気の批判的概念の中に解消してしまう」[34]というパラドックスに到達することである。卓抜な指摘である。病気を患者の内なる家族的コンプレックスの中に包み込み、家族的コンプレックスそのものを転移の中に、つまり医者と患者との関係の中に包み込むことによって、フロイトの精神分析は、家族をある意味で強度〔内包〕的に使用していた、ということをつけ加えておこう。確かにこうした使用は、まだ無意識の中における強度量の性質をゆがめるものではあった。しかしこの使用は、まだ部分的には、このような量の生産という一般的原理を尊重していたのだ。ところが逆に、あらためて精神病と対決しなければならなくなったとき、家族はたちまち外延的に展開しなおされ、それ自体、疎外と脱疎外の力を示す指針とみなされることになった。こうして分裂症者の家族の研究は、外延的秩序に展開された家族をオイディプスに支配させることによって、オイディプスに新しい生命を吹きこむことになった。この秩序において、各人が自分の三角形を他の人びととの三角形に多少とも結び合わせるばかりではなく、外延された家族の全体が次の二つの極の間をゆれ動くのである。構造化し差異化する働きをする「健全な」三角形化の極、そして未分化の中で融合状態を実現する倒錯した三角形のもろもろの形態という極である。

ジャック・オシュマンは、精神病家族の興味深いヴァリエーションを、同じ「融合的公準」にしたがって分析している。固有の意味での融合的家族、ここで区別はもはや内と外（家族に属していない人びと）との間にしか現実には存在しない。離散的家族、この家族は自分自身の中にもろもろのブロックや徒党や連合をうちたてる。管状家族、この家族において三角形は無限に増殖し、それぞれのメンバーは自分の三角形をもち、この三角形がまた他の三角形にはまりこんで、核となる家族の境界を見わけることができない。排除的家族、ここでは成員のひとりが抹消され、消去され、排除され、この人物において区別は、包含されると同時に排斥される。[35] 排除というような概念が働くのは、家族の外延の枠の中においてであるということがよく分る。この枠の中において、いくつもの世代が、少なくとも三つの世代が集まって、ひとりの精神病患者を作りあげる条件を形成するのである。例えば、母が自分自身の父との間に葛藤を抱えていると、今度は息子が自分の母に対して「欲望を主張すること」さえできなくなる。こうして精神病患者がオイディプスを逃れられるとすれば、それは彼が、祖父母を含む外延的場にあって、二乗されたオイディプスに属しているからだ、という奇妙な考えがでてくる。治療の問題は、微分計算の操作にかなり近いものとなる。これによって、累乗を下げて最初の関数をみつけだし、特徴となる中核の三角形を再構成しようとするのである。——あいかわらず聖なる三位一体であり三項からなる状況へのアプローチである……。外延における家族主義において、家族は疎外と脱疎外に固有の力能を受け取るが、この家族主義は、精神分析の語彙を形式的には保存しているにもかかわらず、明らかに性愛に関する精神分析の基礎的立場の放棄をうながすのである。家族の分類学を優先して、まさに退行がおきる。このことは、共同体的精神医学やいわゆる家族的精神療法の試みの中に、はっきりと認められる。これらの試みは、じっさいに精神病院の存在を破壊するが、あいかわらずみずからのあらゆる前提を保持しており、根本的に十九世紀の精神医学との結びつきを保ち、オシュマンの掲げている次のようなスローガンにしたがっているからである。すなわち、「家族から病院制度へ、病院制度から家族制度へ。……治療を家族に戻せ」といったスローガンに。

一方は制度的分析、他方は反精神医学といった進歩主義的あるいは革命的分野においてさえ、外延された家族主義の危険が存続している。それはまさに外延されたオイディプスの二重の袋小路に対応しており、家族そのものに病源を求める診断や、治療用の擬似家族の構成といったやり方にそれが現われるのだ。もはや家族的社会的な適応または同化の枠を作り直すことが問題ではなく、活動的集団の根源的な諸形態を設立することが問題であるとすれば、提起されるべき課題は、これらの基礎的集団が、どの程度まで人工的な家族に似ているのか、どの程度までオイディプス化に同意するのか、といったことを知ることである。これらの問題は、ジャン・ウリによって深く分析された。こうした問題が示しているように、革命的な精神医学が、共同体に適用される理想と関係を断とうとしても、つまりモー・マノーニが適用の警察と呼んでいるすべてのものと関係を断とうとしても、この革命的な精神医学も、たえず構造的なオイディプスの枠の中に引き下ろされる危険にさらされているのだ。このオイディプスの空白が診断され、統合性が、三位一体が修復され、欲望的生産を圧迫し、その問題を窒息させる。政治的文化的、世界史的、人種的な内容は、オイディプスの碾き臼に粉々にされるままなのだ。要するに、ひとは家族を原基として、さらにはミクロコスモスとして扱うことに固執している。ミクロコスモスとは、それ自身として自律的な価値をもつ表現的な環界のことである。このような表現的環界は、たとえ疎外的な力の作用を表現することができようと、まさにそのような力を「媒介する」のである。それは欲望機械における生産の真のカテゴリーを抹殺するからである。このような観点は、クーパーにさえも、そのまま現存しているように思われる（この点に関しては、レインの方が、オリエントに由来する流れを源泉として、クーパーよりも家族主義から解放されている）。クーパーは次のように書いている。「家族は、社会的現実と子供との間の媒介として作動する。問題の社会的現実が、疎外された社会形態にみちているとしても、この疎外は子供にとっては間接的で、家族関係の中においては外部のものとして、子供に経験されることになるであろう……。例えば、あるひとは、彼の精神が電気機械によってあるいは他の天体の人間たちによって制御されているというかもしれない。しかし、こんなふうに解釈された機構や人間は、家族のプロセスの規模を大きくした化身なのである。家族のプロセスは、実体的現実という見かけをもってはいるが、家族の成員たちの行動あるいは実践の疎外形態以外の何ものでもない。こうした実践が、文字通り精神病にかかっている成員の精神を支配している。宇宙からくる隠喩的人間たちとは、文字通りまったく母や父や兄弟たちのことであり、彼らは、精神病といわれているひとともに朝食のテーブルにつく人物たちなのだ。[36]」反精神医学の本質的テーゼさえも、何とか社会的疎外と心的疎外が本性において同一であることを主張しながらも、家族主義を拒否するのではなく、それを維持するものとして理解されなければならない。というのもミクロコスモスとしての家族、指針としての家族が社会的疎外を表現しているからこそ、家族はその成員の精神において、あるいはその精神病を病む人物の精神において、心的疎外を「組織する」とみなされるからである（いったい、これらすべてのメンバーの中で「まともなのは誰なのか」？）。

マクロコスモスとミクロコスモスの関係についての一般的な考え方の中に、ベルクソンは目立たないひとつの革命を導入したのだが、これはあらためて考察されるに値するものだ。生物をミクロコスモスに比べることは、古代からの常識的立場である。ところが、生物が世界に似ているとすれば、それは生物が、本性的に閉じられて孤立した体系であり、またはそうした体系であろうとするからだといわれてきた。したがって、ミクロコスモスとマクロコスモスとの比較は、二つの閉じられた形象の比較であり、一方が他方を表現し、他方の中に自分を登記するという関係にある。『創造的進化』の始めで、ベルクソンは、二つの全体を開きながら、比較の意味を全面的に変えるのである。生物が世界に似ているのは、逆に、生物が開かれた世界に自分を開いているからである。生物がひとつの全体であるのは、もともと全体というものが、生物の全体にしろ、世界の全体にしろ、何にも還元されず閉じられることのないひとつの時間的次元の中で、たえず自分を生成し、生産し、あるいは前進して、自分を登記し続けるものである限りにおいてのことなのである。家族と社会との関係についても同じことがいえると私たちは考える。ここにオイディプス的三角形は存在しないのだ。つまりオイディプスは、開かれまた社会野の中にたえず開かれている。オイディプスは、社会野の四方八方に、つまりその隅々にまで開かれている（3＋1という仕方でさえもなく、まさに4＋nという仕方において）。すっかり閉じてはいない三角形。多孔性の、または透過性の三角形、破裂する三角形。そこから欲望の流れは他の地点へと逃れ出る。擬似三角形のそれぞれの頂点で、母は宣教師と踊り、父は徴税人にオカマを掘られ、〈私〉はひとりの白人にぶたれていた。このことに気づくために、植民地支配を受けた人びとの夢に出会わなければならなかったのは、奇妙なことである。まさに両親の形象が、別の性格をもつ代行者と結合すること、レスラーのように絡み合うことによって、三角形はもはや閉じられないものとなり、それ自体で価値をもつことも、無意識そのものにおいて問題となる代行者の、あの別の本性を表現したり、表象したりすることもしなくなる。フランツ・ファノンは、母の死に関係する迫害妄想的精神病の例に遭遇したとき、「『悲哀とメランコリー』の中でフロイトが書いていたように」、まず「無意識の罪責コンプレックスに直面している」のかどうかを自問している。しかし、彼はすぐに患者の母がフランス兵に殺されたということ、また患者自身が入植者の妻を殺し、腹をえぐられたこの女の幽霊がたえず母の思い出を呼びさましてはずたずたにしていることを知る[37]。戦争による外傷、植民地の状態、極度の社会的悲惨などといった限界状況は、オイディプス概念の構築にはあまり好都合ではないから、まさにこうした限界状況は、精神病の発達や突然発生を助けることになる、といつもひとはいうことができる。しかし私たちは、問題は別のところにあると感じている。というのも、オイディプス化された患者を供給するためには、ブルジョワ家族のある程度の快適さが必要であると白状した上で、ひとはあいかわらず、問題を先送りするからである。正常または規範的とみなされるひとりのオイディプスを支える快適な条件において、現実には何が備給されているのかを知るという問題がある。

革命的なひととは「オイディプスだって？　そんなものは聞いたことがない」と当然のこととして最初にいうことのできるひとのことである。――なぜならオイディプスの要素はばらばらの断片であって、歴史的社会野の四方八方に貼りついたままになっているからである。これは戦場であって、ブルジョワ演劇の舞台ではない。精神分析家たちがどなりだしたとしても、しかたがない。ところが、ファノンが指摘したように、動乱の時代は、活動的な闘士に対して無意識の影響を与えるばかりではなく、中立的な人びとや、局外にとどまり政治にかかわるまいとする人びとに対しても、やはり無意識の影響を与えるのである。見かけは平和に見える時代についても、同じことがいえるのだ。無意識－子供はパパ－ママしか認めないと信じること、パパは社長の下にいて、その社長はパパのパパではないこと、パパ自身が社長だとしても、この社長はパパそのものではない……等々を子供が「自分なりに」わかっていないと信じることは、グロテスクな誤謬である。したがって私たちは、あらゆる場合について次のような規則を提起する。父と母は断片として存在するだけで、形象や象徴として組織されることがない。そのような形象、象徴は、無意識を表象し、同時に無意識において集団のさまざまな代行者を表象しうるとされているけれども。むしろ、父と母とはたえず破裂して断片となり、これがもろもろの代行者に隣接し、これらとじかに衝突し、対立し、あるいは和解する。父と母と私とは、歴史的政治的状況の諸要素と戦いあい、これらに直結している。それは兵士、お巡り、占領者、協力者、反体制者、抵抗者、経営者、その妻といった存在であって、彼らはあらゆる瞬間に三角形化の働きを粉砕し、状況の全体が家族的コンプレックスに引き下ろされ、その中で内面化されることを妨げるのである。要するに家族は、決して自律的形態という意味のミクロコスモスではない。たとえ家族がもっと大きい円環の中に登記され、円環を媒介して表現するとしても、やはりミクロコスモスではない。家族は、本性的に中心の外にあり、中心を離れる。先に見たように、融合的、分散的、管状的、排除的といった家族について、ひとは語る。それにしても、家族がひとつの「内部」となることを確かに妨げるような切断や、その配分はどこからやってくるのだろうか。アメリカの伯父、ぐれてしまった弟、軍人と駆け落ちした叔母、破産して、あるいは株の暴落で損をして失業中の従兄、アナキストの祖父、気が狂い、あるいは呆けてしまった祖母、がいつもいる。家族そのものが、こうした切断をひき起すわけではない。多くの家族が、家族に由来するのではない切断によって切断されるのだ。パリ・コミューン、ドレフュス事件、宗教そして無神論、スペイン戦争、ファシズムの擡頭、スターリニズム、ヴェトナム戦争、六八年五月……こうしたものが無意識のもろもろのコンプレックスを形成するのであり、果てしなく居すわるオイディプスよりも影響力をもつ。

まさに無意識が問題なのである。もろもろの構造が存在するとしても、それらは精神の中にあるのではなく、無意識の空白や移行や分節を采配する幻想の〈ファルス〉の影にあるのではない。構造は、不可能な直接的な現実の中に存在している。ゴンブロヴィッツが語っている通りなのだ。構造主義者たちは、「彼らの構造を文化の中に求めているが、私はそれを直接的な現実の中に求める。私の物の見方は、ヒットラー主義、スターリニズム、ファシズム……といった、当時の様々な事件と直接に関係していた。私は、人間間の領域に出現した奇怪な恐るべきもろもろの形態によって幻惑されていた。こうした諸形態は、それまで大切にされてきたものをすべて破壊したからだ[38]」。

ギリシァ研究者たちは、あの敬うべきオイディプスの中においてさえ、すでに「政治的なもの」が問題であったということを思い起させているが、これは正しい見解である。ところが、ここからただちに、リビドーはこのオイディプスとは何の関係もないと結論することは、端的に誤りである。事態はまったく逆である。もともとオイディプスのばらばらの諸要素は、決して自律的な表現的心的構造を形成していないのであって、まさにこの意味において、リビドーはこうした諸要素を通じて、家族の外または家族の下にあるもろもろの切断を備給する。すなわち欲望的生産と関係する社会的生産のこれらの形態を備給するのである。だから分裂分析は、政治的社会的精神分析であり、闘争的な分析であることを自認している。分裂分析は、これまで有効だった滑稽な諸条件にしたがって、文化においてオイディプスを一般化しようとするからではない。逆に、この分析は、社会的歴史的生産の無意識的なリビドー備給の実在を明らかにしようとするからである。このような備給は、これと共存する意識的備給とは区別されるものである。プルーストが次のようにいっているのは間違いではない。親密な題材をあつかう作品を書くのとは程遠く、自分は大衆芸術やプロレタリア芸術の信奉者たちよりももっと先に進んでいる。彼らは、「意図的な」表現をめざす作品によって、社会的なものや政治的なものを描くことで満足しているからである。プルーストの方は、ドレフュス事件や一九一四年の戦争が、いかに新しい切断と新しい接続をもたらすか、それによって異性愛ならびに同性愛のリビドーが、いかに再編成されるかに興味をもっている（例えば、『失われた時を求めて』のゲルマント家の崩壊した環境において）。リビドーの役割とは、無意識の諸形態において社会野を備給し、それによってあらゆる歴史を狂わせ、もろもろの文明、大陸、人種を錯乱させ、世界的生成変化を強度に「感じること」である。パラノイアになった白人の頭を悩まし、眠りを妨げる中国人やアラブ人や黒人なしには、シニフィアンの連鎖など存在しない。分裂分析がめざすのは、表現的、オイディプス的な無意識を解体すること、常に人工的で、抑圧するものであり、かつ抑圧されるものであり、家族を通じて媒介される無意識を解体すること、それによって直接に生産的な無意識に到達することである。そうだ、家族はひとつの刺激なのである。——何らかの価値をもつ刺戟であり、誘導子であって、形成体でもなければ脱形成体でもない。反応は常に別のところからやってくるのだ。言語活動が存在するのは、反応の側面であって、刺戟の側面ではない。オイディプス的な精神分析でさえ、両親のイメージの実効性には無関心を表明し、両親のイメージによる刺戟の働きに反応が還元されるものではないことを認めていた。しかしそれは、やはり家族的な表現的象徴主義の立場から反応を理解することにとどまって、生産それ自体の無意識的システム（精神分析的経済学）において反応を解釈しようとはしなかった。

家族主義の大いなる推論は、「少なくとも始めには……」というものである。この推論は明白に定式化されることもあるが、また生成の観点を拒否するもろもろの理論の中に暗黙のうちに存続しているものでもある。少なくとも始めには、無意識は、現実界、想像界、象徴界が混在するような家族的関係と家族的布置の状態において表現されるだろう、というのだ。社会的そして形而上学的関係が出現するのは後からであり、まるで彼岸にあるようなものだ。そして〈始め〉は、常に二つを含んでいるものだから（これがまさに〈始め〉からひとが抜けだせない条件になっている）、まず第一の〈始め〉として前オイディプス、「人格の最も早い段階における原始的な未分化状態」があり、そして第二の〈始め〉としてオイディプスそのものがあって、これは父の法とともにあり、またそれが家族の内側に命じる排他的な区別とともにある――結局それは潜在期、いわゆる潜在期であって、この後に、彼岸が出現するのである。ところが、この彼岸は、他の人びとに（つまり未来の子供たちに）同じ道を再びたどらせるためにあり、また第一の〈始め〉は、すでにオイディプスという座標軸に属していることを示すためにのみ「前オイディプス的」といわれている。だからオイディプスの両端〔後と前〕がもっぱら閉じられていること、また〈彼岸〉あるいは〈後から〉が、常にオイディプスとの関連で、オイディプスと対比されて、オイディプスの枠内で解釈される、ということはまったく明らかである。神経症患者における幼児期の因子と現在の因子の役割を比較する議論が証明しているように、すべてはオイディプスに引き下ろされるだろう。現在の因子が〈後から〉やってくるものという形態において把握される限り、どうしてこれを避けることができようか。しかし、私たちはじつは知っているのである。現在の因子は幼年期からすでにそこに存在し、そして、これらの因子は、みずからが家族の中に導入するもろもろの切断や接続との関連においてリビドーの備給を規定しているということを。家族の成員の頭上や足もとには、欲望的生産と社会的生産があり、幼年期の体験において、この二つの生産は本性において同一で、体制において異なることを自覚している。子供時代についての三つの偉大な本のことを考えよう。ジュール・ヴァレスの『子供』、ジョージ・ダリヤンの『心を棄てよ』、L－F・セリーヌの『なしくずしの死』である。パン、貨幣、住居、社会的上昇、ブルジョワ的価値と革命的価値、富と貧困、圧制と反抗、社会的階級、政治的事件、形而上学的集団的問題、呼吸するとはどんなことか、なぜ貧困なのか、なぜ富める人びとが存在するのか、これらの書物において私たちは、こういったことがどのようにしてもろもろの備給の対象となっているかを見ることになる。しかも、これらの備給において両親は、たえず他の代行者と絡み合って、ただ生産または反生産の代行者の役割を果しているだけなのである。子供の天国と地獄の中で、両親が他の代行者たちと格闘していればいるほど、両親はこの代行者たちを表現しなくなる。こうして子供は、なぜという問いを発することになるのだ。《鼠男》は、彼の強迫観念の現在における因子を構成する富める女性と貧しい女性とを備給するために、大人になるまで待ってはいられない。幼児の性愛の存在が否定されるとすれば、それは口に出せない理由からであるが、ところがまたこの性愛が、ママを欲しがり、父の地位を望むことに還元されることになるとすれば、それもやはりほとんど口に出せない理由によってなのである。フロイトの脅しは、こういうものだ。汝は幼児の性愛のオイディプス的性格を認めるのか、それとも汝は性愛の存在をすべて放棄するのかというわけである。ところが「シニフィエ」の無意識の効果が社会野の諸規定全体の上に成立するのは、超越的なファルスのもとにおいてなどではない。逆に、社会野の諸規定におけるリビドー備給の方が、欲望的生産において、諸規定の特別な使用法を定め、欲望的生産と社会的生産とが対応する体制を定め、ここから欲望とその抑制の状態、生産の代行者の分配、性愛のオイディプス化の度合などといったものが生じてくるのである。ラカンはまさに言っている。科学における危機や断絶にかかわって、ときには狂気にいたる科学者のドラマがあること、したがってそれは「オイディプス概念に包含することはできないだろう、彼がオイディプスを告発する場合をのぞいて」[39]と。この意味で子供はみんな小さな学者であり、小さなカントールである。だから、年齢をいくら遡っても、自律的、表現的、またはシニフィアン的な家族秩序の中におさまっている子供など決して存在しない。遊戯において、また食べ物、さまざまな拘束、物思いなどにおいて、乳児でさえもすでに現在の欲望的生産の中に捉えられていて、そこで両親は、ひとつの過程の流れの中で、部分対象、証人、密告者、代行者などの役割を演じるが、この流れはいたるところで両親を逸脱し、欲望を歴史的社会的現実にじかに関係づけている。確かに前オイディプス的なものなど何も存在しないし、オイディプスを最も幼い時期にまで遡るなら、それは無意識を抑制するものとしてである。また確かに、生産の秩序においては、すべてが非オイディプス的なのである。オイディプスでないもの、非オイディプス的なものが存在し、オイディプスと同時に始まり、同じく後まで持続し、別のリズム、別の体制、別の次元をもって、総合の別の使用法をともなう。この別の使用法は、無意識の自己生産、孤児の無意識、賭博する無意識、瞑想する社会的無意識を養うのである。

オイディプスの操作とは、社会的な生産、再生産、反生産の代行者と、かたや自然的といわれる家族的再生産の代行者との間に、一対一に対応する諸関係の集合を確立することである。この操作は、適用と呼ばれる。すべては、あたかも、テーブルクロスを折りたたみ、その4(+n)隅を3隅に(あるいは、折りたたみを実現する超越的な因子を示すために一項を加えれば、〈3+1〉隅に)切り詰めるかのように経過する。したがって、いたるところに父、母、〈私〉を再発見する等価性のシステムにおいては、集団のもろもろの代行者は、両親の形象の派生物あるいは代用物として解釈されることにならざるをえない（このときシステムの総体を超越項に、ファルスに依存させることによって考察しても、難点はただ後退させられるだけである）。ここには連接的総合の誤った使用法があって、それが、「だから、これはおまえの父だったのだ。だから、これはおまえの母だったのだ……」といわせることになるのだ。しかも、それがすべて父と母であったということに、ただ後になってから気づくということは、何ら驚くべきことではない。なぜなら、始めからそのことは前提されていて、ついでそれは抑圧－忘却され、こんどはその後で見いだされることになるからである。これによってまさに一対一対応を指示する魔術的な定式が出現し、同時に二つの分節作用のあいだの象徴的関係を優先させて、多義的な現実界がおしつぶされる。それゆえ、これが意味していたのは、あれであった。ひとは説明を通じてすべてをオイディプスからとりだすことになり、ますます確信をもってとりだす。適用によってすべてをオイディプスに還元するからである。始めは歴史的あるいは前歴史的な起源かもしれないし、または構造的な基礎かもしれない。いずれにせよオイディプスが〈始め〉であるとしても、それは単にみかけのことにすぎない。それは、まったくイデオロギー的な、イデオロギーのための〈始め〉である。じじつ、オイディプスは常にもっぱら到達点の集合にすぎず、それが社会的組織によって構成される出発点の集合にとってかわるのである。ここでオイディプスはすべてに適用される。社会的生産の諸代行者や諸関係と、これに対応するリビドー備給が、家族的再生産の形態に引き下ろされるからである。出発点の集合には社会的組織がある。

または数々の社会的組織がある。つまり、そこには、もろもろの人種、階級、大陸、民衆、王国、主権、ジャンヌ・ダルクと偉大なるモンゴル人が、ルターとアズテカの〈蛇〉が存在する。到達点の集合には、もはやパパとママと私しか存在しない。欲望的生産としてのオイディプスについてはこういわなくてはならない。それは最後に存在するのであって、始めに存在するのではない、と。しかもそれはまったく同じ仕方で存在するわけではない。すでに見たように、欲望的生産は社会的生産の極限にあり、資本主義的組織の中では常に排除されているのである。器官なき身体は、脱領土化した社会体の極限に存在し、砂漠は町の出入口にある……。しかし肝要なこと、本質的なことは、この極限が移動され、無害なものとなり、社会的組織の内部に移行すること、あるいは移行するかのように見えることである。分裂症、あるいは欲望的生産は、欲望のモル的組織と分子的多様性とを分割する境界線であって、いまやこの脱領土化の境界線は、モル的組織の内部に移行し、人工的で隷属的な領土性に適用されなければならない。このとき、ひとはオイディプスが何を意味しているか予感する。つまり、オイディプスは境界線を移動させ、これを内面化するのである。自閉状態に陥ることなく、肯定的に生きる唯ひとりの分裂症者よりも、むしろ大勢の神経症患者が望まれている。群集を操作する比類のない装置として、オイディプスは、ヨーロッパの人間にとって最後の隷属的私的領土性である（その上、移動され排除された境界線は、オイディプスの内部に、オイディプスの両極の間に入りこんでしまう）。

歴史や政治の解釈における精神分析の汚点について一言。その手法はよく知られている。〈偉人〉と〈群集〉が登場する。歴史は、これらの二つの抽象的実体、偉大な〈甲殻動物〉と狂気の〈無脊椎動物〉という二個の操り人形によって作られると主張される。始めにオイディプスがいる。一方には、オイディプス的に規定された偉人がいる。ゆえに彼は父を殺したのだ。父を亡きものにして母と同一化するためにせよ、あるいは、父を内面化し父の立場に身をおいて父と和解するためにせよ、いつまでも終ることのないあの殺人を犯したのである（もっとも詳かに見れば、これには神経症的、精神病的、倒錯的解決、あるいは「正常な」解決、つまり昇華……など様々なヴァリエーションがある）。とにかく偉人は、すでにして偉大である。なぜなら彼は、善の中に、あるいは悪の中に、オイディプス的葛藤に対するある種の根源的な解決を見いだしたからである。ヒットラーは、自分の中の父を亡きものとし、〈悪しき母〉の力を荒れ狂わせる。ルターは父を内面化し、超自我との妥協を確立する。もう一方には群集が登場する。この群集もまた、第二の秩序に属する集団的な父母のイメージを介して、これまたオイディプス式に規定される。だからルターと十六世紀のキリスト教徒、あるいはヒットラーとドイツ国民といった出会いが生まれるが、この対応関係は必ずしも同一性をともなうものではない（ヒットラーは、「同性愛的融合」によって、女性的な群集に対して、父の役割を演じ、ルターは、キリスト教徒の神に対して女性の役割を演じる）。精神分析の一面的な解釈に対して歴史家が怒るのは当然であるが、もちろんこの怒りに対して身を守るために自分の立場を規定して、精神分析は、ある次元の原因を扱うだけで、「他の」諸原因も考慮しなければならないが、しかし精神分析自身がそんなことをすべて引き受けることはできないというのだ。もっとも私たちに予兆を知らせるほどには、精神分析は他の諸原因も考慮に入れるのである。じじつ精神分析は一時代の諸制度（十六世紀のローマ教会について、二十世紀の資本主義について）も考察するのである。たとえ、それは父と母のペアを構成して、またもや新しい次元に属する両親のイメージを見いだすにすぎないとしても。父と母は、偉人と群集の行動において分解され、別の仕方で再編成されるのである。こうしたことを論じるフロイト派の書物の調子が、正統的か、あるいは文化主義的か、あるいは原型的であるかは、ほとんど重要ではない。これらの書物は嘔吐をもよおさせる。こうした書物を、精神分析の遠い過去に属しているものとして片づけてしまわないでほしい。今日でもなおこの種の本は、大量に書かれている。オイディプスの軽率な使用法が問題であるなどといわないでほしい。別のどんな使用法がありえようか。もはや「応用精神分析」という曖昧な領域が問題ではない。なぜなら、ことばの厳密な意味で、オイディプスそのものが、つまりオイディプスがそれ自身において、すでにひとつの応用であるからだ。それゆえ、最良の精神分析家たちが歴史的政治的な応用をみずからに禁じているとしても、事態が大きく好転するとはいえない。最良の精神分析家たちさえも、還元不可能な「耐えがたい真理」の場所として示された去勢の岩の中にみずからを閉じ込めているからである。つまり彼らは、ファルス中心主義の中に閉じこもり、これによって、精神分析の活動を常に家族のミクロコスモスの中で発展すべきものとみなし、リビドーによる社会野の直接的な備給を、オイディプスの単なる想像上の付属物として扱うことになる。ここでは「融合をめざす夢」とか「〈統一性〉に回帰する幻想」といったものを告発しなければならないのだ。彼らはいう。去勢こそ、私たちを政治から引き離し、私たち分析家に独創性を与えるものだ。私たちは、社会もまた三角形をなし、象徴的であることを忘れはしない！

オイディプスがほんとうに還元や適用の操作によって獲得されるとすれば、オイディプス自身は、社会野に対する、また社会野の生産や形成に対する、ある種のリビドー備給を前提としている。個人的幻想など存在しないのと同じく、個人的オイディプスというものも存在しないのだ。オイディプスは、集団への統合の一手段であって、これはオイディプス自身を再生産し、世代から世代へと移行させるための適用の形態をとることもあれば、整備された袋小路のなかに欲望を封鎖する神経症的鬱積に陥ることもある。だから、オイディプスは、隷属集団の中で開花し、ここで既成秩序は、この集団の抑制的な形態そのものの中で備給される。したがって、隷属集団の諸形態が、オイディプス的な投影や同一化に依存しているのではない。まったくその逆なのだ。まさにオイディプスのもろもろの適用が、出発点の集合としての隷属的集団の諸規定に依存し、これらのリビドー備給に依存している（十三歳からもう私は働き、社会の階層を登って昇進し、搾取者たちの仲間入りをした……）。したがって、ここに存在するのは、無意識における連接的総合の隔離的使用法である。これは支配階級に役立つ比類のない武器なのであるが、階級の分裂と同じことではない。まさにこれが「わが国が最高だ」という感情、外敵に脅かされる優等人種に属しているという感情をつくりだす。こうして開拓者たちの子孫－白人、祖先の勝利を祝うプロテスタントのアイルランド人、支配者である人種を標榜するファシストが登場してくる。オイディプスは、こうした国家主義的、宗教的、人種主義的な感情に依存しているのであって、これらの感情がオイディプスに依存しているわけではない。父親が指導者の中に自分を投影するのではなくて、指導者が父親に一致して、「おまえはおまえの父を超えてはならない」といったり、「おまえは、私たちの祖先たちを思い起し、おまえの父を超えて進みなさい」といったりするのである。ラカンは、オイディプスとこのような隔離との結びつきを鋭く指摘した。しかしそれは、隔離がオイディプスのひとつの結果であって、父が死んだ後に残された兄弟たちの同胞愛の下に潜在しているという意味においてではない。逆に隔離的使用法は、オイディプスのひとつの条件なのである。なぜなら、社会野が家族的な絆の方に引き下ろされるのは、大げさな古代趣味、人物や精霊において体現される人種といったものを前提とすることによってのみであるからだ。——そうだ、私はあなたたちの同胞だ……。

これはイデオロギーの問題ではない。ここには社会野に対する無意識のリビドー備給があり、それは前意識的備給と、あるいは前意識的備給の「行き先」と共存するにしても、必ずしも一致するものではない。それゆえに個人であれ、集団であれ、何らかの主体が明らかに自身の階級的利害に反して行動し、あるいは自分たち自身の客観的状況からすれば当然対決すべき階級の利益や理想に逆に同調するとき、彼らはだまされた、大衆はだまされた、というだけでは十分な説明にならない。それは、誤解とか錯覚といったイデオロギー的問題ではなく、欲望の問題である。そして欲望は下部構造の一部なのである。前意識的備給は、敵対しあう階級の利害に対応して行われ、あるいは行われるべきものであろう。ところが、無意識的備給は、欲望の立場、総合の使用法にしたがって行われ、これらは個人的であれ、集団的であれ、欲望する主体の利害とは、まったく異なったものである。無意識的備給は、支配階級への全般的服従を確実にすることができる。もはや利害によってではなく、まさしく欲望によって備給されるものとしての社会野に、切断や隔離を注ぎ込むからである。経済的金融的メカニズムや政治的組織とともにある社会的生産と再生産の形態は、こうして全体として、あるいは部分として、欲望する主体の利害とは独立に欲望されうる。ヒットラーがファシストたちを勃起させたというのは、隠喩ではなく、父親の隠喩でさえもない。銀行取引や株式取引、有価証券、配当券、信用状といったものが、銀行家でない人びとをさえ勃起させるのは、隠喩によってではない。それなら発芽する貨幣、つまり貨幣を生む貨幣はどうか。もろもろの経済的－社会的「複合体《コンプレックス》」が存在し、これは同時に文字通り無意識のコンプレックスでもあって、自分自身の階層秩序の上から下へと享楽を伝達しているのである（産業的軍事的複合体《コンプレックス》）。そしてイデオロギーやオイディプスやファルスは、ここでは何の働きもしてはいない。なぜなら、これらは原理を構成するものではなくて、原理に従属するものであるからである。つまり問題は、もろもろの流れ、ストック、流れの切断と動揺なのである。何ものかが流れ、流れ出るいたるところに欲望があり、関与する主体をまきこみ、また陶酔しまどろむ主体を、死の淵へと駆りたてるのである。

だから、分裂分析の目的は、次のようなものになる。まず、経済的なものと政治的なものに対するリビドー備給の特殊な本性を分析すること。次に、これによって、欲望する主体の中で、いかにして欲望が自分自身の抑制を欲望することになるのか、明らかにすること（こうして欲望と社会とをつなぐ死の本能の役割が生じてくる）。こうしたことすべては、イデオロギーの中ではなく、まさにイデオロギーの下で生起する。ファシスト的あるいは反動的タイプの無意識的備給が、革命的な意識的備給と共存することがありうる。また逆に、欲望の次元における革命的備給が、意識的利害にしたがう反動的備給と共存することも（稀にではあるが）起りうる。いずれにしても、意識的備給と無意識的備給は、たとえ両者が一致し重なり合っている場合でさえも、同じタイプに属してはいない。私たちは反動的な無意識的備給を支配階級の利害に合致するものとして規定したが、しかしこの備給それ自体は欲望の要素によって、連接的総合の隔離的使用法によって進行し、オイディプスは連接的総合のこの使用法から生ずるのである。「私は優等人種に属している」というわけだ。革命的な無意識的備給においては、次のようなことが起きる。欲望は、やはり欲望に固有の仕方で、搾取される被支配階級の利害に同調して、あらゆる隔離とそれらのオイディプス的適用とを同時に破棄しうる流れを解放するのである。この流れは、歴史を幻惑し、人種を錯乱させ、大陸を燃え上がらせる。いや、私はあなたがたの同族ではない。私は外部であり、脱領土化している。「私は永遠に劣等人種に属している……。私は獣であり、黒んぼである。」ここでもまた重要なのは、無意識において備給し逆備給する強度の力能である。連接的総合の遊牧的多義的使用法は、隔離的一対一対応的使用法に対立する。錯乱はいわば人種主義的と、ただ人種的という二つの極をもっている。隔離的‐パラノイア的極と、遊牧的‐分裂症的極である。そして両極の間には、不確かで微妙な移行が数多く起きる。ここでは無意識そのものが、みずからの反動的な負荷と革命的な潜在力の間でゆれている。シュレーバーでさえ、アーリア人の隔離を越えて、自分を〈偉大なモンゴル人〉と見なしている。人種という主題を扱うとき、偉大な著者たちのテクストにもあいまいさが生じるのは、このためである。この主題は運命と同じで多義性にみちているからである。分裂分析はこの点を解明しなければならない。じじつ、テクストを読むということは、決してシニフィエを求めて博識を競う実践でもなければ、ましてひとつのシニフィアンを求める高度のテクスト的実践でもない。そうではなくて、文学機械の生産的使用であり、欲望機械のモンタージュである。それはテクストからその革命的力能を引きだす分裂者的実践なのである。人種をめぐる「だから、これは……である」という肯定、あるいは『イジチュール』の思索は、狂気と本質的な関係をもっている。

第六節　三つの総合の要約

オイディプス小噺集は、つきることがなく、いまも健在である。ひとは私たちにいう。父たちは「何千年も前から」死んできた（おやおや）。父のイメージに一致する「内面化」は、「およそ八千年ほど前」、新石器時代が始まるころまで旧石器時代の間ずっと行われてきた、と。(40) 歴史を調べるひともあれば、調べないひともある。しかし、じっさい父の死となると、その知らせはなかなか聞こえてこないのだ。ニーチェをこういう歴史の中に巻き込むのは誤りであろう。なぜなら、ニーチェは、父の死を反芻し、その死を内面化するために、おのれの旧石器時代の全部をすごすような人物ではないからである。むしろ逆である。ニーチェは、父の死や神の死をめぐって作られたあらゆる歴史〔物語〕には心底から厭き厭きして、こういった主題に関する終わりのない言説に終止符を打とうとする。この言説は、ヘーゲル的な同時代にすでに流行していたものだ。しかし、悲しいかな、彼は間違っていた。この言説は続いたのだ。しかしニーチェは、人びとが最後には核心にいたることを望んでいたのだ。神の死について、彼は十二か十三の解釈を与え、ひとが節度をもって、もはやそれについて語らないようにし、神の死という出来事を滑稽にしてしまおうとした。さらに、彼は、この出来事が厳密には少しも重要でなく、じつはただ新しい法王にかかわりがあるだけだと説明している。神は死んだのか、死んでいないのか、また父は死んだのか、死んでいないのか、結局それは同じことである。なぜなら、こちらでは生きている神あるいは父の名において、あちらでは死んで内面化された神あるいは父の名において、同じ抑制や同じ抑圧が続くからである。ニーチェはこう言っている。重要なのは、神が死んだという知らせではなくて、この知らせがもろもろの成果をもたらすのに要する時間である、と。このとき精神分析家は耳をそばだて、そこに同じ考えを見いだしたと信じている。というのも無意識がひとつの知らせを消化するのに長い時間をかけることは周知のことである。無意識についての、フロイトのいくつかのテクストを引用してもいい。無意識にとって時間は存在せず、それはエジプトの墓のように諸対象を保存しているというのだ。ただし、ニーチェがいいたいのは、次のことではまったくない。彼は、神の死が無意識の中にまで達するには長い時間がかかる、といいたいのではない。彼がいいたいのは、無意識にとって神の死はどんな重要性ももたないという知らせこそが、意識に到達するのに時間を要するということなのである。この知らせのもたらす収穫は、神の死がもたらす結果そのものではなくて、神の死そのものが何らの結果ももたらさないという別の知らせである。別の言い方をすれば、神も父も、決して存在したことなどないのである（あるいは、存在したとしても、それはずっと昔のこと、おそらく旧石器時代のあいだ……）。いつの時代も、ひとはもう死んでいたものを殺しただけなのだ。神の死という知らせのもたらす収穫は、死の花も生の蕾も、等しく抹殺するのだ。というのも、生きているか、死んでいるかは、ただ信仰の問題でしかなく、ひとは信仰の域から出ていないからである。父の死の告知が最後の信仰を構成することになる。つまり、「不信仰にもとづく信仰」である。ニーチェはこれについて語っている。「この暴力こそは、いつも信仰や支えや構造……が必要であると宣言しているのだ」と。つまり構造としてのオイディプスが必要とされる。

エンゲルスは、母権や父権のもろもろの形態と、これらの形態間の対立や関係を神話の中に発見したバハオーフェンの天才を讃えている。ところが、エンゲルスは、ひとつの非難をそこに忍ばせていて、事態は一変する。バハオーフェンは、まるで本当にそれを信じているようだ、つまりもろもろの神話、エリニュエス、アポロン、アテナを信じきっているようだ、というのだ。同じ非難が、もっと精神分析家たちにあてはまるのである。彼らはそれを、神話を、オイディプスを、去勢を信じきっているようだ。精神分析家たちはこう答える。問題は、私たちがそれを信じているかどうかではなくて、無意識それ自体がそれを信じているかどうかである、と。それにしても信仰の状態に還元されてしまうこの無意識とは、いったい何なのか。誰が無意識に信仰を注入するのか。精神分析が厳密な学問となりうるのは、信仰を括弧に入れること、すなわちイデオロギーの形態としてのオイディプスを唯物論的に還元することによってである。問題は、オイディプスが偽りの信仰であるということではなく、信仰が必然的に偽りのものであり、現実の生産を曲解し窒息させるということである。だから物事をよく見る人とは、信ずることが最も少ないひとたちなのである。欲望をオイディプスに関係づけるとき、私たちは欲望の生産的性格を無視するしかなく、この生産的性格は漠然とした夢や想像にすぎないものになる。夢や想像は、この性格の意識的表現でしかない。この生産的性格は、父や母、生殖する両親のような自律的存在に関係づけられるのである。こういった存在は、自分自身の諸要素をまだ欲望の内的諸要素として把握していない。父の問題は、神の問題に似ている。それは抽象の産物にすぎず、人間と自然の絆、また人間と世界の絆が断たれていることを前提にする。それゆえ人間は、自然と人間の外にある何ものかによって、はじめて人間として生産されるにちがいない、ということになるのだ。この点に関して、ニーチェは、マルクスやエンゲルスとまったく同じことを指摘している。「人間と世界が、〈と〉という小さな語の崇高な意図によって分かたれながら隣り合っているのを見るだけで、私たちは爆笑する。[42]」人間と自然が外延をともにしているという共通外延性は、まったく別のことなのだ。これは循環的運動であり、これによって無意識は、たえず主体にとどまりながら自分自身を生産し、再生産するのである。無意識は、おまえの父、さらにおまえの父の父というふうに、身体から身体へと進行する（または退行する）生殖の軌道にしたがうものではない。有機化された身体は、生殖による再生産の対象であって、その主体ではない。再生産の唯一の主体とは、生産の循環的形態によって維持される無意識それ自体なのである。性愛は、生殖に奉仕する手段ではない。むしろ身体の生殖の方が、無意識の自己産出としての性愛に奉仕するのである。性愛は、生殖のプロセスに従属するのと引きかえに自我に与えられる報酬を表象するものではない。逆に、生殖の方が自我の慰めであり、自我の拡張であり、身体から身体へと移行し、この移行を通じて、無意識はただ自分自身の中に自分自身を再生産するのである。まさにこうした意味で、無意識はいつでも孤児であり、つまり無意識自身は、自然と人間の、あるいは世界と人間の同一性において、自己生成したといわねばならない。こうして父親の問題も、神の問題も、ありえないもの、どうでもいいものになる。このような存在を肯定するとか否定するとか、生かすとか、殺すとかは、まったく同じことである。要するに無意識の本性に関して、唯一の同じ誤解があるだけだ。

ところが、精神分析家たちは、抽象的に、すなわちイデオロギー的に、文化に適する人間を生みだそうとする。まさにオイディプスがこうした人間を生みだし、無限の発達あるいは退行という偽りの運動にひとつの構造をもたらすのである。おまえの父、おまえの父の父、雪だるま式にふくれあがりそれは部族の父、神、さらに石器時代にいたる。よかれあしかれ私たちを人間にするのはオイディプスである、と例の小噺集はいう。それをいう声の調子が変化することはあるが、根本はいつも同じなのだ。おまえはオイディプスを逃れられない。おまえは、「神経症的な出口」と「神経症的でない出口」との間で選択するしかない。声の調子が、逆上した精神分析家の調子、警察官－精神分析家の調子をおびることがある。オイディプスの帝国主義を認めない人びとは、危険な異常者であり極左であって、社会的政治的に抑制すべきである。彼らはしゃべりすぎで、肛門性を欠いているのだ（メンデル博士やステファヌ博士たち）。いったいどんな憂慮すべき語呂合わせのせいで、精神分析家は肛門性の推進者として登場してくるのか。聖職者的精神分析家、つまり敬虔な精神分析家というものがいて、存在の癒し難い欠陥を讃美する。あなたは、オイディプスが私たちをオイディプスから救うことがわからないのか。オイディプスは私たちの悲惨であり、また私たちの偉大さでもある。それはオイディプスを神経症的に生きるか、それともオイディプスを構造として、聖なる信仰の母として生きるかにかかっている（J・M・ポイエ）。あるいはまたテクノクラート的精神分析家、つまり三角形にとりつかれている修正主義者がいて、彼はオイディプスの中に文明のすばらしい贈物を包み込む。すなわちアイデンティティ、躁鬱病、限りなく前進する自由である。「オイディプスにおいて、個人は三角形の状況つまり自分のアイデンティティを生きることを学ぶと同時に、ときには抑鬱、ときには昂揚といったかたちで根本的疎外、自己の癒し難い孤独、自由の代価といったものを発見する。オイディプス概念の根本的構造は、単に時間において、子供が両親と共にするあらゆる三角形的体験にまで普遍化されねばならないばかりか、空間において、両親と子供の関係以外の三角形的関係にまでも普遍化されねばならない(43)」と。

　無意識は、意味の問題などではなく、ただ使用法の問題を提起している。欲望の問題は、「それが何を意味しているのか」ではなくて、それがどのように作動しているかである。欲望機械は、私のものであれ、君のものであれ、どのように機能するのか。どんな故障をともなうのか。故障もまた、欲望機械の使用法の一部をなしているのである。欲望機械は、どのようにしてある身体から他の身体へと移行するのか。いかにして器官なき身体に付着するのか。いかにみずからの体制を社会的機械に対決させるのか。従順な歯車機構が注油され、あるいは逆に地獄の機械が準備される。ここでは、どのような接続、どのような離接、どのような連接があり、総合はどのように使用されるのか。〈それ〉は何も表象しないが、〈それ〉は生産する。〈それ〉は何も意味しないが、〈それ〉は作動する。「それは何を意味しているのか」という問題が全般的に崩壊するところに、欲望が登場してくるのだ。言語の問題が提起されるようになったのは、言語学者や論理学者が意味というものを追い払ってからである。言語の最も高度な力能が発見されたのは、言語作品が、ある使用法にしたがって何らかの効果を生産する機械とみなされたときである。マルコム・ローリーは、自分の作品についてこう語っている。それが作動するなら、それこそひとが望んでいることのすべてなのだ。「そう、作品は機能している。安心して下さい。なぜなら私は試してみたのだから」と。——ひとつの機械じかけである。[44] ただし、意味というものは使用法以外の何ものでもないということが確固とした原理となるのは、私たちが正当な使用法を規定しうる内在的な指標をもっている場合だけである。不正な使用法とはこれと対立して、逆に使用法を、前提された意味に還元し、一種の超越性を再構築する。いわば超越論的な分析は、「それは何を意味しているか」という超越的実践に対立するものとして、まさに無意識の領野に内在するこうした指標を規定するのである。分裂分析は、超越論的であり唯物論的である。それがオイディプス批判をもたらし、あるいはオイディプスをそれ自身の自己批判にまで導くという意味において、この分析は批判的である。分裂分析が探求しようとする無意識は、形而上学的ではなく、超越論的である。イデオロギー的ではなく、質料的である。オイディプス的ではなく、分裂症的である。想像的ではなく、非形象的である。象徴的ではなく、現実的である。構造的ではなく、機械状である。モル的あるいは群集的ではなく、分子的、ミクロ心理的、ミクロ論理的である。表現的ではなく、生産的である。だから、ここで重要なのは、「治療」の方向としての実践的な諸原理である。

したがって私たちは、欲望的生産の内在的指標が、いかにオイディプス的な使用法とはまったく異なる総合の正当な使用法の定義を可能にするか、見たのである。そしてこの欲望的生産に対して、不当なオイディプス的使用は多くの形態をもっているが、常に同じ誤謬の周囲をまわり、理論的実践的な錯誤を包み隠しているように思われた。第一に、接続的総合の部分的かつ非特殊的使用が、オイディプス的、包括的、特殊的使用に対立していた。この包括的−特殊的使用は、両親的と婚姻的という二つの様相をもち、これらには、オイディプスの三角形と、この三角形の再生産が対応していた。この全体的−特殊的使用は、短絡的な一般化という錯誤にもとづき、これが結局オイディプスの形相因をなしていて、その不当性は次のような操作の全体にのしかかっていた。すなわち、シニフィアンの連鎖から、専制君主シニフィアンとしての超越的な完全対象を抽出するという操作である。こうして連鎖の全体がこの専制君主シニフィアンに依存し、専制君主シニフィアンは、欲望のそれぞれの位置に欠如をわりふり、欲望を法に溶接して、連鎖から離脱するものの幻影を与えたのである。第二に、離接的総合の包含的または無制限的使用は、オイディプス的、排他的、制限的使用に対立している。この制限的使用はさらに想像的と象徴的という二つの極をもっている。それはオイディプスによって相関的に規定された二項の間、つまり排他的象徴的な区別と未分化状態の想像界という二項の間でしか、選択の余地を与えないからである。この使用はこのとき、オイディプスがどのように作動するか、オイディプスの作法はどんなものか示している。これがダブル・バインドの、すなわち二重の袋小路の誤謬推理である（あるいはアンリ・ゴバルの示唆にしたがって、double bind は、レスリングの二重ロック〔フル・ネルソン〕のように、「二重締め」などと訳した方がいいかもしれない。その方が、無意識に強制される措置をいっそう明確に示すことができる。無意識は両端に縛りつけられ、機会があればオイディプスと答え、オイディプスを物語るのであって、それは病気でも健康でも、発症時でも回復期でも、答えとしても問いとしても、いつも同じなのだ。というのも、いずれにせよダブル・バインドは分裂症的プロセスではなく、反対にまさにオイディプスであり、プロセスを停止させ、空転させるからだ）。第三に、連接的総合の遊牧的かつ多義的使用は、隔離的かつ一対一対応的使用に対立する。ここでもまた、無意識そのものの立場からすれば不当であるこの一対一対応的使用は、いわば二つの契機をもっている。ひとつは、人種主義的、国家主義的、宗教的、等々の契機であり、隔離によって、オイディプスがいつも前提とする出発点の集合を構成する。これは、まったく暗々裏の仕方で構成されることとさえある。もうひとつは家族的契機であり、適用によって到達点の集合を構成するのである。ここから〈適用〉という第三の誤謬推理が生ずる。この誤謬推理は、社会野の規定と家族的規定との間に一群の一対一の対応関係を打ちたて、こうした仕方でリビドー備給を永遠なるパパ－ママに還元することを可能にし不可避にして、オイディプスの条件を固定する。私たちはまだ、実際に治療を狂信的なオイディプス化の方向に導く誤謬推理をすべて網羅したわけではない。欲望を裏切ること。無意識を託児所にあずけること。冗舌で傲慢な小さい自我のためのナルシス的な機械。資本主義的剰余価値のたえまない吸収。貨幣の流れと言葉の流れの交換。精神分析という果てしない物語。

欲望に対する三つの誤りは、欠如、法、シニフィアンと名づけられる。これらは唯一の同じ誤りであり、観念論であって、無意識についての敬虔な発想を形成している。だから、これらの観念をある組み合わせの各項として解釈し、欠如は空虚な場所であって喪失ではなく、法はゲームの規則であって命令ではなく、シニフィアンは分配装置であって意味ではないことにしても無駄である。これらの観念はあいかわらず自分の後に、存在の不十分性、罪責感、意味作用という神学的な行列をしたがえたままである。構造的解釈はあらゆる信仰を斥け、もろもろのイメージをのり越え、父と母とについてはもっぱらその機能を考察し、禁止と侵犯を、構造を操作するものとして定義している。どんな水で洗浄すれば、これらの概念からその背景あるいはその背後世界を——つまり宗教性を——洗いおとすことができようか。無信仰といわれる科学的認識こそは、信仰の最後の隠れ家である。ニーチェのいうように、そこには唯ひとつの心理学、つまり聖職者の心理学しか存在したことがないのである。欲望の中に欠如が再び導入されると、たちまちあらゆる欲望的生産は破壊され、幻想の生産でしかないものに還元されてしまう。しかし記号は幻想を生産するのではなく、現実的なものの生産であり、現実の中への欲望の配置である。法がなければ欲望は存在しないということは、いつも自明なことと注意をうながして、あいかわらず欲望が法に接合されるとたちまち、永遠の抑圧の永遠の操作がまさに再開され、無意識を禁止と侵犯の円環の中に閉じ込める。白ミサと黒ミサである。ところが欲望の記号は、決して法の記号ではなく、力能の記号なのである。——それにしても誰がこの事実をあえて法とよぼうとするのか。欲望がみずからの力能を措定し発展させ、欲望が存在するところにはどこにでも、もろもろの流れを交通させ、もろもろの実質を切断するというこの事実を(「私は化学の法則にはふれないことにする」)。この言葉〔loi法、法則〕には道徳的な後味がある」)。欲望をシニフィアンに依存させるなら、たちまち私たちは欲望を専制の軛の下におくことになる。その効果とは去勢であり、そこにはまさにシニフィアンそのものの特性が認められる。しかし欲望の記号は決してシニフィアンではない。欲望の記号は無数の生産的な流れ－切断の中にあり、流れ−切断は、去勢という統一的な特性において記号化されるのではない。それは、常に多次元をもつ点−記号であり、点の記号学の基礎としての多義性にほかならない。

無意識は暗黒である、といわれる。ライヒやマルクーゼは、しばしば、彼らの「ルソー主義」、自然主義のために非難されている。ある意味で、無意識があまりに牧歌的に理解されているというわけである。しかしこうしたことがいえるのは、意識に属する恐怖感が、無意識に向けられているからではないのか。それは、あまりにも自信にみちた信仰がもつ恐怖のようなものだ。遺産相続者や軍人や国の元首といったひとたちの意識に比べて、無意識には、必然的にそれほど残酷さや恐ろしさはないし、その型も異なっている、などというとすれば、それは誇張というものだろうか。無意識自身も恐怖をもってはいるが、この恐怖は人間的形態をまとってはいない。理性のまどろみが怪物を生むのではなく、むしろ油断なく、眠ることのない合理性が怪物を生み出す。無意識はルソー主義者であり、自然人である。ところが、ルソーの中には、なんという悪意と策略があることか。侵犯、罪責感、去勢、はたしてこういったものは無意識の規定であるのか、それとも聖職者のものの見方にすぎないのか。無意識をオイディプス化し、これに罪責感を与え、これを去勢するためには、おそらく、精神分析以外にも、別の諸力が働いている。ところが、精神分析はこうした動きを支え、最後の聖職者を生み出している。オイディプス的分析は、無意識が行うあらゆる総合に対して超越的使用を押しつけ、これは無意識の総合を確実に変質させるのだ。だから、分裂分析の実践的課題とは、この変質を逆転して、もとに戻すことである。つまり、無意識の総合作用が、内在的に使用されるようにすることである。脱オイディプス化すること、父‐母の蜘蛛の巣を破壊すること、信仰を打ちくだき、欲望機械の生産と経済的社会的備給に到達することである。これこそが戦闘的な分析の領域であるからである。欲望機械に触れないなら、何ごとも実現されない。それは、ほんとうはじつに具体的な干渉をともなうだけである。すなわち、ただ父と母のみを欲し、父と母しか望まず、理解しようともしないオイディプス的分析家の、好意にみちた擬似的中立性に代えて、意地悪な、明確に意地悪な、ある活動を開始することになるからである。——おまえは私をオイディプスでうんざりさせる。もしおまえがまだ続けるなら、分析を中止するか、それとも電気ショックにかけるか、どちらかだ。パパ‐ママというのはやめてくれ。——もちろん、「ウエルテルがあなたの中に生きているように、ハムレットがあなたの中に生きている。」それに、オイディプスも生きている。あなたの望みどおりだ。ところが、「あなたは、種違いの手足、種違いの唇、種違いの口ひげを成長させている。前世の死を反復することで、あなたの自我は一種の鉱物的定理となり、たえず生の空しさを証明する……。あなたは、生まれついてのハムレットなのか。あなたはむしろ、ハムレットを自分の中に生まれさせたのではないか。何故、あなたは神話にもどろうとするのか」[45]。神話を放棄することによって、精神分析の中に少々の喜び、少々の発見を回復することが問題になっているのである。なぜなら、あらかじめすべてが定まっているので、それは、じつに陰鬱な、じつに悲しい、じつに果てしのないものとなってしまっていたからである。分裂者だって喜ばしいものではないと、ひとはいうだろうか。分裂者の悲しみは、彼をあらゆる面から締めつけるオイディプス化やハムレット化の力に、彼がもはや耐えきれないことからくるのではないのか。むしろ、器官なき身体の上にあって逃走し、その中に身を隠して、そこに閉じこもっていることの方がよいのだ。ささやかな喜びとは、プロセスとしての分裂症化であって、臨床実体としての分裂者ではない。「あなたはプロセスを目標にしてしまった……。」もし精神分析家が無理やりに生産的無意識の領域に連れてこられたなら、彼は自分が自分の劇場といっしょに運ばれたように場違いな感じをもつであろう。ちょうどコメディ・フランセーズの女優が工場に、中世の司祭が流れ作業の現場に連れていかれたように。生産の諸単位を組み立て、欲望機械どうしを接続すること。この工場の中で何が起るのか、このプロセスとは何であるか。このプロセスの苦悶と栄光、その苦しみと喜びは、あいかわらず未知のままである。

第七節　抑制と抑圧

私たちは、オイディプス三角形の形態、その再生産、その（形式上の）原因、その方式、その条件を分析しようとした。しかし、私たちは、この三角形化を決定している現実的な力、現実的な原因の分析を後まわしにしてきた。これに対する答えの全般的方向は単純なもので、すでにライヒはこれを示していたのである。それは社会的抑制であり、社会的抑制の諸力なのである。しかしこの答えは二つの問題を残したままで、しかもこれらをより切迫したものにする。まず抑制と抑圧の固有の関係があり、もう一方に、抑制－抑圧のシステムにおけるオイディプスの特殊な状況がある。この二つの問題は明らかに結びついている。なぜなら、もし抑圧の対象が近親相姦の欲望であるならば、このことによって抑圧は交換および社会全体を構成する条件となり、抑制に対して独立性と優位を獲得することになるからである。抑制の方は、既成社会において抑圧されたものが回帰することにしか関係しないであろう。したがって、私たちはまず第二の問題を考察しなければならない。抑圧は、無意識の十全な表現としてのオイディプス・コンプレックスに対して働くのか。フロイトにしたがって、オイディプス・コンプレックスは、その二つの極のそれぞれに応じて、抑圧されるか（抑圧されても、後にもろもろの禁止に遭遇することになる痕跡や回帰がなくなるわけではない）、そうでなければ消去されるか（消去されても、子供たちに移行して、同じ歴史が再び始まることがなくなるわけではない）どちらかであるといわなければならないのか[46]。オイディプスがじっさいに欲望を表現しているのかどうか、ひとは問う。オイディプスが欲望されるとすれば、まさにオイディプスに対して抑圧が働いているからである。ところが、フロイトのこの議論は、私たちを考え込ませる。フロイトは、フレイザーの指摘をとりあげている。この指摘によれば、「法が禁止するのは、何らかの本能にうながされて人間がするかもしれないことだけである。だから、私たちは、近親相姦が法によって禁止されているということから、私たちを近親相姦にかりたてる自然的本能が存在すると結論しなければならない」[47]。別の言葉でいえば、こういうことだ。それが禁止されているのは、それが欲望されているからである（ひとが欲望しないものを禁止する必要はないだろう……）。もう一度繰り返すが、私たちをとまどわせるのは、法に対するこの信頼、法の策略や手口に対する無知なのである。

『なしくずしの死』（セリーヌ）の不死なる父は、こう叫んでいる。では、おまえは私を死なせたいのだな。それがおまえの望んでいることだ。さあ白状しろ。しかし、私たちはそんなことは何も望まなかった。私たちは、汽車がパパであり、駅がママであることを欲していたのではない。私たちは、ただ潔白と平和のみを欲し、私たちのちっぽけな機械を工作することをひとが放っておいてくれることを欲していただけなのだ。ああ、欲望的生産よ。もちろん母と父の身体の断片は、もろもろの接続に導かれ、両親の呼称は、連鎖のもろもろの離接の中に現われてくる。両親はここで任意の刺戟として存在し、もろもろの波乱、人種、大陸の生成変化を始動させるのである。それにしても、あらゆる面でオイディプスの枠からはみでるものを、オイディプスに関係づけるというフロイトの偏執は、何と異様なのだろう。それは本をめぐる幻想そして教育から始まるのだ（家族小説としての本、父の代理としての教師……）。フロイトには、ユングの単純な冗談が我慢できなかった。ユングはこういったのだ。未開人でさえ、自分の母や祖母よりも、若くて美しい女を好むのだから、オイディプスがほんとうに現実的存在であるはずがない、と。もしユングがすべてを裏切ったとしても、しかしそれはこの冗談のせいではない。これは単に、美しい娘が母の役割を演じるのと同じく、母が美しい娘の役割を演じるということを示唆しているだけのことだ。根本的なことは、未開人にとっても子供にとっても、自分の欲望機械を形成し、作動させることであり、みずからの流れを循環させ、また流れを切断することである。法は私たちにこういう。おまえの母と結婚するな。おまえの父を殺すな。そこで私たち、従順な家来は、こういうのだ。だからこれこそが、私が欲していたことなのだ。私たちに次のような疑問が生ずる日はくるのであろうか。すなわち、法が有罪とみなしているひと、法が有罪にしようとしているひと、当人自身が有罪と感ずることを法が望んでいるひと、法はこういうひとを辱かしめていないか、あるいはこういうひとを辱かしめ、その正体を歪めることで利益をえていないか。あたかも、抑圧から抑圧されるものの本性を、また同様に、禁止から禁止されるものの本性を直接に結論しうるかのようにひとは振る舞っているのだ。ここには、典型的な誤謬推理が、もうひとつの、第四の誤謬推理があるが、これは置換と名づけるべきだろう。なぜなら法は、欲望あるいはもろもろの「本能」の次元において、完全に虚構的な何かを禁止し、その結果、法の臣下たちがこの虚構に対応する意図をもっていたと彼ら自身に思いこませる、ということが起きるからである。こうした置換は、法が意図に食い込み、無意識を有罪にする唯一の仕方でさえある。要するに私たちは、形式的な禁止から現実に禁止されているものを結論することを可能にするような二項の体系に直面しているのではない。私たちは次の三項の体系の中にあるのであって、このような結論はまったく不正となる。私たちは次の三項を区別しなければならないのだ。まず、抑圧を操作する抑圧的な表象。次に、抑圧が現実に及んでくる抑圧される表象者。第三に、置換される表象内容であり、これは抑圧されるものについて、擬装された見かけのイメージを与えるものであり、欲望はこのイメージに捉えられるとみなされる。これこそオイディプス、擬装されたイメージである。抑圧が働くのは、オイディプスの中においてではないし、オイディプスに対して抑圧が及ぶわけではない。オイディプスは、抑圧されたものの回帰でさえもない。それは抑圧の人工的な産物である。それは抑圧によってもたらされたものであるかぎり、単に表象されたものにすぎない。抑圧は、欲望を置換することなしには作動しえないのだ。抑圧が作動するときには必ず、罰に対してすっかり準備が整い、罰を切に願う事後の欲望のほうが表に出て、原則的に、あるいは現実的に抑圧の対象である事前の欲望のかわりになってしまう（「ああ、それゆえそれはこれだったのだ！」）。D・H・ロレンスは、〈理想〉の権利をかかげてフロイトに戦いをいどんでいるのではなく、むしろ性愛のもろもろの流れ、無意識のもろもろの強度の名において語っている。ロレンスは、フロイトが性愛をオイディプスの育児室の中に閉じ込めながら、何をしているかを見て心を痛め当惑し、精神分析のこの置き換えの操作を予感し、全力でこれに抗議している。そうではない。オイディプスは、欲望や諸欲動の一状態ではなく、一観念にすぎない。それは抑圧が欲望に関して私たちに吹き込む観念でしかない。オイディプスはひとつの妥協でさえなく、抑圧に奉仕し、抑圧のプロパガンダや普及に奉仕する観念にすぎない。「近親相姦の動機は、人間の理性が自分自身を救おうとして、最後の手段に訴えて、論理的に演繹したものである……。それは何よりもまず、まさに無意識的に実行される理性の論理的演繹であって、次にそれは情念の領域にまで導かれ、そこで行動の原理となるのである……。こんなものは、きらめき、打ち震え、旅をする能動的な無意識とは何の関係もない……。私たちは、無意識は何も観念的なものをもたないということを理解している、それは概念に似た何ものももたず、したがって何も人格的なものなどもたない。なぜなら、人格という形態は、自我と同じく、意識的な〈私〉に、あるいは心的主体としての〈私〉に属しているからである。それゆえ最初の分析は、まったく非人格的なものであり、またそうあるべきであり、いわゆる人間的な諸関係が働く余地はないのだ。最初の接触は人格的でもなければ、生物学的でもない。精神分析はこの事実を理解することに成功しなかった。[48]」

オイディプス的欲望は少しも抑圧されていないし、また抑圧される必要もない。それなのに、別の側面では、この欲望は抑圧と密接な関係をもっている。オイディプス的欲望はおとりであり、あるいは歪曲されたイメージであって、これによって抑圧は、欲望を罠にかけるのだ。欲望が抑圧されるのは、それが母への欲望であり、父の死を欲するからではない。逆である。欲望がそういうものになるのは、それが抑圧されているからであり、欲望がこうした仮面をつけるのは、それが抑圧のもとにあって、抑圧が欲望に仮面をつくり、仮面をかぶせているからにすぎない。さらに交換理論の発想を支持する人びとがいっているように、近親相姦が、社会の成立にあたって、ほんとうに障碍になっているかどうか、疑ってみることだってできる。もっと別の障碍もあったのだ……。ほんとうの危険は別のところにある。欲望が抑圧されるのは、どんなに小さなものであれ、あらゆる欲望の立場は、社会の既成秩序を糾弾する何かを含んでいるからである。だからといって、欲望は逆に非社会的であるわけではない。そうではなくて、欲望は何かを覆すのである。社会のもろもろの部門の全体を吹き飛ばすことなしに、措定される欲望機械などありえない。ある種の革命家たちがどう考えるにしても、欲望はその本質において革命的なのである。――祝祭ではなく欲望なのだ！――どんな社会も、真の欲望の立場を受け入れるなら、搾取、隷属、階層の諸構造を危険にさらすことになる。ひとつの社会がこれらの諸構造と一体であるとすれば（面白い仮説である）、そのときは、なるほど、欲望は本質的に社会を脅かすことになる。だから、欲望を抑制し、さらには抑制よりもっと有効なものをさえ見つけだし、ついには抑制、階層、搾取、隷属そのものが欲望されるようにすることが、社会にとって死活にかかわる重大事となる。次のような初歩的なことまでも語らなければならないとは、まったく嘆かわしいことだ。欲望が社会を脅かすのは、それが母と寝ることを欲するからではなくて、それが革命的であるからなのだ。これが意味しているのは、欲望とは性愛とは別のものであるということではなく、性と愛は、オイディプスの寝室の中で生きてはいないということである。これらはむしろ広い外洋を夢みて、既成秩序の中に貯蔵されない異質なもろもろの流れを交通させる。欲望は革命を「欲する」のではない。欲望は、それ自身で、まるで意図しないかのようにして、自分の欲するものを欲することによって革命的なのである。この研究の始めから、私たちは次の二つのことを同時に主張している。ひとつは、社会的生産と欲望的生産とは一体であるが体制を異にし、したがって生産の社会形態は欲望的生産に対して本質的な抑制を行使するということと、もうひとつは、欲望的生産（「真の」欲望）が、潜在的に社会形態を吹き飛ばすような何かをもっているということである。それにしても、抑制さえもまた欲望されるとすれば、「真の」欲望とは何なのか。いかにこれらを区別するのか。――私たちは、非常にゆっくりと分析する権利を要求したい。なぜなら、間違えてはならないのだ、たとえこれらの使用法は対立しているとしても、これらは同じ総合作用なのである。

精神分析が、ある前提された脈絡から何を期待しているか、いまはよく分る。この脈絡では、オイディプスは抑圧の対象〔客体〕でありながら、超自我の介在によって、抑圧の主体にさえなるのである。精神分析は、この脈絡から、抑圧を文化的に正当化することを期待しているのである。これによって抑圧（refoulement）が前景を占めることになり、もはや抑制（répression）の問題は無意識の観点からは二次的なものとしか考えられないことになる。だから、フロイトの批判者たちは、フロイトの保守または反動への転換点を見きわめることができた。それはフロイトが、近親相姦の欲動に対抗して働く文化の条件として抑圧に自律的価値を与えたときに始まる。ライヒは次のようにさえいう。性愛の放棄という、フロイト主義の大きな転換点が生じるのは、フロイトが内因性の抑圧を引き起すものとして、根源的不安の観念を受け入れるときである、と。「文明化された性道徳」に関する一九〇八年の論文を見てほしい。オイディプスは、ここではまだ名付けられてもいない。抑圧はここで、抑制との関連で考察され、抑制は置き換えを引き起し、部分的欲動に対して働くものとされる。部分的欲動は、近親相姦的欲動や、あるいは正当な結婚を脅かすその他の欲動に対して働く以前に、独自の仕方で一種の欲望的生産を表象するからである。しかしやがてオイディプスと近親相姦の問題が舞台の前面を占めるなら、抑圧とその相関項である禁止と昇華は、ますます文明の超越的とみなされる要求に根拠を見いだす。同時に精神分析は家族主義的、イデオロギー的見方にいっそうはまり込むことになる。私たちは、フロイト主義の反動的妥協や、その「理論的変節」についてさえ、あらためて物語る必要はない。こうした作業は、繰り返し、奥深いところまで、厳密で精妙な仕方でなされてきた[49]。理論的かつ実践的な同一の学説の核心に、革命的、改良的、反動的な諸要素が同時に共存しているからといって、私たちはそこに、なんら特別な問題を認めない。理論は実践から生まれたものであるかぎり、実践を正当化するとか、あるいは「治療」のプロセスに対して異議申し立てをしていいのは、この同じ治療から引きだされた要素から出発する場合だけであるとか、こういったことを口実にして、「とるべきか、すてるべきか」と迫ることを私たちは拒否する。あたかも、あらゆる偉大な学説とは、もろもろの部品や断片、様々な混交するコードや流れ、部分的要素や派生物からなる、ひとつの集成された形成体ではないかのようである。学説の生命そのもの、あるいはその生成は、こうしたものによって構成されるのだ。あたかも、まず精神分析が、自分の発見する対象や操作する力との関係を理論的にも実践的にも曖昧にすることによって成立していることには触れもしないで、ひとが精神分析に対して曖昧な関係をもっていると非難することができるかのように。フロイト的イデオロギーの批判的研究が行われており、周到に行われているとしても、一方でその運動の歴史は素描さえされていない。つまり精神分析集団の構造、その政治、その傾向や拠点、その自己適用、その自殺行為やその狂気、法外な集団的超自我、師匠の充実身体の上で生起したあらゆることである。ジョーンズの記念碑的著作と呼んでいい本も、検閲に終止符をうつどころか、それを成文化している。なんと、精神分析には、三つの要素が共存しているのだ。まず探険的、先駆的、革命的要素であって、これこそ欲望的生産を発見していた。次に、古典的文化的要素であって、これはオイディプス的演劇の上演〔表象〕の舞台にすべてを引き下ろすのである（神話への回帰！）。最後に、第三の最も憂慮すべき要素、これは尊敬を渇望する一種の恐喝という要素であり、承認され、制度化されるまでやめないのである。それは剰余価値を吸収しようとする恐るべき企てであり、同時に果てしのない治療を成文化し、貨幣の役割をシニカルに正当化し、既成秩序にあらゆる保証を与える。フロイトには、こうしたものがすべて存在していたのだ。めざましいクリストファ・コロンブス。ゲーテ、シェイクスピア、ソフォクレスの天才的なブルジョワ的読み手。仮面をかぶったアル・カポネ。

ライヒの力は、抑圧がいかに抑制に依存しているかを説明したことである。このことは、何らこの二つの概念の混同を引き起すものではない。なぜなら抑制は、従順な主体を形成し、社会組織体をこの抑制的構造においても再生産することを保証するために、まさしく抑圧を必要とするからである。しかし、社会的抑制は、文明と外延をともにする家族的な抑圧から理解されるべきではなくて、家族的な抑圧の方が、特定の社会的生産形態に内属する抑制との関係において理解されなければならない。この抑制は単に要求や利益だけに向かうのではなく、性的な抑圧を通じて欲望にも向かう。「一社会の経済的体系の集団心理による再生産」を保証するものとして、家族はまさにこの性的な抑圧を委託された代行者なのである。このことから、欲望がオイディプス的なものであると決して結論してはならない。逆に、オイディプスを現実化し、抑制的社会によって組織され要請される袋小路の中に欲望を拘束するのは、欲望の抑制あるいは性的な抑圧であり、つまりリビドー的エネルギーの鬱積なのである。ライヒは、欲望と社会野との関係という問題を最初に提起したひとであった(彼は、マルクーゼよりもっと先に進んでいた。マルクーゼは、この問題を軽んじている)。ライヒは、唯物論的精神医学の真の創立者である。欲望という用語で問題を提起しながら、大衆はだまされ、欺かれていた……と、あまりにも性急に語った粗雑なマルクス主義の説明を拒んだ最初のひとである。しかしライヒは、欲望的生産の概念を十分に形成していなかったので、経済的下部構造そのものの中に欲望が介入すること、また社会的生産の中に欲動が介入することを規定するまでには至らなかった。したがって、彼にとっては、革命的備給とは、欲望がそれによって単純に経済的合理性に一致する、そのような備給であると思われた。大衆のもろもろの反動的備給については、これらはやはりイデオロギーに帰するものと思われることになった。したがって、精神分析の唯一の役割は、主観的なもの、否定的なもの、禁じられたものを説明することになり、こうして革命的運動の積極性や欲望の創造性に直接参加するものではなかった（このことは、ある意味で、誤謬や錯覚を復活させたのではなかったか）。それでもやはりライヒは、欲望の名において、精神分析の中に生の讃歌を吹き込んだのである。フロイト主義を最終的に放棄するにあたって、ライヒが告発したのは、生への恐れであり、禁欲的理想の復活であり、良心の呵責という文化的温床であった。彼は言っていた。このような状況で精神分析家であり続けるよりは、むしろ〈オルゴン〉を求めて、欲望の生命的宇宙的元素を求めて出発するほうがずっとよい、と。誰もライヒを許しはしなかったが、フロイトは大いなる許しを与えていた。ライヒは、精神分析機械と革命機械とを一緒に機能させることを試みた最初のひとであった。そして最後に彼は、もはや自分自身の欲望機械しかもっていなかった。それはパラノイア的、奇跡的、独身者的な箱であり、ウールと木綿で飾られた金属のしきりをもっていた。

抑圧は、その作用の無意識的性格と、それがもたらす結果によって、抑制から区別されるのであるが（「反抗の禁止さえ無意識的となった」）、この区別はまさにこの両者の本性上の差異を表現している。だからといって、二つが現実的に無関係であると結論することはできない。抑圧は、抑制が意識的であることをやめて、欲望されるようになるべく存在する。そして抑圧は、事後の欲望を導き出すのであるが、これは抑圧の対象の偽装されたイメージにすぎず、これこそが抑圧に、あたかも独立しているかのような外観を与えるのだ。本来の意味での抑圧は、抑制に奉仕する一手段である。抑圧が及ぶものとは、また抑制の対象でもある。この対象はまさに欲望的生産なのだ。しかし、抑圧はまさに根源的な二重の操作をともなう。第一の操作を通じて、抑制的な社会組織体は、みずからの権力を、抑圧的な審級に委譲する。もうひとつの操作を通じて、これと相関的に、抑制された欲望は、置き換えられ偽装されたイメージによって、いわば蔽い隠されてしまう。まさに抑圧が、欲望についてそのようなイメージを喚起するのである。こうして、社会組織体による抑圧の委譲と、抑圧による欲望的組織体の歪曲、置き換えは、同時に起きるのだ。抑圧を委譲された代行者、あるいはむしろ抑圧へと委譲された代行者とは、家族なのである。抑圧されるものの歪曲されたイメージ、それこそが近親相姦の欲動である。したがってオイディプス・コンプレックス、またオイディプス化は、この二重の操作の成果である。抑制的な社会的生産が、抑圧的家族によって代行されるということと、抑圧的家族が、欲望的生産の置き換えられたイメージを与え、このイメージが、抑圧されたものを家族的、近親相姦的欲動として表象するということ、二つは同一の運動の中で起きる。こうして二つの生産の間の関係は、家族－欲動の関係によって代替され、この転換に精神分析全体が迷い込むのである。そして社会的生産の観点から見ると、こうした操作の利点は明らかで、他の仕方では、欲望のもっている反乱や革命の力能を払いのけることができないだろう。欲望に近親相姦という歪んだ鏡を向けることによって（ほら、これがおまえの欲していたものだろう）、ひとは欲望を恥じいらせ仰天させて、出口のない状況に追い込むのだ。欲望を難なく説得して、文明という高次の利益の名において、「自己自身」を放棄させるのである（もしみんながそんなことをしたなら、もしみんなが自分の母と結婚し、妹を自分のものにしたりしたら？　もういかなる区別も、いかなる交換もありえないだろう……）。ただちに迅速に行動しなければならない。近親相姦という、誹謗されている少しだけ深いせせらぎのために。

それにしても社会的生産の観点からみると、こうした操作の利点は理解できるとしても、欲望的生産そのものの観点からみると、何がこの操作を可能にしているのか、よく理解できない。しかし、私たちは答えになる諸要素を手にしている。社会的生産は、社会体の登録表面の上でひとつの審級を意のままにしなければならず、この審級は欲望の登録表面にも食い込み、またその上に登記されることもできる。このような審級は実在する。家族がまさにそれである。家族は、生産者たちを再生産するシステムとして、本質的に社会的生産の登録に属している。ところが、おそらくもうひとつの極において、器官なき身体の上への欲望的生産の登録は、家族的でない系譜の網の目を通して行われる。両親はこれに、部分対象、流れ、ひとつの過程の記号や代行者として介入するにすぎないし、こうしたものは両親の枠をあらゆる点で逸脱するのである。子供は高々、自分の欲望とともに営んでいる驚くべき生産的経験の何ものかを、無邪気に両親に「関係づける」にすぎない。しかし、この経験の方は、みずからを、このようなものとしての両親に関係づけることはないのだ。さて、まさにここで、あの操作が登場してくることになる。社会的抑制が早々と働いて、家族は、欲望的系譜の網の目にすべりこみ、これに干渉して、逆に今度は家族が、この系譜の全体を疎外し〈ヌーメン〉を没収してしまう（さあ、確かめよう。神とはパパなのだ……）。あたかも、欲望の経験が「みずからを」両親に関係づけているかのように、そして家族がこの経験の至上の法であるかのように、人びとは行動する。もろもろの部分対象は、「欠如しているもの」として作用する統一体－全体性という、あの名高い法に委ねられる。離接の働きは、未分化状態か、それとも排他性かという、二者択一に委ねられる。こうして家族は欲望の生産の中に入り込み、最も幼いころから欲望の置き換えを操作し、その途方もない抑圧を操作することになる。家族は、社会的生産によって、抑圧に委ねられるのである。そして家族がこんなふうに欲望の登録の中にすべりこむことができるとすれば、先に見たように、この登録が行われる器官なき身体のほうが、すでに欲望的生産に対する根源的な抑圧を行使しているからである。家族の課題は、これを利用して、これにいわゆる二次的な抑圧を重ねることである。この二次的な抑圧は、家族に委ねられる、あるいは家族がこれに委ねられる（精神分析は、これら二つの抑圧の間の差異をいみじくも指摘したが、しかしこの差異の射程、あるいはそれらの体制の区別を指摘してはいない）。したがって、いわゆる抑圧は、現実の欲望的生産を抑圧することでは満足せず、抑圧されたものに、外観上の置き換えられたイメージを与え、欲望の登録を家族的登録によって代えてしまう。欲望的生産の集合はただ、欲望的生産が家族に翻訳される場合に、周知のオイディプス的形象をとるのだ。これは裏切りの翻訳 traduction-trahison なのである。

ある場合は、オイディプスは何でもない、ほとんど何でもないと私たちは言い（欲望的生産の次元においては、子供においてさえも、それは何でもない）、ある場合にはまた、オイディプスはいたるところに存在する、と私たちは言ってきた（無意識を服従させ、欲望と無意識を表象する企てにおいていたるところに）。確かに私たちは、精神分析がオイディプスを発明したなどというつもりはまったくない。すべては、逆のことを示している。精神分析の患者たちは、すでにまったくオイディプス化されてしまっている。彼らはオイディプスを要求し、さらに重ねて要求する……。新聞の切抜き。ストラヴィンスキーは死ぬ前にこういい残している。「私の不幸は、疑いなく、父が私を棄て、母が私に少ししか愛情を与えなかったことに由来している。そこで私は、いつか、このことを両親に見せつけてやろうと決心したのだ……。」芸術家たちでさえ、こんなふうに執着するとすれば、遠慮するには及ばないし、熱心な精神分析家は月並みなためらいをすることもない。仮にある音楽家が、音楽が私たちに示しているのは、能動的な征服する力ではなくて、反動的な力であり、父－母への反動であると私たちに言うとすれば、あのニーチェにはなじみのパラドックスを、ほとんど修正することなく繰り返しさえすればよいことになる。音楽家フロイトというわけである。そうではなく、精神分析家は何も発明してはいないのだ。別の意味では、彼らは多くのことを発明し、多くの法を制定し、多くのことを強化し、注入したのではあるが。精神分析家が行っているのは、ただ運動を支持し、無意識全体の置き換えに、最終的な勢いをつけることにすぎない。彼らがしていることは、別の諸力によって無意識に強いられる総合の超越的使用にしたがって、無意識を語らせることにすぎない。包括的な性格をもつ〈人物〉、完全な〈対象〉大いなる〈ファルス〉、想像界の恐るべき〈未分化状態〉、もろもろの象徴的〈差異化〉〈隔離〉……。精神分析家たちが発明するものといえば、ただ転移だけ、転移のオイディプス、とりわけ有毒で、有害な、診察室におけるオイディプスのオイディプスだけなのに、この転移において、患者はついに自分の欲するものを手に入れ、分析家の充実身体の上で自分のオイディプスをなめまわすのだ。これは、もうやりすぎなのだ。オイディプスが作られるのは家族の中であって、分析家の診察室ではない。彼の診察室は最後の領土性として作動しているものにすぎない。そしてオイディプスは家族によって作られるのではない。総合のオイディプス的使用、オイディプス化、三角形化、去勢、こういったものはすべて、精神分析よりも、家族よりも、イデオロギーよりも、いやこれらを合わせたよりも、もっと強力な、もっと根底にある諸力にかかわっている。ここには、社会的な生産、再生産、そして抑制のあらゆる力が働いている。つまり、欲望の力を征服し断念させるためには、また無意識そのものの中で本質的に能動的、攻撃的、芸術的、生産的、征服的であったものをすべて、いたるところでパパ－ママ型の反応に代えるためには、じつは非常に強い力が必要なのである。すでに見た通り、こうした意味で、オイディプスはひとつの適用であり、家族とは委託された代行者にすぎない。ところで、適用によってであれ、ひとりの子供にとって、三角形のひとつの角として自分を生きることは過酷で、困難なことだ。

このこども、
彼はここにはいない、
彼はひとつの角でしかない、
到来すべきひとつの角にすぎない、
そして、角など存在しはしない……
ところがこの父－母の世界こそ、まさに消えるべきものだ、
この二重になった二重の世界こそ、

たえまない解体の状態にあり、
同じくたえまない統合の意志をもち……
そのまわりをこの世界の全システムが回転し
これは最も陰鬱な組織によって支えられている。(50)

第八節　神経症と精神病

フロイトは、一九二四年に、神経症と精神病を区別する簡単な基準を提示していた。神経症において、〈それ《エス》〉の諸欲動を抑圧するとしても、自我は現実のもろもろの要求にしたがうのである。ところが精神病において、自我は現実と断絶するとしても、〈それ《エス》〉の支配下にある。フロイトのもろもろの観念がフランスに入ってくるには、しばしば若干の時間を必要とした。ところが、この区別に関する観念だけは、そうではなかった。同じ年に、カプグラとカレットによって、瓜二つの錯覚をともなう分裂症の症例が提示された。この症例において、女性の患者は母に対する激しい憎しみと、父への近親相姦的欲望とを示していたが、しかしそれは現実性の喪失という条件をともない、両親は偽の両親として、彼らと「瓜二つの人物」として体験されていた。ここから、カプグラとカレットは、抑圧における逆の関係について説明を引きだした。神経症において、現実の対象的機能は保持されているが、しかしそれは、この神経症の原因をなすコンプレックスが抑圧されるという条件においてである。精神病においては、コンプレックスは意識の中に侵入し、そのまま意識の対象となるが、しかしそれは「抑圧」という代償とひきかえにであり、こんどは「抑圧」は現実そのものに、あるいは現実的なものの機能に及ぶ。たしかに、フロイトはこうした区別の図式的な性格を強調していた。というのも神経症においても、抑圧されたものの回帰によって、現実との断絶が見いだされ（ヒステリー的記憶喪失、強迫神経症的無化）、また精神病においても、妄想による再構築を通じて、現実の回復が見られるからである。それでもフロイトは、この単純な区別を決して放棄しなかった。(51) フロイトが、独自な道をたどりながら、伝統的な精神医学におなじみの観念を再発見しているということは、重要と思われる。それは、基本的に狂気とは現実の喪失に結びついているという観念である。これは精神医学が人格の遊離や自閉症の概念を練り上げたことと一致するのである。おそらく、このためフロイトの説明はじつに速かに普及したのである。

ところで、私たちにとって興味深いのは、このような一致のプロセスにおいて、オイディプス・コンプレックスが正確にはどんな役割を果たしたのかということである。なぜなら、家族的な主題がしばしば精神病的意識の中に侵入するということが真実であるとしても、ラカンの指摘にしたがって、次の事態を知ることになると、私たちはいっそう驚くほかはないからである。すなわちオイディプスが「発見」されたのは、それが明白であるとされている精神病においてよりも、むしろ逆に、それが潜在的であるとみなされている神経症においてである。(52) ところが、このことは、精神病においては家族的なコンプレックスが、まさに任意の価値をもつ刺戟として、組織者の役割を果さない誘導子として、まったく別のもの（社会的、歴史的、文化的地平）を目指す現実の強度的備給として現われるということではないのか。オイディプスが意識に侵入するのと、「組織体」として無能であることを証しながら自己解体することとは、同時進行するのだ。こうして、現実喪失という効果を確立するには、このまやかしの尺度によって精神病を測定し、それをこのオイディプスという偽の指標に連れ戻すだけで十分である。こうした作業は、抽象的な操作ではない。つまり精神病患者において、彼の内部にオイディプスが「欠如」していることを指摘するためであろうと、患者には、このオイディプス的「組織作用」が押しつけられるのだ。それは肉全体、魂全体に対する作用である。精神病患者は、自閉症と現実喪失によって、これに反応することになる。しかし、現実喪失は分裂症的プロセスの効果ではなく、このプロセスが無理にオイディプス化され、つまり中断されることによる効果なのだということが、ありうるのであろうか。私たちはいましがた言ったことを訂正して、ある人びとは、他のひとたちほどには、オイディプス化に耐えられないと考えるべきなのであろうか。分裂者は、オイディプスにおいて病んでいるのではないし、またオイディプスそのものを病んでいるのではないだろう。「自分の」無意識の象徴的組織化においてオイディプスを欠如しているので、それだけいっそう幻覚的意識の中に登場するようなオイディプスを病んでいるのではないだろう。反対に分裂者は、彼がこうむるオイディプス化（最も陰鬱な組織化）、彼が耐えることのできないオイディプス化を病んでいる。彼らは遠い旅に出たのに、ひとはあたかも、数々の大陸と文化を遍歴するものをたえず〈故郷の灯台〉に連れ戻すかのようだ。分裂者が苦しむのは、分裂した自我でも、破壊されたオイディプスでもない。逆に自分が棄て去ってきたすべてのものに連れ戻されるということを苦しむのである。零度としての器官なき身体にまで強度が低下すること、これが自閉症である。現実に対する彼のあらゆる備給をせきとめるものに反抗する手段が、彼にはないのだ。オイディプスの抑制 - 抑圧のシステムは、分裂者に対立して、彼をせきとめる。レインがいっているように、彼らの旅は阻止される。彼らは現実を喪失した。いったい、いつ彼らは現実を喪失したのか。旅においてか、それとも旅が阻止されることによってか。

だから、精神病と神経症については、逆の関係について別の定式化が可能となる。精神病患者と神経症患者が二つの集団として存在し、前者はオイディプス化に耐えられない人びとであり、後者はそれに耐え、それに満足さえして、その中で進展する人びとである。前者はオイディプスの刻印をもたない人びとであり、後者はそれをもつ人びとである。「私が思うに、私の友人たちは、〈新時代〉の始めに、有効な爆発力をもち、集団として出発したのである。この力は彼らを家父長的な偏向に導いたのであり、私はこれを悪しきことと思う……第二の孤立したものたちの集団は、私もそのひとりだが、おそらく宇宙の神秘を解く鍵の中心によって構成され、先天的な知をもって、重大な探求を引き受けたとき、あらゆる個人的成功の可能性を奪われていた。私に関しては、第一集団の家父長主義に対する私の反抗のせいで、二年目から、私はますます息苦しい社会的困難に遭遇していた。一体あなたは、この二つのグループが結びつきうると思うだろうか。私は、男性的家父長主義の連中たちをそれほど憎んではいない。私は執念深くはないのだ……。とにかく、私が勝利したとすれば、〈父〉と〈子〉の争いはもはや存在しないだろう……。私は、もちろん神の民について語っているのであって、自分たちが何かだと思いこんでいる隣人のことを語っているのではない……。[53]」この二つの集団を通じて対立しているのは、被造物ではない器官なき身体の上への欲望の登録と、社会体の上への家族の登録なのだ。また精神病における先天的な知と神経症の実験的な知なのだ。これは分裂気質の離心円と、神経症の三角形の対立といってもよい。こうした両項の対立についてもっと一般的にいえば、ここには総合の二種類の使用法がある。一方には欲望機械、他方にはナルシス的オイディプス機械がある。この闘いの詳細を理解するためには、家族が欲望的生産を裁断し、たえず裁断してやまないことを考慮しなければならない。欲望の登録の中にみずからを登記し、そこに足場を築くことによって、家族は膨大な生産力を掌握し、欲望の諸機械を特徴づけるもろもろの切断の総体を固有の仕方で置き換え、組織し直す。家族は、家族そのものの条件をなしている普遍的去勢の場にこれらのあらゆる切断を投げこみ（「空の天井にぶらさがる死んだ鼠の尻」とアルトーは言っている)、またそれに固有の法則と社会的生産の要求にしたがって、これらの切断を分配し直すのである。家族は、家族に属するものと属さないものを区別し、みずからの三角形にあわせて切断を行う。家族はまた、その内側でも、包括的形態の人物を形成する差異化の線にしたがって、切断を行う。それはパパ。それはママ。それはおまえ。おまえの妹。ここでミルクの流れを切断せよ。今度はおまえの弟の番だ。ここでウンチはだめ。そこで糞の流れを切断せよ。家族の第一の機能は確保することだ。要するに問題は、家族が欲望的生産から何を棄てようとしているのか、何を確保しようとしているのか、知ることである。家族が、それ自身の未分化状態(汚水溜め)にいたる道に、何をつなごうとしているのか、また逆に、分散増殖そして再生産が可能な差異化への通路に何を導こうとしているのか、知ることである。というのも家族は、その恥と栄光を、その神経症の未分化とその理想の差異化を同時に創造するのであって、これらが区別されるのは、ただ見かけの上のことでしかない。それなら、この間に、欲望的生産は何をしているのか。確保された要素が、それらにまったく根底的な変化を強いるような総合の新しい使用法の中に入るとすれば、どうしても三角形全体が共振を引き起すことになる。欲望機械は戸口まできていて、それらが入ってくるなら、すべてを振動させるのである。欲望機械は、固有の異常な諸切断を再び導き入れ、あるいは再び導き入れようとする。子供は、自分をいざなっている任務を感じとる。しかし、三角形の中に何を入れたらいいのか。いかに選択すべきか。父の鼻と母の耳、それは役に立つのだろうか。それは確保されてよいものか。それは適切なオイディプス的切断を行うものだろうか。そして自転車の笛はどうか。何が家族に所属するのか。三角形が確保するもの、同じくそれが排斥するものの圧力をうけて振動し共振すること、これが三角形の運命である。共振とは（ここでもやはり窒息し、あるいは公的になり、恥辱にまみれ、あるいは栄光にみちて）家族の第二の機能である。家族は、確保する肛門、共振する声、そしてまた消費する口でもある。これらは家族に属する三つの総合作用である。社会的生産のまったく型にはまった諸対象に欲望を接続することが問題だからである。共振がほしいなら、コンブレーのマドレーヌを買いなさい。

しかし、いまはもう、私たちは二つの集団の単純な対立にこだわってはいられない。これは神経症をオイディプス内の障碍として、精神病をオイディプス外への逃走として定義することを可能にするだけである。この二つの集団に「接合の可能性」があることを確証しても、とても十分とはいえない。問題になるのはむしろ、直接にそれらを識別する可能性である。家族的再生産が欲望的生産に対して行使する圧力と、欲望的生産が家族的再生産に対して行使する圧力とを、どのように区別するのか。オイディプス三角形は振動し、動揺する。しかし、それは、この三角形が欲望の機械を確かに掌握していることと関係しているのか。それとも、欲望機械が三角形の刻印を逃れ、この三角形の支配を放棄させることと関係しているのか。共振はどこで極限に達するのか。家族の物語は、オイディプスの系譜を救う努力を表現しているが、またオイディプス的でない系譜の無制限の伸張も表現しているのである。幻想は決して安定した形態ではない。それは、境界や辺境の現象で、どちら側にも注ぎ込む用意がある。要するに、オイディプスは厳密に決定不可能なものである。それが決定不可能なので、なおさらそれはいたるところに見いだされる。この意味で、オイディプスが厳密に何の役にも立たないというのは正しいのだ。ネルヴァルの美しい物語に戻ることにしよう。彼は、愛する女のオレリが、自分の子供時代の少女アドリエンヌと同一人物であってほしい。彼は二人を同一人物であると「知覚する」。そしてオレリとアドリエンヌは二人でひとりであり、それは彼の母である。「知覚上の同一性」としてのこのような同一化は、ここでは精神病のしるしといわれるのだろうか。このとき現実という基準が引き合いに出される。コンプレックスが精神病的意識に侵入するのは、現実的なものと断絶するという代償を支払ってのことである。一方で神経症において、同一性は無意識的諸表象の同一性にとどまり、知覚まで巻き添えにすることはない。それにしても、すべてを、精神病さえも、オイディプスの中に登記することによって、いったい何がえられたのか。もう一歩進むなら、オレリ、アドリエンヌ、そして母とは、処女マリアなのだ。ネルヴァルは、三角形の振動の極限を探し求めている。「あなたは悲劇をさがしもとめているのです」と、オレリは言っている。すべてをオイディプスの中に登記しようとしても、極限では、すべてがオイディプスの外に逃走することになる。同一化とは、知覚の観点から人物を同定することではなくて、名前を強度の地帯に同一化することであり、この同一化は、さらにより強度な別の地帯に向けて出発をうながす。それはまた、まったく別の移動を開始させる任意の刺激であり、また別の突破口や別の運動を準備する鬱積であり、そこでもはや私たちは母に出会うのではなく、処女マリアに、神に出会うのだ。かくて私は、三度も勝利者としてアケロンの流れをわたった。こうして分裂者は、すべてが母に還元されることを受けいれるであろう。そんなことはもうどうでもいいからだ。すべてを母から由来するものとすること、そして母から、その秘密の用法として、あらゆる処女マリアを取り出すことは確かに可能である。ひとはただすべての処女マリアを、母の中に閉じ込めていたのだ。

すべてが神経症に変換され、あるいはすべてが精神病に向けて放出されることになる。だから、問題の立て方を変えなければならない。神経症に対してはオイディプスによる解釈を持続し、精神病に対してはオイディプス外の説明を保存するのは、正確とはいえない。二つの集団が存在するのではなく、神経症と精神病との間に本性上の差異は存在しないのだ。なぜなら、いずれにしても原因を構成するのは、欲望的生産なのだから。オイディプスを破壊し、あるいは沈没させる精神病的転覆にしろ、オイディプスを構成する神経症的共振にしろ、これらの最終的原因は欲望的生産なのだ。このような原理は、これを「現働的因子」の問題に関係づけてみれば、その意味の全貌が見えてくる。精神分析の最も重要な点のひとつは、神経症の場合においてさえ、これらの現働的因子の役割を、家族的幼児的因子から区別されるものとして評価したことである。あらゆる重大な内紛は、この評価に関係していた。そして、いくつかの側面に難題があった。まず、こうした現働的因子の本性はどんなものか（身体的なのか、社会的なのか、形而上学的なのか。精神分析の中に、性を離脱したじつに純粋な観念論を再導入した、あの名高い「生の諸問題」なのか）。第二に、こうした現働的因子の様態はいかなるものか。これは単なる欲求不満によって、否定的、排他的な仕方で作用するものか。最後に、これが作用する瞬間、時期はいつなのか。家族的コンプレックスによって十分説明されていた幼児的なもの、つまり最も古い因子に対して、現働的因子は事後に生起し、「最近」のものを意味することは、自明ではなかったか。ライヒは欲望を社会的生産の諸形態と関連させ、このことによって、同時に現働的神経症でないような精神 - 神経症は存在しないことを証明することに執着したが、このライヒのような著者さえも、現働的因子を、抑制的な剝奪として作用するもの（「性的鬱積」）、事後に生起するものとして説明し続けている。だからライヒは、いわば流布したオイディプス主義を主張し続ける。なぜなら、鬱積あるいは排他的現働的因子は神経症のエネルギーを規定しているだけであって、それ自体は、オイディプス的幼児的葛藤に帰する内容を規定しているものではないからである。このかつての葛藤は、現働的な鬱積によって再び活性化されるのである。(54) ところが、オイディプス主義者たちは、現在の欠乏や欲求不満は、より古い内的な質的葛藤の只中においてのみ体験されうると指摘しているとき、別のことをいっているのではない。この古い葛藤は、現実によって禁じられている道をふさぐだけではなく、現実が開いたままにしていた道をもふさいでしまい、ついで自我はそれをみずからに禁じてしまう（これが二重の袋小路の定式である）。現働的神経症の図式を説明する「実例が見つかるだろうか」。「囚人あるいは強制収容者、あるいは仕事に疲れはてた労働者の中に？　彼らが多くの実例となるかどうか、それは確実ではない……。私たちの一貫した意図は、明細目録も作らないままに、世界の無秩序がどのようにして主観的な無秩序として浮上するのか明らかにする試みもしないままに、現実の明白な不正を認めたりはしないことである。たとえ、それが時間とともに、多少とも不可逆的な諸構造の中に登記されるとしても。」[55] 私たちはこの文章を理解するが、しかしこの文章に憂慮すべき調子を見いださざるをえない。それは、私たちに次のような選択を押しつけてくる。現働的因子は、まったく外的な排他的な仕方で把握されるのか（これは、不可能である）、それとも、それは必然的にオイディプスと関係する内的な質的葛藤の中に沈潜しているものなのか（オイディプス、それは精神分析が世界の不正から手を洗う泉である）。

もし私たちが精神分析の観念論的偏向を考察するならば、まったく別の路線の中において、現働的因子に、排他的かつ事後的な規定とは別の規定を与えようとする興味深い試みを見いだすことになる。例えばユングの場合は、見かけ上のパラドックスにおいて、二つの配慮が結びついて存在していた。つまり障碍の現在、現働性に執着しながら、さらには終わりのない治療を切り上げようとする配慮があり、またオイディプスよりも、前オイディプスさえよりも遠く、もっと先まで遡ろうとする配慮があった。――あたかも最も現働的なものは、最も根源的で、最も短く、そして最も遠くにあるかのように。[56]ユングは、原型を、転移においてまさに家族的イメージを逸脱する現働的因子として、またもっと限りなく古い古代的因子として提案している。それは幼児的因子そのものとは別の古代性である。と同時にアルカイックな因子でもある。しかし、これによって何も達成されはしなかった。なぜなら現実的因子が排他的でなくなったとしても、〈理想〉の権利を享受するということが条件であり、事後的なものであることをやめたとしても、それがある彼岸になることが条件であったからだ。彼岸は、オイディプスに分析的に所属するのではなく、オイディプスによって、神秘的に意味されなければならないのである。したがって、必然的に〈事後〉が、時間性の差異のなかに再導入される。これはユングの提唱する驚くべき配分が示しているとおりだ。すなわち、家族や愛を問題にする若者のためにはフロイトの方法。社会的適応を問題にする、それほど若くない人びとにはアドラー。そして、〈理想〉を問題とする大人や老人のためにはユング……。[57]私たちは、フロイトとユングとの間に何が共通のこととして残っていたか見てきた。いつも神話を用いて測られる無意識がそれである（つまり生産の単位を用いて測られているのではない）。もっとも、この二人において測定基準は、まったく相反する方向にあった。しかし道徳や宗教がオイディプスの中に分析的退行的意味を見いだすか、それともオイディプスのほうが道徳や宗教の中に神秘的予見的意味を見いだすか、そんなことは結局どうでもいいことではないか。

私たちが言いたいのは、神経症であれ、精神病であれ、障碍の原因は、常に欲望的生産の中にあり、欲望的生産と社会的生産の関係の中にあり、この二つの生産の体制の差異あるいは葛藤、欲望的生産が社会的生産に対して行う備給の様式の中にあるということである。この関係、この葛藤、これらの様相の中に入るものとしての欲望的生産、まさにこれが現働的因子である。だから、この因子は排他的ではなく、事後的でもない。この因子は、欲望の充実した生を構成するものとして、最も優しい子供時代と同時代に属し、一歩歩むごとに、それをともなっている。この因子は、オイディプスの後に出てくるのではない。どんな点でも、オイディプス的組織を前提しないし、前オイディプス的前組織も前提としない。逆に、オイディプスの方が、任意の価値をもつ刺戟として、欲望的生産の非オイディプス的組織を幼年期から作動させる単なる誘導子として、また社会的再生産が家族を通して欲望的生産に強いる抑制－抑圧の効果として、現働的因子に依存している。だから現働的 actuel と名づけるのは、より最近 のことを示すからではなく、古いもの や幼児的なものに対立するからでもなく、「潜在的」virtuel なものとは異なるものを示すからである。そして潜在的なものとは、オイディプス・コンプレックスなのである。それは現働的因子から派生した効果として、神経症的形成において現働化されなければならないものであり、またこの同じ因子の直接的効果として、精神病的形成において解体され解消されなければならないものである。まさにこのような意味で、〈事後〉の観念は、精神分析の理論と実践における最終的な誤謬推理であるように、私たちには思われた。能動的な欲望的生産は、その過程そのものにおいて、始めから、身体的、社会的、形而上学的な諸関係の総体を備給するのであり、これらの諸関係はオイディプス的な心理学的諸関係の後に続くものではない。むしろ逆に、これらの諸関係は、反作用によって定義されるオイディプス的下部集合に適用され、さもなければ、この下部集合を自分自身の活動の備給野から排斥するのである。決定不可能なもの、潜在的なもの、反作用的あるいは反動的なもの、それこそがオイディプスである。それは反動的形成でしかない。欲望的生産に対する反動的形成なのである。だから、この形成をそれ自体として、抽象的に、現働的因子と無関係に考察するのは重大な誤りである。現働的因子はこの反動的形成と共存し、この形成はそれに対して反動的にふるまうのだ。

ところが、精神分析がオイディプスの中に閉じこもり、オイディプスに関連させて、あるいはまさにオイディプスとの関係において、前進や退行を規定するとき、精神分析はまさにこのような誤りを犯しているのだ。ここから前オイディプス的退行という観念が生じ、ときにはこの観念によって精神病を性格づける試みが行われる。それは、浮沈子のようなもので、退行と前進は、人為的に閉じられたオイディプスの器の内部でだけ起るのだが、実際には非オイディプス的な欲望的生産において変化し、しかもたえず現働的で同時的な諸力の状態に依存している。欲望的生産は、現働的な存在以外の存在をもたない。発達と退行は、単にひとつの潜在性が実現されることにすぎず、潜在性は欲望の状態によって、常に、可能なかぎり完全にみたされている。大人であれ、子供であれ、分裂症者たちとの間に、現実に生き生きした直接的関係を打ちたてることのできた稀有な精神医学者や精神分析家の間にあって、ジズラ・パンコウとブルノ・ベッテルハイムは、理論の力と臨床的有効性によって新しい道を切り開いている。この二人とも退行の観念を批判しているのは、偶然ではない。ひとりの分裂症者にほどこされた身体的治療の例、マッサージ、水浴、湿布などを取りあげて、ジズラ・パンコウは、いったい問題は患者の退行に狙いを定めることであるかどうか問うている。これによって、間接的な象徴的充足を与え、発達との関係を回復すること、発達の歩みを再開することが問題なのかどうか。そこで彼女はいうのだ。「分裂症者が赤ん坊のときに受けなかったもろもろの介護を与えること」が問題なのではない。「そうではなくて、患者に触覚的な身体感覚や、またその他の感覚を与え、彼が自分の身体の限界を認知するようにすることが問題なのである……。無意識的な欲望の認知が問題なのであって、欲望の満足が問題ではない」[58]と。欲望を認知するということは、まさに器官なき身体の上で、欲望的生産を再び作動させることである。分裂者は、まさにこの点で自己を折りたたみ、欲望的生産を沈黙させ窒息させていたのである。欲望のこのような認知、欲望のこのような措定、その〈記号〉は、現実的かつ現働的な生産性の秩序に帰属するもので、これは間接的象徴的な充足とは異なるものであり、停止しているにしろ、作動しているにしろ、前オイディプスへの退行とも、オイディプスの前進的な復権とも、区別されるものである。

第九節　プロセス

神経症と精神病の間には、本質や種類や集団として差異があるわけではない。精神病と同じく、神経症もオイディプスによって説明することはできない。むしろ、その逆で、神経症のほうがオイディプスを説明するのである。それなら神経症－精神病の関係はどのように考えたらいいのか。これは、別の関係に従属しているのではないか。私たちが精神病をプロセスそのものと呼ぶか、それとも逆にプロセスの中断と呼ぶかにしたがって、すべては変ってくる（そしてこれは、どのような種類の中断なのか）。プロセスとしての分裂症は欲望的生産であるが、それは限界における欲望的生産であり、資本主義の諸条件において規定された社会的生産の極限にある。それは私たち現代の人間に属する「病」である。歴史の終末は、別の意味をもっているのではない。ここでプロセスの二つの方向が合流する。自分自身の脱領土化を果てまで進める社会的生産の運動と、新しい〈大地〉に欲望を導き再生産する形而上学的生産の運動という二つの方向である。「砂漠が拡大する……、兆候は接近している……。」分裂者は、脱コード化したもろもろの流れを導き、これらの流れに器官なき身体の砂漠を横断させ、この荒地に自分の欲望機械をすえつけ、能動的な諸力のたえざる流出状態を生みだすのである。分裂者は、欲望の生産をいつも社会的生産の周縁において、接線的なもの、つねに遠ざけられるものとして維持する境界、または裂開をのり越えたのである。分裂者は、出発することを知っているのだ。彼は、生まれること、そして死ぬことと同じくらい出発を単純なものにしてしまったのだ。ところが、同時に、彼の旅は奇妙にもその場での旅である。分裂者は他の世界については語らないし、他の世界に属してもいない。たとえ空間の中を移動するとしても、それは強度の旅であり、その場に設置され、その場にとどまる欲望機械の周りをめぐる。なぜなら、まさにそこが、私たちの世界によって拡げられる砂漠であり、新しい大地であり、うなりをあげる機械でもあって、分裂者たちは、新しい太陽をめぐる遊星たちのように、この機械のまわりをまわるからである。こうした欲望人たち（それとも、こうしたひとたちはまだ現実には存在してはいないのかもしれない）は、ツァラトゥストラのようなものである。彼らは、信じがたい苦悩、めまい、病を経験している。彼らは、彼らのスペクトルをもっている。彼らは、たえず新たに身振りを生みださなければならない。まさしく、このような人間は、自由で無責任な、孤独で陽気な人間として生み出され、やっと自分自身の名において単純なことを語り、そして行う。誰に許可を求めることもなく、欲望には何も欠けたものがなく、流れは障碍やコードをのり越え、名前はもはやどんな自我も指示しない。彼はただ、狂人になることを恐れるのをやめたのである。彼はもはや彼を冒すことのない崇高な病としてみずからを生きる。この場合、精神科医はいかなる価値をもつのか。もちうるのか。精神医学全体の中で、ただヤスパースとその次にレインだけが、プロセスが何を意味するのか、プロセスの完成とは何か、理解していたのだ（だからこそ彼らは、精神分析と精神医学の温床である家族主義を逃れることができた）。「もし人類が生きのびるとすれば、私の想像するところ、未来の人間たちは、私たちのかがやかしい時代を、まことに蒙昧の世紀とみなすことだろう。彼らは、おそらく、この状況の皮肉さを私たちよりももっと楽しんで味わうことができるかもしれない。彼らは私たちを笑うことだろう。彼らは気づくだろう。私たちが分裂症と呼んでいたものは、しばしば、きわめて普通のひとたちを媒介にして、私たちの閉ざされた精神の裂け目に光がさし込み始めた形態のひとつであったのだ、と……狂気は必ずしも崩壊 break down ではない。それはまた突破口 break through でもありうる……。自我の喪失という超越論的経験をした個人は、さまざまな仕方で、均衡を失うことがあるかもしれず、ないかもしれない。そのとき彼は狂人とみなされるかもしれない。たとえ私たちの世界では、狂人と病者という二つの語が相補的になっているとしても、狂人であることは必ずしも病んでいることではない……。私たちの精神の擬似的な健全さという出発点から見れば、すべては曖昧である。私たちのこの健全さは、真の健全さではない。狂気といわれる人びとは、真に狂気ではない。私たちの患者たちの狂気は、破壊の産物であって、私たちが彼らにこれを押しつけ、また彼らが彼ら自身に押しつけているのだ。本当の狂気に出会うことも、本当に精神的に健全であることも、想像さえできないのだ。私たちが患者において直面している狂気は、こうした奇妙な統合作用からの自然的な治癒であるかもしれない事態の粗雑な擬装であり、単なる見せかけであり、グロテスクな戯画なのである。精神の真の健全さとは、何らかの仕方で、正常な自我の解体を前提としているのだ……。」(59)

ロンドンへの訪問は、神託をうかがう巫女の訪問である。そこにはターナーがいる。彼の絵を見ながら、私たちは、壁を越えるということの意味を理解する。それはしかし、とどまって流れを開放することであり、流れが私たちをどこか別のところに連れて行くか、それとも、私たちの方に逆流してくるか、わからないままである。数々の絵が、三つの時代にわたって並んでいる。もし精神医学がいうべきことをもっているなら、最初の二つの時代について語ることができるかもしれない。これはじつは、まったく理性的な時代なのだ。初期の作品は、世界の終りの破局、なだれと嵐である。ターナーは、ここから始めるのだ。第二の時代の絵は、錯乱的な再構築のようなもので、ここで錯乱は隠れている。あるいはむしろ、プッサンやロランやオランダの伝統から受けついだ高度の技術と対になっている。世界は、近代的な機能をもった古代趣味を通して再構築されている。ところが、第三の絵、ターナーが公開することなく秘密にしていた一連の絵の水準において、比較を絶する何かが起きる。ターナーは、まったく時代に先んじていたということさえできない。どんな時代にも属さないもの、永遠の未来から私たちに到来するもの、あるいは永遠の未来へと逃れてゆくもの、そういう何かがある。キャンバスはキャンバス自身の中に潜り込み、淵、湖、炎、竜巻、爆発に貫かれる。それ以前の絵のもろもろの主題を、ここにも見いだすことができるが、それらの意味は変ってしまった。キャンバスは、それを貫くものによって、文字通り破られ引き裂かれる。強力な、強度の靄と金の地だけが、まだ残っていて、大きさにおいてそれを引き裂こうとするものによって、深みにおいて横断される。これはまさに裂開なのだ。すべては靄となり、まさにそこに突破口が生み出される（崩壊ではなく）。

　英米文学という奇異なもの。トマス・ハーディ、ロレンスからローリーへ。ミラーからギンズバーグやケルアックへ。人びとは出発し、コードを混乱させ、流れを開放し、器官なき身体の砂漠を横断することを知っている。彼らは境界を越え、壁をうがち、資本主義の柵を粉砕する。そして確かに彼らはプロセスの完成には失敗することがあり、失敗を続ける。神経症の袋小路はまた塞がってしまう。――オイディプス化の働きをするパパ－ママ、アメリカ、故国への回帰、――あるいはエキゾチックな領土性の倒錯、そして麻薬、アルコール、――あるいはもっと悪いことには、ファシズムの古めかしい夢。錯乱が一方の極から他方の極へと、これほどゆれ動いたことはいまだかつてなかった。しかしもろもろの袋小路や三角形を貫通して、分裂症の抵抗しがたい流れが、精子、大河、下水が流れる。膿漏あるいは言葉の洪水は、コード化されることがなく、リビドーはあまりに流動的、あるいは粘着質である。統辞法への暴力、シニフィアンの一致団結した破壊、流れとして打ちたてられた無意味、あらゆる関係に忍び込む多義性。文学の問題が、文学の内包するイデオロギーや、社会秩序による文学の回収という点から提起されるのは、何という誤りだろう。人間は回収されても、作品は回収されないで、眠れる新生代の若者をいつも目覚めさせることだろうし、その炎をさらに遠くに波及させるだろう。イデオロギーとは、最も混乱した観念である。なぜなら、イデオロギーは文学機械と生産野の関係を捉えることを妨げ、発信された記号が「内容の形式」を突破する瞬間を捉えることを妨げるからだ。「内容の形式」は文学機械をシニフィアンの秩序の中に保持しようとしていたのである。しかしずっと以前に、エンゲルスはすでにバルザックに関して、ひとりの著者がいかに偉大であるか示していたのだ。なぜなら、自分自身の作品のカトリック的専制的なシニフィアンを引き裂き、必然的に地平線に姿を現わす革命機械を育てるもろもろの流れを交通させ、流出させることを、彼は自らに禁じえないからである。文体とはまさにこのようなものである。あるいはむしろ、これは文体の不在、反統辞法、反文法なのだ。このとき言語は、もはやみずからの言うことによって定義されるのではなく、みずからをシニフィアンにするものによってはなおさら定義されず、むしろ言語を流れさせ、あふれさせ、爆発させるもの——つまり欲望によって定義される。なぜなら文学とは、まったく分裂症のようなものであるからだ。それはプロセスであって目標ではなく、生産であって表現ではないからだ。

　文学が既成の秩序に合致し、誰にとっても無害な消費対象に還元されてしまうとき、そこでもまたオイディプス化が最も重要な因子のひとつとなっている。問題は、著者とその読者の個人的なオイディプス化ではなく、オイディプスの形式なのである。ひとは作品そのものをこの形式に隷属させ、これをマイナーな表現的活動にしてしまう。このような表現的活動は、支配的な社会的コードにしたがってイデオロギーを分泌するのである。このようにして、芸術作品はオイディプスの二つの極の間、問題と解決、神経症と昇華、欲望と真理の間に登録されるものとみなされることになる。——一方の極は退行的で、そこで芸術作品は幼年期の未解決の葛藤をかきまぜ再配分する。他方の極は先見的で、そこで芸術作品は人間の未来にかかわる新しい解決の道を発明する。作品が「文化的対象」となるのは、作品の内部における転向による、などといわれる。この観点からすると、精神分析を芸術作品に適用する余地はない。なぜなら芸術作品そのものが成功した精神分析であり、集団の典型的な潜在性とともに崇高な「転移」をとげているからである。偽善的な警告が聞こえてくる。ほんの少しの神経症は、芸術作品に効きめがある。それはよい材料である。しかし、精神病はだめだ。もってのほかだ。私たちは、ときには創造的な働きをする神経症的様相と、疎外的、破壊的な精神病的様相とを区別する……。あたかも、文法や統辞法を突き破り、あらゆる言語活動を欲望に変えることのできた偉大な声が、精神病の深みから語ったことなどなかったかのように。またその声が、明らかに精神病的な革命的逃走の拠点を示したことなどなかったかのように。確立された文学をオイディプス的な精神分析と対面させることは、正しいのである。なぜなら、こうした文学は、自分自身に固有の超自我の形式を繰り広げているのであって、この超自我は、書かれない超自我よりも、ずっと有害なのだ。実際オイディプスは、精神分析的である前に文学的である。アルトーに対してブルトン、レンツに対してゲーテ、ヘルダーリンに対してシラー、こういう人物たちが常に存在して、文学を超自我化し、私たちにこう語る。用心せよ。やりすぎるな。「如才なさを欠いては」ならない。ウェルテルはいいが、レンツはだめだ！　文学のオイディプス的形式は、商品の形式なのだ。こうした文学よりも、精神分析の方がまだしも誠実であるといってもよい。というのも、神経症患者自身は、孤独で、無責任で、読解不可能な、売れない作品を書き、読まれるため、あるいは翻訳され、省略されるためにさえ、逆に費用を払わなければならないからである。彼は、少なくとも経済的な過ちを、如才なさとは反対の過ちを犯すにすぎず、彼自身の価値を伝染させようとはしない。アルトーはいみじくもこういっていた。あらゆるエクリチュールは汚ならしい。——つまり「存在とその言語の糞を掘り進み」、痴呆や失語症者や文盲たちを引きつれてゆくプロセスであるかわりに、ただ自分自身を目的とし、目的を定めるだけのあらゆる文学のことである。少なくとも、私たちを昇華させるなんて、やめてほしい。すべての作家は、身売りしている。ほんとうの文学とは、小包に爆弾を仕掛け、贋金を作り、自分の表現形式における超自我と、内容形式における商品価値を爆破するものである。ところが、こう答えるものがある。アルトーは文学なんかじゃない。彼は分裂症者であるから、彼は文学の外にいる。こう答えるものもある。彼は分裂症者ではない。なぜなら、彼は文学に属し、しかも最も偉大な、文字通りの文学に属しているからだ。少なくともこの人びとは両方とも、分裂症について同じように稚拙な反動的な考え方をし、また文学について同じように神経症的で商業的な考え方をしているという点で共通している。ある悪意のある批評家がこう書いている。「アルトーの言語が分裂症者のそれであると断言するということは」、シニフィアンについて何も理解しないことである。「精神病患者は、意志をもたず、拘束され、隷属する言葉を生み出すにすぎない。したがって、それは、あらゆる点において、作品のエクリチュールとは反対のものである」と。しかし、テクストをめぐるこの巨大な復古主義とは、つまりシニフィアンとは、いったい何なのか。それは文学を去勢の刻印に隷属させ、オイディプス的形式の二つの様相を神聖なものにしているにすぎない。精神病患者の言葉は、「意志をもたず、拘束され、隷属する」ものであると、この悪意ある批評家に語ったのはいったい誰なのだ。かといって、これのまったく逆が正しいわけでもない、ありがたいことに。そうではなくて、こうした対立そのものが、奇妙にもほとんど有効ではないのだ。アルトーは精神医学を粉砕する。それは、彼が分裂症でないからではなく、まさに分裂症であるからなのだ。アルトーは文学の完成である。それは、彼が分裂症でないからではなく、まさに分裂症者であるからなのだ。ずっと以前に、彼はシニフィアンの壁を突破したのである。〈分裂者〉アルトーは。みずからの苦悩と栄光の奥底から、アルトーはこの社会が、欲望の流れを脱コード化しつつある精神病患者に対してする仕打ちを告発する（「社会による自殺者、ヴァン・ゴッホ」）。またこの社会が文学に対してする仕打ちをも告発する。社会は、神経症的あるいは倒錯的再コード化の名において、文学を精神病に対立させるのである（ルイス・キャロル、あるいは「文芸」を標榜する卑怯者）。

この壁あるいはこの境界線、レインのいうその「突破口」を見いだすものは、ほんのわずかしかいない。ところが彼らは「まったく普通のひとたち」なのだ……。しかし、大部分の人びとは壁に近づき、怖気づいて後退する。むしろ再びシニフィアンの法のもとに落ちつき、去勢の刻印をうけ、オイディプスの中に三角形化されることを選ぶ。したがって彼らは境界線を移動させ、社会組織体の内部に、つまり彼らが備給する社会的生産および再生産と、家族的再生産との間に移すのである。彼らはあらゆる備給を、家族的再生産に折り重ね、それに合致させるのだ。彼らは、オイディプスによって規定された領域の内部に、つまりオイディプスの二極の間に、境界線を移行させるのだ。彼らは、この二極の間でたえず退縮し、あるいは進化する。最後の岩としてのオイディプスと空洞としての去勢、たとえ精神分析家のソファに還元されるとしても、これは最後の領土性なのだ。逃走し流出して私たちをどこかに連れていく欲望の脱コード化した流れよりもましというわけか。まさに境界線の移動が神経症にほかならず、それは自分自身のちっぽけな植民地を手に入れるためである。ところが別の人びとは、もっと現実にエキゾチックな処女地を、もっと人工的な家族を、もっと秘密な社会を欲し、こうしたものを倒錯の場において、壁にそって描き、打ちたてるのだ。ところが、さらに別の人びとは、オイディプスの道具性にも、倒錯の粗悪品や審美主義にもうんざりして、時には極限の暴力をもって壁を攻撃し、壁に体当りする。そして、彼らは動かなくなり、沈黙し、器官なき身体の上に自らを折り畳む。これもやはりひとつの領土性であるが、しかしまったく不毛な大地であり、この上であらゆる欲望的生産は停止し、あるいは凝固し、あるいは停止するように見える。これがまさに精神病である。これらのカタトニーの身体は、鉛のように河の中に沈んだ。再び表面に浮かんでこない巨大な不動の河馬のように。神経症を作りだす抑制‐抑圧の体系を逃れようとして、これらの身体は、むしろ全力で根源的抑圧に身を委ねたのだ。ところが、もっとむきだしの抑制がこの身体におしよせて、この身体を病院の分裂者と同一化することになる。つまり、あの偉大なる自閉症患者、オイディプスを「欠く」臨床実体と同一化するのだ。一方では壁を越えるプロセスを指示するため、他方では境界線に衝突し、永遠にこれと格闘するプロセスの結果を指示するため、どうして同じ分裂者という語が使われるのか。思いもかけない突破や起りうる崩壊と、これらの間の移行や錯綜を、同時に指示しようとするからだろうか。要するに、先にふれた神経症、倒錯、精神病という三つの危険な試みの中で、精神病のそれは、ヤスパースが説明しているような意味において、プロセスと最も親密な関係をプロセスと最も親密な関係を結んでいるのだ。ヤスパースによれば、通常は抑制‐抑圧されている「悪魔的なもの」が、ある状態に乗じて出現したり、一定の状態を喚起して、この状態が、たえず悪魔的なものを、崩壊や解体に追い込む恐れがある。病気はプロセスの擬装あるいは戯画にすぎず、プロセスこそが真に狂気と呼ばれるべきなのか、それとも、病気の方が唯一の狂気であり、プロセスは私たちをこの狂気から癒すはずなのか、もはや私たちには分らない。しかし、いずれにしてもプロセスと病気の親密な関係は、直接に逆比例するものとして現われる。つまり生産プロセスがその流れを逸脱し、急激に中断されるなら、臨床実体としての分裂者はますます特別な産物として出現してくることになる。だからこそ、逆に、私たちは神経症と精神病との間に、どんな直接的な関係も確立することはできなかった。神経症、精神病、また倒錯、これらの関係は、プロセスに対するそれぞれの状況に依存し、またそれぞれがプロセスの中断の様態をいかに表象するか、その仕方に依存する。それはすなわち残滓の大地であって、欲望の脱領土化した流れに巻き込まれないように、ひとはまだこれにしがみつくのだ。オイディプスの神経症的領土性、人工の倒錯的領土性、器官なき身体の精神病的領土性がある。ときにプロセスは罠にはまり、三角形の中で空転する。ときにプロセスは自分自身を目的と考える。ときにプロセスは自分自身を追い続け、自分を完成するかわりに恐るべき悪化を招く。これらの形態のそれぞれの根底には分裂症がある。プロセスとしての分裂症こそ、唯一の普遍性なのである。分裂症とは、壁であり、壁の突破口であり、同時にこの突破口の挫折でもある。「いかにしてこの壁を貫くべきなのか。というのもこれを強く叩いても、何にもならないからだ。この壁を掘り進み、やすりで壁を貫かなければならない。私の考えでは、ゆっくりと辛抱強くなければならない。[60]」だから最終的問題は、単に芸術あるいは文学ではない。なぜなら芸術機械、分析機械、革命機械が、たがいに非本質的な外面的な関係の中にとどまって、抑制－抑圧の体系の、消耗した枠の中で作動するままなのか、それとも、これらの機械は、唯一の同じ欲望機械を動かす流れの中で、たがいに部品となり歯車となり、普遍的な爆発を起すために、辛抱強く点火される局地的な炎となるのか、それが問題なのだ——それは裂開であって、シニフィアンではない。

第三章　未開人、野蛮人、文明人

第一節　登記する社会体

普遍的なものとは、最後に器官なき身体と欲望的生産として存在し、見たところ勝利者である資本主義によって規定される諸条件の下にあるとすれば、私たちはどうして無邪気に普遍的歴史を語ったりできるだろう。欲望的生産は、始めから存在しているものでもある。社会的な生産および再生産が存在したときから、欲望的生産はもう存在している。しかし、資本主義以前の社会的機械は、きわめて厳密な意味で、欲望に内属しているということも確かである。これらの社会的機械は、欲望をコード化し、欲望の流れをコード化する。欲望をコード化すること――、そして脱コード化される流れに対する恐れや不安――、これがまさに社会体の関心事である。後に見るように、資本主義自体は、唯一の社会的機械であり、このようなものとして、脱コード化された流れの上に構築され、それはもろもろの内在的コードのかわりに、貨幣の形態をもつ抽象的量の公理系を設けるのである。それゆえ資本主義は、欲望の流れを解放するが、しかしそれは資本主義の限界とそれ自身の解体の可能性を規定する社会的条件の中にある。したがって、資本主義は、自分をこの極限に駆りたてる運動を、いつも全力をふるって阻もうとする。資本主義の極限において、脱領土化された社会体は器官なき身体に場を譲り、脱コード化された流れは、欲望的生産の中に流れ込むのである。だから、マルクスが定式化した諸規則にそのまましたがうならば、資本主義の光に照らして、歴史全体を回顧的に把握することは、正しいのである。まず、世界史は、もろもろの偶発的出来事の歴史であって、必然性の歴史ではない。切断と極限の歴史であって、連続性の歴史ではない。というのも、流れがコード化を逃れ、また逃れつつも、資本主義的社会体として規定しうるような新しい機械を構成するためには、他のところで、また以前に生じえた、あるいは決して生じえなかった大いなる遭遇が、驚くべき遭遇が必要であったからだ。つまり、私有財産と商品生産とがめぐりあうという遭遇である。ところが、この二つは、私有化と抽象化によって、きわめて異なる脱コード化の二形態として現われてくるものだ。あるいは、私有財産そのものの観点からいえば、資本家たちの所有する転換可能な富の流れと、ただ自分の労働力しか所有しない労働者たちの流れとの遭遇が必要であった（ここにも、はっきり区別される二つの脱領土化の形態がある）。ある意味で資本主義は、あらゆる社会形態につきまとってきたが、しかし、それは恐るべき悪夢として、恐慌的な恐れとしてつきまとうのである。この社会形態自身が、みずからのコードを逃れてゆくある流れに対して悪夢や恐れをいだいている。ところが一方、資本主義が普遍的歴史の条件と可能性を規定するということが真実であるとすれば、それは資本主義が本質的に自分自身の極限、つまり自分自身の破壊に到達するものであるからである。すなわち、マルクスが語るように、資本主義が自分自身を批判することができるからである（少なくともある点に至るまでは。たとえ傾向に反対する運動そのものにおいてであろうと、そこに極限が現われる……）(1)。要するに、普遍史は、単に回顧的なものではなく、偶発的なもの、特異なもの、皮肉なもの、批判的なものである。

欲望と生産の未開の原始的統一体とは、大地である。なぜなら大地はただ分割される多様な労働対象ではなく、また不可分な唯一の総体でもあり、自然的あるいは神的な前提として、生産諸力の上に折り重なり、生産諸力を自分のものとして所有する充実身体なのだから。土地は生産の要素であり、所有の結果として存在するが、大地は、生み出されることなく、始めから存在する大いなる鬱積であり、土地の共同的な所有と使用を条件づける生産よりも上位の要素である。〈大地〉という表面に、生産のあらゆる過程が登記され、労働のもろもろの対象、手段、力が登録され、生産の代行者や生産物が分配される。ここで〈大地〉は、生産の準原因として、欲望の対象として現われる（この〈大地〉の上で、欲望と欲望それ自体の抑制が結びつく）。したがって大地機械は、社会体の最初の形態であり、原始的登記の機械であり、社会野を蔽う「メガマシン」である。大地機械は、もろもろの技術機械と同じものではない。技術機械は、手動的といわれるような最も単純な形態においても、すでに、作動し伝達しあるいは動力として働きさえもする非人間的な要素を含んでいる。この要素は、人間の力を拡張し、ある意味で人間を解放する。これとは逆に、社会的機械は人間を部品として扱う。たとえ、人間を彼らの使う機械とともに考察し、作動、伝達、動力のあらゆる段階において、彼らをひとつの制度的モデルの中に統合し内部化するとしても。こうして社会的機械は記憶を形成することになる。このような記憶なしには、人間とその（技術的）機械との共働はありえないだろう。技術的機械は、実際、自分の過程を再生産する条件をそなえてはいない。この機械は社会的機械に帰属する。社会的機械は、技術機械を規定し組織するとともに、その発展を制限し抑止するのである。資本主義の到来によってはじめて、半ば自律的な技術的生産体制が見いだされる。この生産体制は、記憶と再生産を掌握することをめざし、これによって人間を搾取する形態を変容させる。ところが、まさにこの生産体制は、以前の巨大な社会的機械の解体を前提としている。同一の機械が技術的機械であり、社会的機械であることは可能であるが、それは同じ様相においてではない。例えば、等質的な時間を計測する技術的機械としての時計と、標準的な時間を再現して都市における秩序を保証する社会的機械としての時計がある。だから、ルイス・マンフォードが、集合的実体としての社会的機械を指示するために「メガマシン」という語を創造するとき（彼は、この語の適用を、野蛮な専制君主機構に制限しているのであるが）、彼はまさに文字通り正しいのだ。「もし、ルウローの古典的定義を多少とも踏襲して、機械というものが堅固な要素の組み合せであり、それぞれの要素が専門的機能をもって人間の統制の下で作動し、これによって運動を伝達し労働を遂行するものと考えるならば、この場合、この人間の機械はまさに真の機械であった。(2)」社会的機械は、それが不動の動力を呈示し、さまざまな種類の切断を行うかぎりにおいて、あらゆる隠喩とは無関係に、文字通りひとつの機械なのである。切断とは、流れの採取、連鎖からの離脱、取り分の配分のことである。流れをコード化することは、こうしたあらゆる操作をともなう。これは社会的機械の最高の任務である。欲望と運命の包括的なシステムにおいて、生産の採取は連鎖からの離脱に対応し、そこからおのおのの成員にとっての残滓的な取り分が生じるからである。このシステムは、生産の生産、登録の生産、消費の生産を組織する。女たちと子供たちの流れ、羊の群れと穀粒の流れ、精子と糞と月経の流れ、何ひとつコードを逃れるものはない。原始的大地機械は、不動の動力である大地とともに、すでに社会的機械あるいはメガマシンであり、生産の流れ、生産手段の流れ、生産者と消費者の流れをコード化する。〈大地〉の女神の充実身体は、その上で、耕作可能な種、農業用具そして人間の諸器官を結合するのだ。

マイヤー・フォーテスは、期せずして、意味深い愉快な指摘をしている。「問題は、女たちの循環のそれではない……。女は、自分自身で循環する。女は、ひとの自由になるものではない。ところが、子孫に対する法律上の権利は、特定の人物の利益をめざして固定されている。(3)」じじつ、社会の交換主義的な発想の下に隠れている公準を、私たちが鵜呑みにすることは正しくない。社会は、まず、循環し循環させることを本質とする交換の場であるとはいえない。そうではなくて、それは登記の場としての社会体であり、記すこと、記されることを本質とする。循環が成立するのは、登記がそれを要求し、あるいはそれを可能にする場合だけである。このような意味で、原始大地機械の方式とは、器官に対する集団的な備給である。なぜなら、流れのコード化が行われるためには、これらの流れをそれぞれに生産し切断しうる諸器官そのものが、部分対象として囲まれ、構成され、社会体の上に配分され、固着しなければならないからである。仮面とは、まさにこのような器官の制度にほかならない。通過儀礼を行う社会は、身体のもろもろの断片を合成するのであって、それはつまり感覚器官であり、解剖学的部分であり、また関節でもある。何らかの状況や機会において、集団的に備給されている一器官を享受しない人びとに対しては、禁止が適用される（見てはいけない、話してはいけない）。数々の神話は、部分対象としての諸器官を讃え、これらと充実身体との関係を讃えているが、充実身体はこれらを拒み、あるいは引きつけるのだ。こうして女たちの身体には膣が釘づけにされ、男たちの間では巨大なペニスが共有され、肛門のない身体に独立した肛門が割りあてられる。大食いの小咄は、こう始まる。「口が死んでしまったとき、体の他の部分たちにたずねて、どの部分が埋葬を引きうけるか知ろうとした……」と。統一性は決して、固有の意味でも、「私的な」意味でも、人物の中にはない。そうではなくて、いもろもろの器官の接続、離接、連接を規定する系列の中にある。したがって幻想は、いつも集団の幻想なのである。器官に対する集団的な備給こそが、欲望を社会体に連結し、社会的生産と欲望的生産を、大地の上でひとつの全体の中に統合する。

私たちの現代社会は、逆に、もろもろの器官の大々的な私有化から始まったのであるが、これは、抽象化した流れの脱コード化に対応している。私有化されて社会野の外におかれることになる最初の器官は、肛門であった。まさに肛門が私有化にモデルを提供したのと同時に、貨幣は、流れの抽象化の新たな状態を表現していたのである。このことによって、精神分析が貨幣経済の肛門的性格を指摘してきたことは、相対的に真実なのだ。しかし「論理的な」順序は、次のようになる。まず抽象的量が、コード化した流れにとって代わる。ついで、肛門のモデルにしたがって、諸器官からの集団的な脱備給が起きる。諸器官の個別的中心として、また抽象的量から派生した諸機能として、私的人物が構成される。さらに私たちの社会において、ファルスが、男女両性の人物に欠如を分配し、オイディプス的三角形を組織する離脱した一対象の位置を占めたとすれば、肛門こそが、このようにしてファルスを離脱させ、また肛門こそが、ファルスを構成する一種の止揚 Aufhebung によって、ペニスを運び出し昇華してファルスを構成する、とさえいわなければならない。昇華は、肛門性と深く結びついているが、これは肛門性に別の使用法がなく、昇華すべき質料を供給するという意味ではない。肛門性は、最も高いものに変換するべき最も低いものを表わしているのではない。肛門そのものが、一定の条件において高いものに移行するのであって、肛門が社会野の外におかれることをめぐって、私たちはこの条件を分析しなければならず、これは昇華を前提としてはいない。逆に、昇華がこの条件に由来するからだ。肛門的なものが、昇華をめざしているのではなく、昇華という作用がまったく肛門的なのである。だから、昇華に対する最も単純な批判は、昇華によって私たちは糞の外に出ることができないということである（精神だけが、糞をする能力をもっているのだ）。肛門性は、肛門からの脱備給が起きれば、それだけ拡大される。欲望の本質は、たしかにリビドーである。しかしリビドーが抽象的量となるとき、高められ脱備給した肛門は、包括的人物と特別な自我を生み出し、これらは、この同じ抽象的量の基準的単位となるのである。アルトーは、まさに言っている。「空の天井にぶらさがって死んだ鼠の尻。」ここからパパ－ママ－私の三角形が出てくる。つまり「凶暴な肛門の種違いの兄妹である父－母、子供」はそれのひとつの角でしかないのだ。あの「私という何ものかの上に、永遠にかぶさる一種の蔽い」と。オイディプス全体が肛門的であり、集団的な脱備給を償うために、ひとつの器官に対する個人的な過剰備給をもたらす。したがって、オイディプスの普遍性を最も熱心に擁護する註釈者たちでさえも、私たちの社会においてオイディプスを実現するメカニズムや態度が、原始社会には少しも見いだされないということを認めている。そこには、超自我もなければ、罪悪感もない。特定の私が包括的人物〔父と母〕に一致することはなく——いつも部分的な集団的同一化があるだけで、祖先たちの稠密に凝集した系列にしたがい、あるいは仲間や従兄弟たちの細分化した系列にしたがうのである。——集団的に備給された肛門が存在するにもかかわらず、あるいはむしろそのような肛門があるからこそ、肛門性は存在しないのだ。それならオイディプスを形成するものとして、いったい何が残っているのか。(4) 構造、つまりまだ実現されていない潜在性が存在するのか。まさに資本主義があらゆる社会につきまとうように、普遍的なオイディプスがあらゆる社会につきまとうと、考えるべきなのか。すなわち悪夢として、あるいは不安にみちた予感として。この悪夢、予感の対象とは、流れの脱コード化、諸器官からの集団的な脱備給、つまり欲望の流れが〈抽象的になること〉、器官が〈私的なものになること〉なのだ。

原始大地機械は流れをコード化し、器官にリビドーを備給し、身体に刻印する。大地に属する身体に刻印するというこの任務は、他のすべての任務を集約するもので、これに比べれば、循環し交換することは、まったく二次的な活動である。登録し登記する社会体の本質は、もろもろの生産力を自分に帰属させ、生産の代理者を分配するものであるかぎり、入れ墨をすること、切除すること、切りこむこと、切断すること、生贄にすること、手足を切断すること、囲むこと、秘伝を手ほどきすることである。ニーチェは、「習俗の道徳性を、または人類の最も長い期間にわたって、人間が自分自身に対して行ってきた真の仕事、人間の前史時代のあらゆる仕事を」定義したのである。この仕事とは、身体の四肢や部分に対して、権利上の力をふるう評価のシステムを確立することであった。罪人は単に集団的備給の秩序にしたがって、自分の器官を奪われるだけではない。食べられる人間は、牛を切り刻み分割する規則に劣らず厳密な社会的規則にもとづいて、食べられるだけではない。それにとどまらず、十分に権利と義務を享受するひとは、自分の器官や器官の働きを集団性に結合する体制の下で、全身に刻印される（器官の私有化が始まるのは、「人間が人間を前にして恥ずかしさを感ずる」ときからでしかない）。というのもこれは創設の行為であって、これによって人は生物学的な有機体であることをやめ、ひとつの充実身体、ひとつの大地となり、その上に諸器官が付着し、社会体のもろもろの要求に応じて吸引され、拒絶され、奇蹟を授けられる。器官は社会体の中で剪定され、流れは社会体の上を流れなければならない。ニーチェは言っている。肝要なのは人間に記憶を与えることだ、と。人間は、忘却という積極的な能力によって、生物学的な記憶を抑圧することによって人間となったのであるから、今度は別の記憶を身につけなければならない。それは集団的な記憶であり、物の記憶ではなく言葉の記憶である。効果の記憶ではなく、記号の記憶である。それは残酷のシステム、恐るべきアルファベット、身体にじかに記号を刻む組織化である。「おそらく、人間の前史時代を通じて、この記憶術よりも恐ろしく無気味なものは何もないとさえいってもいい……。人間が自分のために記憶をつくることが必要だと感じたとき、いまだかつて血の殉教や血の犠牲の拷問なしにすんだためしはなかったのだ。最も戦慄すべき生贄と最も醜悪な抵当、最も忌わしい切断。あらゆる宗教的礼拝の中で最も残酷な儀式が行われたのだ……。思想家たる民族を育てあげるには、地上でどれほどの苦難が払われたかは、もはや明らかであろう。(5)」人間の歴史を説明しようとして、何らかの暴力、または自然的な暴力が根拠とされることがあるが、〈残酷〉は、こうした暴力とは無関係である。〈残酷〉とは、文化の運動であって、これは身体において作動し、身体の上に刻まれ、身体をえぐる。残酷という言葉はまさにこのことを意味している。この文化は、イデオロギーの運動ではない。逆にそれは、欲望の中に力ずくで生産過程を挿入し、また反対に、社会的な生産と再生産の中に力ずくで欲望を注入する。というのも、死や罰や拷問さえもが欲望されるのであり、また生産過程でもあるからだ（運命論の物語を参照すること）。文化とは、人間あるいはその諸器官を、社会的機械の部品や歯車にすることである。記号とは欲望の措定であるが、最初の記号は大地的記号であり、身体の中にその標識を植えつける。肉そのものにこのように登記することを「エクリチュール」と呼ぼうとするなら、まさに言葉〔パロール〕はエクリチュールを前提としているといわなければならない。また、人間の言語活動を可能にし、人間に言葉の記憶を与えるのは、登記される記号の、あの残酷のシステムであるといわなければならない。

第二節　原始大地機械

領土性の観念が曖昧なのは、見かけのことでしかない。というのも、これを住居の原理または地理的分割の原理として理解するとすれば、原始社会的機械が領土的なものでないことは明らかである。ただ〈国家〉装置だけが領土的であろう。エンゲルスの定式によれば、〈国家〉装置は、「国民を細分するのではなくて、領土を細分し」、部族的組織を地理的組織に変えるものであるからである。ところが、親族関係が大地に優先するかに見えるところにおいてさえ、地域的な絆の重要性を示すことは容易である。つまり原始機械が住民を細分することがあっても、それはひとつの分割不可能な大地の上で行われ、そこにそれぞれの線分と他の線分との接続的、離接的、連接的関係が登記されるのだ（こうして、例えば線分の首長と大地の管理者との共存、そして補完性が成立する）。地所や住居の行政的組織によって、大地そのものにまで分割が及んでも、だからといって直ちに領土性が推進されているとは認められない。まったく逆で、それはむしろ、原始的共同体における最初の大きな脱領土化運動の結果なのである。ここで不動の動力としての大地の内在的統一性は、まったく本性の異なる超越的な統一性に、つまり〈国家〉の統一性に席を譲る。充実身体は、もはや大地の身体ではなく、〈専制君主〉の身体であり、〈生み出されることなきもの〉であり、いまや肥沃な土地を引き受け、また天からの慈雨と生産力のあまねき所有を引き受ける。それゆえ未開の原始的社会体こそまさに、厳密な意味で唯一の大地機械であったのだ。そして、原始大地機械の機能は、次のようなものだ。〈国家〉が存在する前に大地の身体の上で縁組と出自を活用変化させること、家系を活用変化させることである。

機械が活用変化の性格をもつのは、単に出自から縁組を演繹し、出自の血統からもろもろの縁組を演繹することができないからである。縁組とは、ひとつの家系に属する人びとを個体化する力をもつにすぎないとするのは、誤りであろう。むしろ縁組は、一般的な識別可能性を生みだすのだ。リーチは、じつに様々な婚姻制度の例をあげているが、私たちはこのことから、これらの婚姻制度に対応するもろもろの集団が出自を異にしていると結論することはできない。多くの分析において、「強調されるのは、単系の結束する集団内部の絆であり、あるいは共通の出自をもつ異なる集団の間の絆である。異なる集団の成員同士の結婚に由来する構造的絆は、ほとんど無視されてしまったか、でなければ、いまだに出自という普遍的概念の中に解消されてしまっている。こうしてフォーテスは、出自の絆に匹敵する重要性を縁組の絆に認めながらも、この縁組の絆を補足的親子絆という表現の下に隠してしまう。補足的親子絆という概念は、ローマ人たちが男系親族と女系親族の間にたてた区別を想起させるものであるが、本質的には次のことを意味している。すなわち、すべての個人は、自分の父と母の親族に結ばれており、それは彼がこの父と母の子孫であるからであって、この父と母とが結婚しているからではない……。（ところが）縦の絆は、異なる父系を横向きに結合することになるが、この絆は、土着の人びと自身によっては、出自による絆とは考えられていない。垂直構造の時間的連続性が適切に表現されることになるのは、父系の名が男系親族に伝達されることによる。しかし、父母という横の構造の連続性は、同じようには表現されない。横の構造の連続性は、むしろ債務者と債権者の間の経済的関係の連鎖によって維持される……。縁組関係という連続性を表わしているのは、こうした開かれた負債の存在なのである」[6]。出自は行政的かつ階層的であるが、縁組は政治的かつ経済的なのである。縁組は、階層秩序と異なり階層秩序から演繹されないという点で権力を表現し、行政と同一のものでないという点で経済を表現している。出自と縁組とは、いわば原始的資本の二つの形態なのだ。一方は固定資本あるいは出自のストックであり、他方は循環資本あるいは負債の可動的ブロックである。この二つの形態に、二つの記憶が対応する。ひとつは生物的な出自の記憶、もうひとつは縁組と言葉の記憶である。生産が、出自的離接の網目において、社会体に登録されるとすれば、労働の接続は生産プロセスから離脱して、登録の境域に移らなければならない。登録の境域は、〈準原因〉として、労働の接続を自分に所属させるのである。しかしこのことは、登録の境域のほうが、縁組の絆、つまり出自の離接と矛盾しない人物の接合〔婚姻〕という形式において、接続の体制を掌握してはじめて可能になる。まさにこのような意味で、経済は縁組を経由するのである。子供の生産において、子供は、父か母の離接的系譜にしたがって登記される。ところが逆にこれらの系譜は、父と母との結婚によって表わされる接続の仲介によってのみ、子供を登記するのである。だから、縁組が出自から派生することは、どんな場合にもありえないのであり、縁組と出自は、本質的に開かれたサイクルを形成している。このサイクルの中で、社会体は生産に対して作用し、また生産は社会体に反作用を及ぼす。

原始社会において親族関係が支配的であるとしても、それは経済的ならびに政治的因子によって支配的であるべく規定されている。マルクス主義者たちがこうした点に注意をうながしているのは、正しい。そして出自が、規定されていながら、支配的であるものを表わしているならば、縁組は、規定するものを表わしている。あるいはむしろ、規定された支配システムの中に、規定するものが回帰してくることを表わしている。したがって、本質的なことは、一定の領土の表面で、具体的に縁組はいかにして出自と組み合わされるのか考察することである。リーチはまさに、地縁一族という審級を明らかにしたのである。この系譜は、出自の系譜と区別され、小さい線分のレベルで作動する。すなわちこれは、同じ場所や近隣に住む人びとの集団であり、結婚を操作し、出自のシステムや抽象的な結婚集団よりもはるかに具体的な現実を形成するのだ。親族のシステムは構造ではなく、ひとつの実行、実践、手順、ひとつの戦略でさえある。ルイ・ベルトは、縁組と階層の関係を分析して、次のことを的確に示している。ある村が第三者として介入し、次のような成員間の婚姻関係を可能にするのだが、これは構造の厳密な観点からは、二つに分かれた成員の排他的離接によって禁じられていることなのだ。要するに「第三項は、文字通り構造的な一要素としてではなく、まさにひとつの手順として解釈されなければならない」(7)。精神において展開する構造と関係づけて、原始共同体における親族関係を解釈するとき、ひとはいつも、縁組を支配的な出自に従属させる大きな線分のイデオロギーに陥ってしまう。しかし、このイデオロギーは実践によって否認される。「不均衡な縁組システムにおいては、交換の一般化への、つまり交換のサイクルの閉鎖への根本的傾向が存在するのかどうかを問題にする必要がある。私は、ムル族の人びとに、このような問題を何ひとつ見いだすことはできなかった……。すべてのひとは、あたかも、サイクルの閉鎖によって生じるような補償などまったく知らないかのように行動し、債権者－債務者の行動を強調しながら、不均衡な関係を強化している。(8)」親族のシステムが閉じられたものとして現われるのは、ひとがこのシステムを経済的政治的な座標から切断するからでしかない。経済的政治的座標は、このシステムを開かれたものとして維持し、縁組はこれによって、結婚の階層と出自の系譜を調整するのではなく別のものと考えられることになる。

問題は、流れをコード化するあらゆる試みなのである。シニフィアンの連鎖と生産の流れがたがいに適応し、それぞれに結合することを、いかにして保証するのか。大いなる遊牧民の狩猟者は、もろもろの流れをたどり、それぞれの場で流れを汲みつくしては、また流れとともに移動する。彼は、加速的な仕方で自分の出自全体を再生産し、これを一点に集約するが、この一点によって、彼は祖先や神と直接の関係を維持するのだ。ピエール・クラストルは孤独な狩猟者の姿を描いている。この狩猟者は、自分の力そして自分の運命と一体となり、ますます素早い、変形された言語に自分の歌を投げ入れる。わたし、わたし、わたし、「わたしは力強い自然であり、怒れる攻撃的な自然である！(9)」。ここに狩猟者、すなわち叢林や森林の大いなるパラノイア人の二つの特徴がある。流れとともに現実に移動すること、神を直接の出自とすることである。要するに、遊牧的空間においては、社会体の充実身体があたかも生産に隣接しているようであり、それがまだ生産の上に折り重なってはいなかったということである。野営の空間は、森林の空間に隣接したままで、それはたえず生産のプロセスの中で再生産されるが、しかしまだこの生産のプロセスを自分のものとしてはいなかった。登記の外見上の客観的運動が、遊牧生活の現実的運動を抹殺してはいなかったのだ。しかし、純粋な遊牧民など存在しない。いつも、すでに野営地が存在し、そこでは、わずかでも貯蔵《ストック》すること、また登記し配分すること、結婚し食いつなぐことが問題なのである（クラストルは、グアヤキ族について、狩猟者と生きた動物の接続に続いて、野営地においては、死んだ動物と狩猟者の離接が、どのようにして出現するか、みごとに示している。この離接は、近親相姦の禁制に似ている。この場合、狩猟者は自分の獲物を消費することができないからである）。要するに、別の機会に私たちが明らかにするように、パラノイア人の後には、あるいはパラノイア人と同時に、常に倒錯者が現われるのだ。――ときには、同じ人物が二つの状況において現われる。叢林のパラノイア人、そして村の倒錯者というふうに。なぜなら社会体が固定して生産諸力の上に折り重なり、これらの力を自分のものにするときから、コード化の問題は、流れにおける移動と、連鎖における加速的な再生産との同時性によっては、もはや解決されないからである。流れは、もろもろの採取の対象となり、離脱によって、最小限のストックが構成されなければならない。シニフィアンの連鎖は、離脱すべき対象となり、離脱によって、最小限の媒介が成立しなければならない。ある流れがコード化されるためには、連鎖からの離脱と流れの採取とが対応して行われ、両方が結合し、一体とならなければならない。原始的領土性において結婚を操作している地縁集団のじつに倒錯的な活動は、そのようなものだった。アンリ・エーが別の事例についていったように、それは正常な、つまり非病理的な倒錯である。この事例においては、「選別、洗練、計算という心的作業」が出現する。始めからこうだったのだ。なぜなら、もろもろの流れの上にまたがり、直接の出自を歌いあげるだけの純粋な遊牧民など存在せず、上から折り重なろうと待ちかまえる社会体が常にあって、すでに採取や離脱を行っているからである。

流れからの採取は、シニフィアンの連鎖の中で出自のストックを構成する。ところが逆に、連鎖からの離脱は、縁組の可動的な負債を構成するが、この負債は、流れを方向づけ支配するのである。家族のストックという堆積層の上で、縁組の石が、または宝貝が循環させられる。生産の流れと登記の連鎖という大きいサイクルと、もっと小さいサイクル、つまり流れを連結し封印する出自のストックと、連鎖を流動させる縁組のブロックとの間のサイクルがあるようだ。親子関係は、生産の流れであると同時に登記の連鎖であり、出自のストックであると同時に縁組の流出である。あたかも、このストックが登記や登録の表面のエネルギーを、つまり外見上の運動の潜在エネルギーを構成するかのように、すべては生起するのだが、負債とは、この運動を現働的に導くものであり、登記の表面における贈与と逆贈与のそれぞれの軌道によって規定される運動エネルギーである。クラ族において、首飾りと腕輪の循環は、ある場所、ある機会において停止して再びストックを形成する。生産的な接続を自分のものとする、出自の離接なしには、この生産的な接続は存在しない。しかし縁組や人物の接合〔婚姻〕を通して、横の接続を再構成しないような出自の離接は存在しない。流れや連鎖だけではなく、固定したストックや可動的なブロックまでが、永遠に相対的な状態にある。ストックとブロックの方も、双方向において、連鎖と流れの関係をともなうからである。つまり、それらの要素はすべて、女も、消費財も、儀式の道具も、権利も、威信も、社会的地位も変化するのだ。どこかで代価の一種の均衡が存在しなければならないと要請するなら、関係が明らかに不均衡な場合は、これを病理学的な結果とみなさざるをえない。これは、閉鎖的なものと仮定されたシステムがひとつの方向に拡大して、補償給付をより大きく複雑にするにつれて、閉じたシステムを開いていった結果だと説明される。しかし、こうした発想は、原始的な「冷たい経済」と矛盾する。これは明確な投資も、貨幣も、市場も、交換取引関係ももたないのだ。このような冷たい経済を動かす原動力とは、反対にほんとうのコードの剰余価値なのだ。連鎖からの離脱はそれぞれに、生産の流れの一方の側には超過や蓄積の現象を、他方の側には欠如や不足の現象を生みだすが、こうした不均衡の現象は、威信が獲得されるか、消費が分配されるというようなタイプの、交換不可能な要素によって補償される（「派手なお祭り騒ぎによって、首長は消滅する価値を、消滅しえない威信に変える。こうして財貨の消費者は、最後には最初の生産者となる」[10]）。

コードの剰余価値は、モースの次の有名な定式に対応しているかぎりにおいて、剰余価値の原始的形態である。モースによれば、それは贈与されるものにそなわる霊あるいは、もろもろの事物の力であり、これによって贈与は、高い利子がつくような仕方で返されなければならない。贈与は欲望と力能の記号であり、財の豊富さや成果の原理であるからである。不均衡の状態は、病理学的な結果であるどころか、機能的であり、原理的である。システムが開くということは、始めは閉じていたシステムが拡張されることではなく、根源的な事態であって、諸要素の異質性によって生じ、諸要素は、もろもろの補償給付を構成し、不均衡を置き換えることによって、この不均衡を償うのである。要するに、縁組の関係にしたがってシニフィアンの連鎖から離脱するものは、流れの水準においてコードの剰余価値を発生させ、これから、出自の血統において社会的地位の差異が生ずることになる（例えば、女性を与えるものと受けとるものとの身分の優劣）。コードの剰余価値は、原始大地機械の異なる操作を実現するのだ。すなわち、連鎖の線分を離脱させること、流れからの採取を組織すること、各人に帰する取り分を配分することである。

原始社会は歴史をもたず、原型とその反復によって支配されているという観念は、とりわけ弱点をもつ不適切な観念である。この観念を生みだしたのは、人類学者たちではなくて、むしろユダヤ－キリスト教的な悲劇的意識に執着したイデオローグたちであって、彼らはこの意識こそが歴史を「発明」したと考えていた。もろもろの社会のダイナミックな開かれた現実は、機能的不均衡状態にあり、あるいは動揺する不安的な、たえず補償される均衡状態にあって、単に制度上の葛藤だけでなく、変転、反乱、断絶、分裂など、変化を生み出す葛藤も内包するのだが、もしこのような現実を歴史と呼ぶならば、原始社会は十分に歴史の中にあり、安定からも、また調和からさえも、ほど遠いのである。全員一致の集団が優先するというわけで、ひとは原始社会にただ安定や調和をみようとするにすぎない。あらゆる社会的機械において歴史が現存していることは、まさしくもろもろの不一致の中に見えるのだ。レヴィ＝ストロースが言うように、不一致の中には、「見すごすことのできない出来事のしるしが見いだされる」[11]。たしかに、こうした不一致を解釈するにあたっては、多くの仕方がある。観念的には、現実の制度とその前提となる理想的モデルの間の隔たりによって解釈すること。道徳的には、法とその侵犯の間の構造的な結びつきを引き合いに出して解釈すること。物理的には、あたかも磨滅現象が問題であり、社会的機械がもはや素材を処理するのに適さないかのように解釈すること。しかし、やはりこの場合も、正当な解釈は、何よりもまず、現働的で機能的なものであると思われる。つまり、ひとつの社会的機械が、的確に機能してはならないのは、機能するためなのである。このことは、まさに線分的システムに関して説明できたことである。このシステムは、たえず自分自身の廃墟の上に自分を再構築するべく要請されているのだ。これらのシステムにおける政治的機能の組織についても同じことがあてはまり、この組織は、ただ自分自身の無力さを示すことによって、現実に作動する。(12) 民族学者たちは、親族関係の諸規則が、実際の結婚には適用されず、また適用不可能でもあると述べ続けている。その理由は、これらの規則が理念的なものであるからではない。逆に、これらは臨界点を規定しているからであって、この臨界点では、作動が阻止されることによって仕組みの作動が再開し、仕組みそのものが、集団と必然的にネガティヴな関係にある。社会的機械と欲望機械の同一性がここに見えてくる。すなわち、その限界とは磨滅ではなく、むしろ故障である。これが作動するのは、軋みながら、調子を狂わせ、小さい爆発によって破綻しながらでしかない。――機能障害は、社会的機械の作動そのものの部分なのである。このことは、残酷のシステムのとるに足らない側面ではない。いまだかつて不一致も機能障害も、社会的機械の死を告知したことはない。それどころか社会的機械は、みずからが巻き起す矛盾、みずからが招く危機、みずからが生み出す不安、そしてみずからを回復させる地獄の試練によって、いつもみずからを養うのである。資本主義はこのことを学び、自分自身の将来を疑うことをやめてしまった。一方では、社会主義者たちでさえ、磨滅によって資本主義が自然死する可能性を信ずることを諦めてしまった。いまだかつて誰ひとりとして、矛盾が原因で死んだことはない。調子が狂えば狂うほど、それはますます分裂症化して、アメリカ式に、ますますよく機能するのだ。

ところが、まったく同じ仕方ではないにしても、すでにこのような観点から、原始社会体を、すなわち、もろもろの縁組と出自を活用変化させ、両者を結びつける大地機械を考察しなければならない。この機械は〈線分機械〉である。なぜなら、大地機械は、部族と家系という二重の装置を通して、長さを変化させる線分を供給するからである。ひとつは、メジャーな、マイナーな、そしてまた最小の家系を構成する系譜的出自の単位であり、自分たちの階層秩序とそれぞれの首長、ストックを管理し、結婚を組織する長老たちをもっている。もうひとつは、一次的、二次的、三次的な区分からなる部族の領土的単位であり、それぞれが優位性と縁組関係をもっている。「部族の区分の間の分割点は、それぞれの区分と結びついた家系の氏族的構造の分岐点となる。氏族とその家系は、判明にして一様な集団ではない。それはむしろ局地的な共同体の中に組み込まれ、その中で構造的に作動している。[13]」二つのシステムはたがいに重なり合い、それぞれの線分は、流れと連鎖に、流れのストックや通過する流れに、流れから採取されるものや連鎖から離脱するものに結びつけられる（ある種の生産労働は、部族的システムの枠の中で、また別のものは、家系的システムの枠の中で行われる）。出自の分離されえない要素と縁組の可動的な要素との間には、あらゆる種類の相互浸透が起きるが、これはそれぞれの線分の可変性と相対性による。つまりそれぞれの線分が自分の長さを測り、そうした線分として存在するのは、相互に序列をなす一連の段階において、他の線分と対立することによってなのである。線分機械は、出自が変容し縁組が動揺するのにつれて、様々な競争、葛藤、断絶をかきまぜる。システム全体が、他の集団と対立して融合するという極、そして独立を求める新しい家系がたえず形成されて分裂するという極の二極の間で、縁組と出自の資本化とともに進行する。両極の間で、自分自身の内のもろもろの不一致からたえず再生するシステムにおいて、あらゆる不調や挫折が現われる。ジャンヌ・ファヴレは、他の人類学者たちとともに、次のようなことを指摘しているが、彼女は何をいおうとしているのか。「線分的組織は、堅固であることによって、逆説的にそのメカニズムが無効であることを要求し、危惧の念は結果として組織全体の原動力となる」というのだ。それなら危惧とは、いったいどんな危惧なのか。社会組織体に到来するものは、常にこれに外部から到来し、その開いたところから殺到するのであるが、この社会組織体は、陰鬱で致命的な予感を通じて自分自身に到来してくるものを予感する、といえるかもしれない。おそらく、まさにこれが理由で、それは社会組織体に外部から到来するのだ。社会組織体は機能障碍という犠牲を払って、それの内的潜在力を窒息させるのである。だから、機能障碍はこの組織体のシステムの働き全体に等しい。

線分的大地機械は、分裂によって融合を斥ける。また、族長支配体制の諸機関を集団に対する関係においては無力なものにすることによって、権力の集中を妨げる。あたかも、未開人自身が、帝国の〈野蛮人〉の登場を予感しているかのようであるが、〈野蛮人〉は外から到来し、未開人たちのあらゆるコードを超コード化するのである。しかし、最大の危険は、やはり分散、分裂であり、それによって、コードのあらゆる可能性は消滅することになる。つまり脱コード化したもろもろの流れが、脱領土化した盲目にして無言の社会体の上を流れてゆくことになるが、こうした事態は、原始機械が全力で、線分的分節のすべてをつくして追い払おうとする悪夢である。原始機械は、交換や商工業を知らないわけではない。この機械は、これらのものを追い払い、局地化し、碁盤の目に分割し、そこにはめ込み、商人や鍛冶職人を従属的な地位におく。これは、交換や生産の流れが、抽象的あるいは虚構的な量を優先させてコードを破壊することにならないようにするためなのである。このことはまたオイディプスにも、すなわち、近親相姦の恐れにもあてはまるのではないか。それは脱コード化する流れへの恐れではないか。資本主義が普遍的真理であるとすれば、それがあらゆる社会組織体の否定〔陰画〕であるという意味においてである。資本主義は、確かにあのもの、名づけがたいもの、普遍的な脱コード化であり、あらゆる社会組織体の秘密を、反対推論によって理解させる。秘密とは流れをコード化すること、あるものがコードを逃れることになるよりはむしろ、流れを超コード化してしまうことである。原始社会は、歴史の外に存在するのではない。むしろ資本主義のほうが、歴史の終りに存在し、偶発性や、偶然事の果てしない歴史から結果し、この歴史に終りをもたらすのである。それ以前の社会組織体が、これを予見したことがなかったということはできない。この〈もの〉は、まさに内部から現われ、現われを妨害されることによって、外部から到来したからである。ここから、あらゆる歴史を資本主義との関係において、回顧的に読むという可能性が生じる。すでに資本主義以前のもろもろの社会の中に、〈階級〉というものの兆候を求めることは可能である。しかし、民族学者たちは、こうした〈原階級〉を、帝国機械によって組織された〈カースト〉や、線分的原始機械によって分配された〈身分〉から区別することが、いかに難しいか指摘している。階級、カースト、身分を区別する基準を、それらが固定しているか、浸透し合っているか、あるいは相対的に閉鎖的であるか、開放的であるか、といった側面に求めてはならない。こうした基準は、そのつど、期待はずれのきわめて欺瞞的なるものとなる。ところが、身分は、原始的領土的コード化と不可分であり、同じくカーストは、帝国的国家的超コード化と不可分である。これに対して、階級は、資本主義の条件において脱コード化した商工業生産のプロセスと相関的である。だから、階級の兆候によって全歴史を読むことは可能であるが、しかし、それは、マルクスによって示されたもろもろの規則を守ることによってであり、また階級がカーストや身分の「否定」であるかぎりにおいてである。というのも、まさしく脱コード化の体制は、組織の不在を意味しているのではなくて、最も陰険な組織を、最も苛酷な会計計算を意味しているからである。それは、もろもろのコードに代わる公理系であって、反対推論により、それ自身常にこれらのコードを含んでいる。

第三節　オイディプス問題

大地の充実身体は、はっきりした特性をもたないわけではない。この身体は苦しみにみち、危険を含み、唯一にして普遍的であって、みずから生産の上に、また生産の代行者や接続の上に折り重なる。ところが、この身体の上にはまた、あらゆるものが固着して登記され、吸引されて奇蹟を授かる。この身体は、離接的総合と、その再生産の境域である。これは何よりも、出自あるいは系譜の純粋な力であり、〈ヌーメン〉である。充実身体は、生み出されたものではないが、出自はまさに、この身体に刻印された登記を示す第一の指標である。そして、私たちは、この強度〔内包〕的出自、つまりこの包含的離接がどんなものであるか知っている。ここで全体は分割されるとしても、全体自身において分割されるのであり、強度の差異を除けば、ここにはいたるところ、いずれの側面、いずれの水準においても、同じ存在があるだけである。この包含された同じ存在は、充実身体の上にあって不可分の距離を横断し、そこを移動し、みずからを再生産する総合作用のあらゆる特異性、あらゆる強度を遍歴するのである。系譜的な出自が社会的なるものであって、生物学的なものでないことを指摘しても、何の役にも立たない。この出自は、それが大地の充実身体の宇宙的卵の上に登記されているかぎり、必然的に生物的－社会的である。この出自は〈一なるもの〉という神話的な起源をもつ。あるいはむしろそれは〈二なる一〉である。双子たちというべきか、あるいはひとりの双子であって、自分自身において分割され、かつ結合されているというべきか。ひとりの〈ノンモ〉なのか、それとも二人の〈ノンモ〉なのか。離接的総合によって、最初の祖先たちが分配されるが、しかしそれぞれの祖先自身は、雄にして雌である完全な充実身体であり、あらゆる部分対象を自分の上に密着させ、ただ強度のみを変化させている。この強度の変化は、まさにドゴン族の卵の内部におけるジグザグに対応するものである。それぞれが独自にあらゆる系譜を強度的に繰り返す。だから、それは、いたるところにおいて同じで、不可分の距離の両端において、またあらゆる側面において同じである。それは双生児の行列であり、強度の出自である。マルセル・グリオルとジェルメーヌ・ディテルランは、『青い狐』の始めで、すばらしい記号理論を素描している。つまり出自の記号は、導きの記号であれ、主人の記号であれ、まず強度的な欲望記号であり、この記号は、イメージや図像や絵として拡張される前に、渦を巻いて落下し、爆発しながら移動していくというのである。

充実身体が生産的接続の上に折り重なり、生産的接続を強度〔内包〕的な包含的離接の網目の中に登記するならば、この身体はさらに、この網目そのものにおいて、側方的接続を再発見し、活性化しなければならない。また、あたかも自分がこれらの接続の原因であるかのように、これらを自分に帰属させなければならないのである。この二点は、充実身体の二つの様相を形成することになる。一方は、登記の魔力をもつ表面、幻想的法則あるいは外見上の客観的運動という様相、他方は、魔術的あるいは物神的代行者であり、原因に準ずるもの〔準原因〕という様相である。充実身体にとって、あらゆるものを登記するだけでは十分ではない。この身体は、あたかもすべてのものを生産しているかのようでなければならない。たとえ接続は、登記された離接の形態に反発するとしても、接続はこの離接と両立しうる形態をとって再び現われ直してこなければならないのである。まさにこれが、登記の第二の特徴としての縁組である。縁組は、生産的接続に、人物の接合〔婚姻〕の外延的形態を、登記のもろもろの離接と両立しうるその形態を強制するのであるが、逆にいえば、縁組は、この登記に対して反発し、これらの同じ離接の使用を排他的制限的に限定しているのである。したがって縁組は、あるとき出自の血統の中に突然到来するものとして神話的に表象されるほかない（もっとも、別の意味においては、縁組は、いかなるときにも、すでにそこに存在するものであるが）。グリオルは、ドゴン族において、あるとき、あるものが、いかにして八番目の始祖のところで、その傍に生みだされるかについて語っている。一方では、もろもろの離接の軌道が狂い、その働きが包含的であることをやめて排他的になる。これによって、充実身体はばらばらに分離し、双生児性は消滅して、割礼によって刻印された性別の分離が起きる。ところが、他方では同時に、接続や接合の新しいモデルに基づいて身体が再構成され、身体そのものの、あるいは身体相互の間の分節が行われ、分節を行う縁組石によって側方的な登記が行われる。要するに、これは契約〔縁組〕の櫃なのだ。(14) 縁組は決して出自から派生するのではなく、また出自から演繹されるのでもない。ところが、こうした原理が措定されるなら、私たちは二つの観点を区別しなければならない。ひとつは、経済的政治的観点であり、この観点において縁組は、いつでもそこにあって、外延された出自の系譜とともに結合し、活用変化しあう。ところが外延された出自の系譜は、外延をもつとみなされるシステムにおいて、縁組より以前に存在するわけではない。もうひとつは神話的観点である。この観点は、いかにしてシステムの外延が、強度的、始原的な出自の系譜から出発しながら形成され、限定されるかを説明する。この系譜は、みずからの包含的非限定的使用を必然的に喪失するのである。まさにこの観点からみると、外延されたシステムは、縁組と言葉の記憶がそうであるように、出自の強度的な記憶に対する積極的な抑圧を含んでいる。なぜなら、もろもろの系譜と出自が、たえず細心に記憶されるべき対象となるのは、系譜と出自が、すでに外延的な方向に捕獲されているかぎりにおいてであるからだ。縁組は、系譜と出自に外延的方向を与えるものであって、縁組による規定が存在する以前には、系譜と出自は、まったく、こういう方向をもってはいなかった。逆に出自が強度的であるかぎり、それは特殊な、暗黒の、生物的‐宇宙的な記憶の対象であり、この記憶は、新しい外延された記憶が打ちたてられるために、まさに抑圧を受けなければならないのだ。

問題は、出自から縁組へと歩んでいくこと、出自から縁組を引きだすことではまったくない。私たちは、その理由をよりよく理解することができる。問題は、エネルギー的強度的秩序から、外延的システムに移行することであり、これは質にかかわる縁組と外延された出自を同時に含んでいる。強度的秩序の第一のエネルギー——〈ヌーメン〉——が出自のエネルギーであるということは、何ら事態を変えるものではない。なぜなら、この強度的な出自はまだ外延されず、人物の区別も性の区別さえもたず、ただ前人称的な強度の変化をもっているにすぎず、もろもろの度合においてひとつの同じ双生児性に、あるいは男女両性状態にあるにすぎないからである。だから、この秩序に属する記号は、（ライプニッツがプラスでもマイナスでもありうる記号を示すために用いた表現にしたがうなら）根本的に中性であり両義的である。問題は、この始原的強度〔内包〕から出発して、いかに外延のシステムに移ることになるのか、を知ることである。この外延のシステムにおいて、1、出自は家系の形態をとって、外延された出自となり、人物の区別や両親の呼称における区別をもつことになる。2、縁組は同時に質的な関係となるが、外延された出自はこの質的関係を前提としているし、また逆に質的関係はこのような出自を前提としている。3、要するに、両義的な強度的な記号は、そのようなものであることをやめて、正か負になる。こうしたことは、レヴィ＝ストロースが平行いとこの禁止、交叉いとこの推奨を、結婚の単純な形態として説明しているページにはっきりと認められることである。二つの家系AとBの間の結婚はそれぞれ、この夫婦の出現がAまたはBにとって女を獲得した結果であるのか、それとも損失した結果であるのかにしたがって、（＋）あるいは（－）の記号を与える。この点に関しては、出自の体制が父系的であるか、母系的であるかは、ほとんど重要ではない。例えば、父系的かつ夫方居住の体制においては、「親族の女は失われる女であり、姻族の女は獲得された女である。だから、こうした結婚から生じた家族はいずれも、子供たちの母親がそれ自身の集団に対して娘であるか、義理の娘であるかにしたがって決められる記号を与えられることになる……。兄弟と姉妹とでは、記号は変ってくる。なぜなら、兄弟は妻を獲得するのに対して、姉妹は自分自身の家族に対しては出されるものとして損失となるからである。」ところが、レヴィ＝ストロースは、世代が交替するにつれて、さらに記号が変るということを指摘している。「親元集団の視点から見て父が妻を受け取ったか母が外部に移転されたかに応じて、息子には女を一人獲得する権利か、姉妹を返済にあてる義務が生じる。こうした世代間の相違は、なるほど現実には従兄弟たちの半分が独身を余儀なくされるかたちで現れはしないだろうが、しかしいずれにせよ、次の法則を表してはいる。いかなる男も、上位世代で姉妹ないし娘が失われているのだから、女を請求する権利の行使対象となる集団からしか妻を受け取れず、またいかなる兄弟（ないしいかなる父親）も、上位世代で女が獲得されているのだから、姉妹（ないし娘）を外部に返済する義務を負う。……男aと女bの婚姻によって形成される夫婦は、Aの視点から見て（＋）、Bの視点から見て、（－）で、明らかにこの二つの記号を併せ持ち、この夫婦の子供たちもまた同じく二つの記号を併せ持つ。さて、イトコ世代を考察してみさえすれば、（＋＋）関係か（－－）関係にあるイトコはすべて平行、（＋－）関係か（－＋）関係にあるイトコはすべて交叉であることが確認される。[15]」ところが、こうした仕方で問題が提起されると、レヴィ＝ストロースが望んでいるように、交換の働きを規制する論理的な組み合せの実行が問題となるよりは、むしろ、必然的に負債の用語で表現される物理的システムの確立が問題となる。レヴィ＝ストロース自身はひとつの隠喩しかみていないのであるが、彼が物理的システムの座標を援用していることは、私たちにはきわめて重要であると思われる。外延における物理的システムの中では、エネルギーの流れの秩序に属するあるものは流通し（＋－あるいは－＋）、あるものは流通せず、すなわちブロックされる（＋＋あるいは－－）。あるものは流通をブロックし、あるいは逆に流通を起させる。何かが、あるいは誰かが。そしてこの外延におけるシステムの中には、最初の出自も存在しなければ、最初の世代つまり始めての交換も存在しない。そうではなくて、もろもろの出自が外延されるのと同時に、もろもろの縁組が常に、そしてすでに存在しているのであり、これらは、出自においてブロックされるべきものと、縁組において流通すべきものとを同時に表現している。

記号が性別や世代にしたがって変化するということが本質的なことではなくて、ひとが強度〔内包〕的なものから外延的なものへ移行するということが本質的なのである。両義的な記号の秩序から、変化しながらも規定されている記号の領域に移行することが本質的なのである。神話の助けが不可欠となるのは、ここにおいてである。その理由は、神話が、外延されてある現実的諸関係をそのまま移しかえた、あるいはそれを逆にした表象であるからではない。そうではなくて、神話のみが、（生産のシステムを含めて）システムの強度の状態を、土着民の思考や行動にしたがって規定しているからである。したがって、〈母方のおじ〉が優先権をもつ叔権制を説明する原理を神話の中に求めるマルセル・グリオルのテクストは、私たちには決定的なものと思われるし、またこの種の試みに対していつも浴びせられる観念論という非難を逃れているように見える。アドラーやカートリーがこの問題を取りあげている最近の論文においても、事態は同様である。[16] これらの著者が次の点を指摘しているのは正しい。すなわち、(兄弟－姉妹、夫－妻、父－子、母方のおじ－姉妹の息子の四つの関係を具えた)レヴィ＝ストロースのいう親族原子は、でき上がったひとつの全体として与えられているが、この場合、このような母は、自分の子供に関しては状況に応じて多少とも「親族」または「姻族」でありうるにもかかわらず、奇妙にもこの全体から排除されている。ところで、神話の根源は、まさにこの点にあって、神話とは表現的なものではなく、条件を規定するものなのである。グリオルが報告しているように、自分がもぎとった胎盤の中に入り込む神の子ユルグは、母の兄弟のようなものであって、このことによって母と一体化している。「じじつ、この人物は、栄養を与える胎盤の一部、つまり自分自身の母の一部を携えて空間の中にでてきた。彼はまた、この器官が自分に固有のものとして属し、自分という人物の部分をなすものであるとみなしてもいた。したがって、彼は、自分を産んだ母と、この場合には世界の子宮と同一化し、世代という点では、この母と同じ位置にあると考えていた……。彼は無意識のうちに、自分が母の世代に象徴的に所属し、自分が成員である現実の世代からは切り離されていると感じている。彼によれば、彼は、自分の母と同じ実質、同じ世代に属しているので、自分を産んだ母と双子である男と同一視されることになり、二人の成員を対にする神話的規則によって、理想の夫として推薦されることになる。つまり、彼は、彼を産んだ母の擬似的兄弟という資格において、母方のおじの立場にあり、この女性の指定された夫なのである。」おそらく、この次元において、すでに登場人物たち、母、父、息子、母の兄弟、息子の姉妹はすべて現われている。ところが、これらが人物ではないということは明らかであり、また驚くべきことである。彼らの名前が示しているのは、人物ではなく、「ひとつの振動する螺旋運動」の強度的変化であり、もろもろの包含的離接であり、必然的に双生児的かつ男女両性的な状態であって、ここではひとつの主体が宇宙的卵の上を移動していくのだ。すべてを強度として解釈しなければならない。卵と胎盤そのものは、「増加し減少しうる」無意識の生のエネルギーにみたされる。父は、決して不在ではない。しかし父であり産む男であるアンマ自身は、胎盤に内在する高い強度の部分であり、この部分は、彼を自分の女性的部分に関係づける双生児の性質と不可分である。そして、今度は息子のユルグが胎盤の一部を携えるのは、自分自身の姉妹、あるいは双子の姉妹を含む別の部分との強度的関係においてなのである。しかし、息子が携えるこの部分は、もっと上をめざして、この息子を彼自身の母の兄弟にして、母はまさに姉妹の代りとなり、息子自身はアンマに代って、この母と結ばれることになる。要するに、ここには、両義的な記号の一世界、包含的な分割や男女両性的状態からなる一世界の全体がある。私は、私の母の息子であり、兄弟であり、また私の姉妹の夫であり、また私自身の父である。すべては、大地となった胎盤、生み出されたものではないもの、反生産の充実身体の上に位置し、この充実身体には犠牲に捧げられた〈ノンモ〉

のもろもろの器官－部分対象が付着するであろう。つまり、母と子に共通の実質、母と子の身体の共通部分としての胎盤によって、母子の身体は原因と結果ではなくなり、二つの身体はいずれも、この同じ実質から派生する二つの生産物となる。これによって、息子は自分の母と双生児なのだ。まさに、グリオルによって報告されたドゴン族の神話の基軸はこのようなものである。そうだ。私は私の母であったし、また私の息子であった。神話と科学とが、遠く隔たりながらも同じことを語るのは、稀なことであろう。いわばドゴン族の物語は、神話においてウァイスマニズムを展開しているものといえる。ウァイスマニズムにおいては、発芽的プラズマが連綿たる不死の血統を形成しており、この血統は個々の身体には依存しないものである。反対に、両親の身体も子供の身体も、この不死の血統に依存している。ここから、二つの血統が区別されることになる。ひとつは、連続的な胚種的血統、もうひとつは、非連続的な身体的血統。この後者の血統のみが、次々と継起する世代に依存するのである。（ルイセンコは、本質的にドゴン族的なトーンを発見し、これによってウァイスマンに反駁し、ウァイスマンが息子を母の遺伝的胚種的な兄弟としたことを非難した。「ウァイスマンに続いて、モルガン－メンデル主義者たちは、両親が遺伝的には彼らの子供たちの両親ではないという観念から出発している。彼らの説を信ずるならば、両親と子供は、兄弟姉妹である……」(17)）ところが身体の観点から見れば、息子は自分の母の兄弟でもなければ、その双生児でもない。だからこそ息子は自分の母と結婚することができない（私たちは、この「だからこそ」の意味をいましがた説明したのであるが)。母と結婚すべきであったものは、それゆえ母方のおじである。ここから出てくる第一の結果は、姉妹との近親相姦は、母との近親相姦の代用物ではまったくなく、反対に胚種の血統を表明するものとして、近親相姦の強度的モデルであるということである。そしてまた、ハムレットはオイディプスのひとつの外延ではなく、第二段階のオイディプスというような人物ではない。それどころか、否定的な後ろ向きの、ひとりのハムレットが、オイディプスよりももっと根源的である。この主体は、自分がしたいと思っていたことをおじがしたというわけで、おじを非難するのではなくて、息子である自分のできなかったことを、このおじがしなかったので、このおじを非難する。もともと、なぜ、このおじは、母つまり、おじ自身の身体上の姉妹と結婚しなかったのか。なぜなら、このおじは、ただ双生児状態や男女両性といった両義的な記号を刻印された胚種的出自という名においてのみ、母と結婚すべきであったからである。この胚種的出自にしたがえば、まさに息子もまた母と結婚しえたであろうし、またこの息子自身が、双生児の母との強度的な関係においてはこのおじであることもできたであろう。おじが母と結婚しえなかったことで、胚種的血統の悪循環は閉じられてしまう(原始的ダブル・バインドの成立)。おじも彼の姉妹つまり母と結婚することができず、したがって、当の主体も自分自身の姉妹と結婚することはできない。——ユルグの双生児である娘は、潜在的な姻族として、ノンモたちの手元に委ねられる。身体の秩序が、あらゆる強度的階梯を没落させる。それゆえ息子が母と結婚することができないのは、息子が身体的に別の世代に属しているからであるということはできない。マリノウスキーに反対して、レヴィ＝ストロースがいみじくも指摘したことは、世代の混合は、それ自体として何ら斥けられるものではないこと、したがって近親相姦の禁止は、このことによっては説明されないということである。[18] 息子－母の場合における世代の混合は、おじ－姉妹の場合におけるその等価物と同じ効果をもち、すなわち唯一の同じ強度的、胚種的出自が存在することを証明しており、いずれの場合も、こうした出自は抑圧されるべきものとなる。要するに、外延における身体的システムは、もろもろの側方的な縁組が制度として確立されるのと相関して、出自が外延となるかぎりにおいてのみ構成されるのである。側方的な縁組が結ばれるのは、姉妹との近親相姦の禁止によってであり、出自が外延となるのは、母との近親相姦の禁止によってである。ここには、父の抑圧も、父の名の排除もまったく存在しない。つまり、親族あるいは姻族としての父や母のそれぞれの立場、出自の父系的あるいは母系的性格、結婚の父方的あるいは母方的性格、これらのものは、抑圧の能動的な要素ではあっても、抑圧が及ぶ対象なのではない。縁組の記憶によって抑圧されるのは、出自の記憶一般でさえもない。まさに強度的、胚種的出自の大いなる暗黒の記憶が、外延的な身体的記憶のために抑圧されるのだ。この身体的記憶は、（父系的なものであれ、あるいは母系的なものであれ）外延となった出自と、これらの出自がもたらす縁組によって形成される。ドゴン族の神話の全体が、二つの系譜、あるいは二つの出自の間の対立をめぐって、父系的な立場からなされた説明なのである。一方は強度〔内包〕においてあり、他方は外延においてあり、強度的、胚種的秩序と、身体的世代の外延的体制がある。

外延をもったシステムは、このシステムを可能にする強度的状態から生まれるが、このシステムはこれらの諸状態に反発し、これらを無効にし、抑圧して、これらに神話的な表現以上のものを許さない。記号は両義的であることをやめて、同時に、外延された出自と側方的な縁組の関係によって規定されることになる。離接は排他的、制限的となる（あれか、これかが、強度的な「あれであれ、これであれ」にとって代る）。名前や呼称は、もはや強度的な諸状態を示すのではなく、識別可能なもろもろの人物を示す。識別可能性が、禁止される配偶者としての姉妹や母にふりかかる。いまや名前で指示される人物たちは、禁止より以前に存在するわけではない。そのような人物を構成するのは禁止事項なのである。母と姉妹とは、彼女らが配偶者として禁止される前には存在しないのだ。ロベル・ジョランは、いみじくもこう語っている。「神話の言説は、近親相姦への無関心から、その禁制への移行を主題としている。明白に、あるいは暗黙に、この主題はすべての神話の後ろにかくれている。だから、この主題は、神話の言語の明白な特性なのである」[19]と。近親相姦について、文字通りそれは実在せず、また実在しえないと結論しなければならない。ひとは常に、近親相姦の手前にいて、識別可能な人物など知らない一連の強度の中にいるか、それとも、その彼方にいて、そうした人物を認知し、構成し、しかも性のパートナーとして不可能なものとして構成するひとつの外延の中にいるか、どちらかなのである。ひとが近親相姦をなしうるのは、私たちを近親相姦から常に遠ざける一連の置換作用を通してでしかない。ただ母や姉妹でないことによってのみ母や姉妹という価値をもつ人物としか、つまり配偶者として可能なものとして識別される人物としか、ひとは近親相姦をなしえないのだ。これが優先的結婚ということの意味である。つまり、許される最初の近親相姦である。ところが、こうした結婚が、まれにしか行われないとしたら、それは偶然ではない。あたかも、それは実在しない不可能にまだあまりにも接近しているかのようなのだ（例えばドゴン族は、おじの娘との結婚を優先する。ここでは、このおじの娘はおばと同じ価値をもっており、このおば自身は母と同じ価値をもっている）。グリオルの論文は、おそらく、すべての人類学の中で、最も深く精神分析の影響をうけているテクストである。ところが、彼の論文は、オイディプスそのものを破綻させる結論を導く。なぜなら、この論文は、ただ外延における問題を提起すること、これによって問題を解決されたものとみなすことに満足しないからである。アドラーとカートリーが引きだしえた結論は、以下のようなものだ。「神話の中の近親相姦の関係は、もともとこうした関係が可能であり、どうでもいいことだった世界への欲望あるいは郷愁の表現とみなされ、あるいは社会的規則の転換の構造的機能の表現として、禁止やその侵犯を基礎づけるための機能の表現とみなされるのが普通である…いずれの場合にも、神話によって語られ説明されている秩序のまさに出現であるような事態が、既定のことととして認められているのだ。言葉をかえるなら、あたかも、神話が、父、母、息子、姉妹と定義された人物たちを登場させているかのように、ひとは推論しているのだ。ところが、これらの親族の役割は、禁制によって定められた秩序に属する……。すなわち、近親相姦は実在しないのである。」[20]近親相姦は純粋な極限である。ただし極限をめぐる二つの誤った信念を避けなければならない。そのひとつは、あたかも禁止とは、物事が「まず」そのようなものとして欲望されていることを証明しているかのように、極限を母体あるいは根源とみなすものである。もうひとつは、法と欲望との間の「根本的」とされる関係は、あたかも禁止の侵犯において実現されるかのように、極限を構造的機能とみなすものである。ここでいま一度、次のことを思い返しておかなければならない。まず法は欲望の根源的現実について何ものも証明するものではないということである。なぜなら法は本質的に欲望されるものを歪曲するからである。次に侵犯は、法の機能的現実について何も証明してはいないということである。なぜなら、侵犯そのものは法自体に対する嘲笑ではなくて、法がじっさいに禁じているものに対してはとるにたらないものであるからだ（だから革命は、侵犯とは何の関係もない）。要するに、極限は手前でも、彼方でもない。それは、二つの間の境界なのである。近親相姦はこの境界であり、あまり深くない小川であるが中傷され、いつもすでに踏みこえられてしまっているか、あるいはまだ踏みこえられていないか、のいずれかである。というのも、近親相姦は運動に似て、そもそも不可能なのだ。それが不可能であるのは、現実界が不可能であるという意味ではない。まったくその反対であり、まさに象徴界が不可能であるという意味である。

しかし、近親相姦が不可能であるということは、いったい何を意味しているのか。自分の姉妹や母と寝ることは、可能ではないのか。近親相姦は禁じられているのだから、可能にちがいない、という古くからの議論をいかにして斥けたらいいのか。しかし問題は別のところにあるのだ。近親相姦という概念が可能であるためには、人物と名前が、つまり息子、姉妹、母、兄弟、父が必要だろう。ところで、近親相姦の行為において、私たちは人物を手に入れることができるが、この人物たちは自分の名前を失うのである。これらの名前は、彼らを性的パートナーにすることを禁じる禁制と切り離せないからである。さもなければ名前が存続して、もはや前人称的な強度の形態だけを指示し、この状態は他の人物にも「波及し」、この場合には、ママが正式の妻と呼ばれ、姉妹が配偶者と呼ばれる。まさにこの意味において、ひとは常に近親相姦の手前か、または彼方にいると、私たちはいったのだ。私たちの母たち、姉妹たちは、私たちの腕の中で溶けてしまうのだ。彼女たちの名前は、ちょうど、湿らせすぎた切手がそうであるように、彼女らの人物の上を滑ってゆく。なぜなら、ひとは人物と名前を同時に享受することは決してできないからである。——ところが、これこそが、近親相姦の条件なのである。いいかえれば近親相姦はひとつのおとりであり、それは不可能なのである。しかし、問題はただ後退しただけである。ありえないことを欲望することが、欲望の固有の性質ではないのか。ところが、少なくともこの場合、こうした陳腐さには真実のかけらもない。

禁止から、禁止されるものの本性について結論を引きだすことが、いかに不当なことであるかを思い起そう。なぜなら、禁止は、それを犯したものの名誉を辱かしめることによって、すなわち現実に禁止され、あるいは欲望されているものについて、歪曲され置き換えられたイメージを引きだすことによって作動するからである。まさにこのようにして、抑制は、抑圧によって自分の力を伸長させるのであり、抑圧なしに、抑制は欲望を掌握しえないであろう。欲望されているものは、胚種的あるいは発芽的な強度的流れであり、この流れの中では、父、母、息子、姉妹、等々……として識別されうる人物や、また機能さえも、求めることは無駄であろう。なぜなら、これらの人物の名前はここで、胚種として規定された大地の充実身体の上に起きる強度の変化だけを示しているからである。包含的離接に応じて強度を変化させる唯ひとつの同じ存在あるいは流れの体制、この体制を、常に近親相姦と呼ぶこともできるが、またそれを近親相姦への無関心と名づけることもできるのだ。しかしまさに、近親相姦を構成するかもしれない非人称的強度的体制の中に存在するような近親相姦と、近親相姦を禁止し、人物に対する侵犯と定義する状態の中で、外延として表象されるような近親相姦とを、混同してはならないのだ。だから、ユングがこう語っていることは、まったく正しい。オイディプス・コンプレックスはそれ自体とはまったく別のことを意味しており、また、このコンプレックスにおいて、母は大地であり、近親相姦は果てしない再生である（ユングの誤りは、こうして彼が性愛を「のり越えた」と思っている点だけである）。身体的コンプレックスは、胚種的インプレックス〔錯綜体〕に帰する。近親相姦は、このようなものとしてコンプレックスの中では表象されえないような〈手前〉を指示している。なぜならコンプレックスは、この〈手前〉の抑圧から派生した要素だからである。禁止されるものとしての近親相姦（識別される諸人物の形態）は、欲望されるものとしての近親相姦（強度の大地という背景）を抑圧するのに役立つのだ。強度的な胚種的流れは欲望を表象するものであり、抑圧はまさにこの流れに及ぶのである。外延的なオイディプスの形象は、この流れの置き換えられた表象内容であり、おとりであり、あるいは抑圧によって引き起され、欲望を覆い尽くすことになる偽りのイメージである。このイメージが、「不可能なもの」であるということは、あまり重要ではない。まさに、このイメージがその任務を果すことになるのは、欲望それ自体が、不可能なものに捉えられるかのように、このイメージに捉えられるときからである。ほらね、おまえが欲しがっていたのは、これなのだ……。ところが、まさにこの結論は、抑圧から抑圧されているものへ、禁制から禁じられているものへと直接的に移りゆき、すでに抑圧にまつわるあらゆる誤謬推理を含んでいるのである。

しかし、インプレックスすなわち胚種的流体は、大地において欲望を表象するものであるにもかかわらず、なぜそれは抑圧されるのか。それは、表象するものの資格においてこのインプレックスが参照するものが、コード化されえない流れであり、またコード化されるがままにはならないひとつの流れであるからである。――これこそまさに原始社会体の恐怖なのだ。この流れにおいては、いかなる連鎖も離脱しえないであろう。何ものも採取されえないであろう。何ものも出自から親子関係に移行することはないであろう。むしろ親子関係は、次々と自分自身を生みだす行為そのものを通じて、たえず出自の上に折り重ねられてゆくことになる。シニフィアンの連鎖は、いかなるコードも形成しないだろうし、ただ両義的な記号を発信するだけで、その連鎖自身のエネルギー的支持材によって、たえまなく侵蝕されるだろう。大地の充実身体の上を流れゆくものは、器官なき身体の砂漠の上を滑ってゆくコード化されない流れと同じように解放されることになるであろう。というのも、問題は、豊かさと乏しさ、源泉とその枯渇（枯渇することさえひとつの流れである）よりも、コード化されうるものとコード化されえないものだからである。胚種的流れにとっては、この流れとともに、すべては移り流れるだろうといっても、あるいは逆にすべてはブロックされるだろうといっても、結局同じことである。もろもろの流れがコード化されるものとなるためには、流れのエネルギーが量化され、また質化されなければならない。――流れの採取は、連鎖からの離脱との関係において行われる必要がある。――あるものは交通し、同様にまたあるものはブロックされなければならない。またあるものはブロックし、あるいは交通させなければならない。ところで、こうしたことは、外延されたシステムの中においてしか可能ではなく、このシステムが人物を識別可能にし、記号を一定の仕方で用い、離接的総合を排他的に使用し、接続的総合を婚姻に使用する。こうしたことが、まさに近親相姦の禁制の意味であり、これが、外延における身体システムを確立するとみなされる。だから、結婚の父方的あるいは母方的性格に応じて、また家系の父系的あるいは母系的性格に応じて、また外延された出自と側方的縁組からなる一般的体制に応じて、それぞれの場合に、強度的流れのうち何が交通するのか、何が交通しないのか、何が交通させるのか、何が交通を妨げるのか、といったことが探求されなければならない。グリオルによって分析されているような、ドゴン族の優先的結婚に話を戻すことにしよう。ブロックされるのは、冗談関係という形態において母の代替者であるおばとの関係である。交通するものは、おばの娘との関係である。おばの娘はおばの代替者であり、おばの娘との関係は、可能な、または許された最初の近親相姦であるからである。ブロックしたり、交通させたりするものは、母方のおじである。交通するものは、ブロックされるものの代償として、まさにコードの剰余価値を生む。この剰余価値は、おじがこの交通を起させている限りにおいて、このおじに帰属する。ところが、他方で、このおじは、自分がブロックする度合に応じて、一種の「不足価値」を蒙る（こうして、おじの家では甥たちによって儀式的な盗みが行われる。一方また、グリオルの報告しているように、最年長の甥がおじの家に住みにくるとき、おじの財産は「増大し実を結んでいる」）。しかじかのシステムにおいて、結婚に対する補償給付は誰に帰属するのかという基本的問題は、交通の線とブロックの線の複合と無関係には解決されえない。――あたかも、ブロックされ禁制されていたものが、当然自分に支払われるべきものを要求して「幽霊のごとく結婚式に」

再び現われてくるかのようなのだ。[21] レフラーは、あるケースに厳密に即してこう書いている。「ムル族においては、父系の基準が母系の伝統に勝利している。すなわち兄弟－姉妹の関係は、父から息子へ、母から娘へと伝えられるが、この関係が無際限に伝えられるのは、父－息子の関係によってであって、娘の結婚とともに終る母－娘の関係によってではない。結婚した娘は、自分自身の娘に新しい関係を伝えるのだが、この関係とは、自分自身の娘を自分自身の兄〔娘からいえばおじ〕に結びつける新しい関係を伝える。これと同時に、結婚する娘が離脱するのは、自分の兄の家系からではなくて、ただ自分の母の兄〔おじ〕の家系からだけなのである。姪が結婚するときに、その母の兄〔おじ〕に支払いをすることの意味は、こうしてはじめて理解される。つまり若い娘は、自分の母の昔の家族グループを去るのである。姪は、彼女自身が母となり、新しい兄弟－姉妹の関係の出発点となる。そしてこの関係の上に、新しい縁組の根拠がおかれる」[22]。伸張するもの、停止するもの、離脱するもの、そしてこれらの能動と受動の分配の基準となる様々な関係、こうしたものによって、コードの剰余価値の形成メカニズムを理解することができる。これはあらゆる流れのコード化にとって、不可欠の部品なのである。

　私たちは、ここから、原始社会体における大地的表象のもろもろの審級を素描することができる。まず第一に、強度の胚種的流体が、あらゆる表象を条件づけている。これは欲望を表象するもの〔代表者〕である。しかし、それが表象するものと呼ばれるのは、コード化不可能な、コード化されることのない、あるいは脱コードしている流れに等しいからである。この意味で、この流体は、固有の仕方で、社会体の極限、すなわちあらゆる社会体の限界と否定性を暗に意味している。だから、この極限を抑制することは、表象するもの自身が抑圧を受けるかぎりにおいてのみ可能なのである。この抑圧が規定しているものとは、外延におけるシステムにおいて、流体のうち何が交通し、何が交通しないか、また、延長された出自においては、何がブロックされストックされるままにとどまるのか、また逆に縁組関係に応じて、何が動き流通するか、といったことである。これらによって、もろもろの流れの体系的なコード化が実現されるのだ。私たちは、この第二の審級を縁組と呼ぶが、縁組は、抑圧する表象作用そのものである。なぜなら、出自が延長をもつようになるのは、出自の可変的な線分を測定する側方的縁組との関連においてのみであるからである。ここから、リーチが確認した「もろもろの地縁一族」の重要性が生じてくる。――これらの地縁一族は、二人ずつ縁組を組織し、結婚を操作する。私たちが正常にして倒錯的なる活動を、これらの地縁一族のものとみなしたとき、私たちがいおうとしていたことは、これらの地縁集団が抑圧の代行者であり、つまり偉大なるコード創造者であるということである。女たちを取り合い、この女たちを取り引きして分けあうために、男たちが出会い集まるところにはいつでも、地縁集団相互の間に、あるいは義理の兄弟や共同の夫たちの間に、また幼年期の仲間たちの間に、原始的同性愛の倒錯的な結びつきが認められる。ジョルジュ・ドゥヴルーは、結婚が男と女との間の縁組ではなくて、「二つの家族の間の縁組」であり、「女たちに関して、男たちが相互に行う取り引き」であるということを強調して、そこから、根本的集団的な同性愛的動機づけについて、正しい結論を引き出している。(23) 女たちを介して、男たちは自分自身の接続関係を確立する。男－女の離接の関係は、いつも出自から出てくる帰結であるが、これを介して、縁組は異なる出自の男たちを接続させる。女性の同性愛が、なぜ、男たちを取り引きすることのできるアマゾン集団を出現させなかったのか、という問いに対しては、――その答えは、おそらく、女たちと胚種的流体との間に親和性があることと、したがって女たちが、延長される出自の只中においては閉鎖した立場を守っていることに見いだせるだろう（縁組のパラノイアに対立する出自のヒステリー）。だから雄の同性愛は縁組の表象作用であり、これは、男女両性的な強度の出自に属する両義的記号を抑圧するのである。ところが、ドゥヴルーは、二度過ちを犯しているように思われる。すなわち、一度は、同性愛の表象のこの発見、彼自身のいう重大すぎる発見を前にして、彼自身が長いことひるんでいたとみずから認めているときである（ここには、「すべての男たちは男色家である」という定式の原始的バージョンがあるにすぎない。もとより男たちは、結婚を操作するときほどに男色家になることは決してない）。もうひとつは、とりわけ彼が、この縁組の同性愛を、抑圧されるものとしてのオイディプス・コンプレックスの産物とみなそうとするときである。オイディプスを仲介として、縁組がもろもろの出自の系統から演繹されることは決してない。それどころか、地縁一族やこの地縁一族の原始的非オイディプス的な同性愛の作用によって、縁組は、もろもろの出自一族を分節するのである。オイディプス的な、あるいは出自的な同性愛が存在することは真実だとしても、それがまず非オイディプス的な集団的同性愛に対する二次的な反応でしかないことを見なければならない。オイディプス一般に関していえば、オイディプスは抑圧されたものではなく、欲望を表象するものではない。欲望を表象するものは、〈手前に〉あって、まったく〈パパ－ママ〉を知らないのである。さらに、オイディプスは、〈彼方に〉あって、人物を縁組における同性愛の法則に従わせることによってのみ識別するような、抑圧する表象作用でもない。近親相姦は、抑圧される〈表象するもの〉に対して、抑圧する表象作用が及ぼす遡及的効果であるにすぎない。つまり、抑圧する〈表象作用〉は、自分が対象としているこの〈表象するもの〉を歪曲し、置き換えるのである。それは、それ自身が確立して識別可能にしたもろもろのカテゴリーを、この〈表象するもの〉の上に投射するのである。それは、縁組がまさに外延におけるシステムの中に＋〔プラス〕と－〔マイナス〕を組織する以前には存在しなかった項目を、この〈表象するもの〉に適用するのである。——抑圧する〈表象作用〉は、この〈表象するもの〉を、このシステムの中でブロックされるものの上に折り重ねるのである。だから、オイディプスはまさに極限であるが、しかしこの極限は置き換えられた極限であり、いまやそれは社会体の内部に移行する。オイディプスは、おとりのイメージであり、欲望はそれに捕獲されるのだ（おまえが欲しがっていたことは、あれなのだ。脱コード化した流れとは、近親相姦のことだった）。ここからひとつの長大な物語、つまりオイディプス化の物語が始まる。しかし、まさしくすべてはライオスの、欲望を罠にかける集団的同性愛者、倒錯者の頭の中で始まるのだ。なぜなら、欲望とはまたこれ、つまり罠でもあるのだから。領土的表象は、抑圧される〈表象するもの〉、抑圧する表象作用、置き換えられた〈表象されるもの〉という、三つの審級を含んでいる。

第四節　精神分析と人類学

私たちは性急に進みすぎている。あたかもオイディプスが未開の大地機械の中にすでに確立されているかのように、私たちはふるまっている。けれども、ニーチェが良心の呵責について語っているように、このような植物が成長するのは、この地の上ではない。なぜなら、精神医学や精神分析に固有な家族主義の枠において理解される「家族的コンプレックス」としてのオイディプスを生みだす諸条件は、もちろんまだ与えられていないからである。未開の諸家族は、縁組と出自とに関する実践、政治、戦略を形成する。これらの家族は、形式的に社会的再生産の動力をなす要素であり、表現的なミクロコスモスとは何の関係もない。父、母、姉妹は、これらの家族において、常に、父、母、姉妹とは別のものとしても働いている。さらに、こうした父や母などに加えて、ここには姻族が存在する。この姻族は、能動的な具体的実在であり、社会野と外延を同じくする家族間の様々な関係を構成している。しかし、家族的諸規定が社会野のあらゆる隅々において破裂し、社会に固有の諸規定に合体したままであるといってしまっては、やはり正確ではないであろう。なぜなら、家族的規定と社会的規定とは、大地機械において唯一の同じ部品であるからである。ここではまだ家族の再生産は、性質を異にする社会の再生産に役立つ単純な手段や質料ではない。だから、家族の再生産の上に社会の再生産を折り重ね、これら両者の間に一対一の対応関係を打ちたてうる可能性は、なんら存在していない。この一対一の対応関係は、仮に成立するなら、なんらかの家族的コンプレックスに、表現的な価値と、見かけの上の自律的形態とを与えることになるものであるが。ところが逆に、たとえきわめて小さくても、家族の中のまったく小さな個人さえも、直接的に、歴史的経済的政治的社会野を備給しているということは明らかで、この社会野は、いかなる精神的構造にも、またいかなる情動的配置にも還元されえないものである。したがって、原始社会における病理学的な症例や治療の経過を考察する場合、これらをあいかわらず精神分析から借りたもろもろの基準に関係づけて、精神分析のプロセスと比較することは、私たちにはまったく不適切と思われる。例えば、私たちのものとは異なるものであっても、家族的コンプレックスが問題にされ、あるいは、一民族の無意識に関係づけられるとしても、文化的内容が問題にされる——精神分析の治療とシャーマニズムの治療との間に平行関係をみる試みのように（ドゥヴルーやレヴィ＝ストロース）。私たちは分裂分析を二つの様相によって規定した。ひとつは、無意識の擬似的な表現的形態の破壊であり、もうひとつは、欲望による社会野の無意識的備給の発見であった。多くの原始的治療は、まさにこの観点からあらためて考察し直されなければならない。これらは、まさに実践された分裂分析なのである。

ヴィクター・ターナー[24]は、ヌデンブ族におけるこうした治療の注目すべき例を与えている。この例は私たちの倒錯した観点から見ると、すべてがまずオイディプス的であると見えるだけに、なおのこと驚かされる。女々しく、手に負えないうぬぼれやで、なすことすべてに挫折した病人のKは、彼を厳しく非難する母方の祖父の亡霊に苦しめられている。ヌデンブ族は母系制で、母方の両親の家に住まなければならないが、Kは例外的に父の母系で長い期間を過ごし、そこで可愛がられて、父方の従妹たちと結婚した。しかし、彼の父が死んだとき、彼は追放されて母方の村に帰ってくる。ここで、彼の家は、彼が二つの領域の間に板ばさみになる状況を、つまり父方の集団のメンバーの家々と、自分自身の母系のメンバーの家々との間にいる状況をまさに表現している。ところで、病気の原因を指し示すという責任を負った占い術と、病気をなおす責任を負った医療とは、どのようにして行われるのか。病気の原因は歯である。それは祖先の狩人の上の二本の門歯であり、これらの門歯は聖なる袋の中に収められているが、しかし病人の身体につき刺さろうとして、この袋から逃げることもできる。しかし門歯の及ぼす効果を診断しそれを払いのけるために、占い師と医者は社会的分析に専念するのであって、この分析は、領土とその近隣、族長と副族長の支配領、家系とその線分、縁組や出自に関するのである。つまり、占師と医者とは、たえず政治的経済的なもろもろの単位と関係づけて、欲望を解明しようする。——ところが証人たちの方は、まさにこの点において占者と医者を欺こうとするのである。「占いは社会的分析の形態をとることになり、この分析のあいだに、個人と党派の間の隠れた争いが明らかになる。それによって、こうした争いを伝統的な儀式の手法によって癒やすことが可能になる……。神秘的な信仰の漠然たる性格は、これらの争いを数々の社会的状況と関連づけて取り扱うことを可能にする。」病因となった門歯は、主としてまさに母方の祖父の門歯であると思われる。ところが、母方の祖父は偉大な族長であった。彼の後継者たる「ほんとうの族長」は、魔法にかけられることを恐れてその地位を放棄しなければならなかった。その推定相続人は、聡明なやり手であるが、権力をもっていない。現在の族長は、よい族長ではない。病人のKに関していえば、Kは仲介者の役割を果たすことができなかった。この役割を果たすことができたら、Kは族長候補になったはずだ。植民者と被植民者とのもろもろの関係に応じて、すべてはさらに複雑になる。英国人たちは、族長の支配領を認めなかったし、貧しくなった村は落ちぶれる（村の二つの区画は、英国人から逃れた二つの集団がまとまったことから生まれたものであり、老人たちは現状の頽廃を嘆いている）。この集団が企んでいるのは集団心理療法ではなく、病人を中心とする文字通りの集団分析である。病人に水薬を与え、門歯を吸いこむために病人の身体にいくつか角をとりつけ、太鼓を打たせ、医者はひとつの儀式にとりかかる。この儀式は休止と再開によって中断され、ここにはあらゆる種類の流れがあり、ことばの流れと切断がある。村の成員たちが話しにやってくる。亡霊が呼び出される。儀式は中断される。医者が説明する。儀式は再び始まる。病人は語る。太鼓、歌、失神状態。問題は、単に利害による社会野の無意識的備給を見いだすことだけではない。もっと深いところに、欲望による社会野の無意識的備給を見いだすことである。まさにこれは、病人が結婚するときに、また彼が村の中でひとつの地位を占めるときに、さらには族長が集団の中であらゆる地位を強度として生きるときに、介入しているのだ。

出発点はオイディプス的であるようにみえる、と私たちは言った。だが、それはただ、いいいい私たちにとって出発点にすぎなかったのだ。誰かが父、母、祖父について私たちに語るたびに、私たちはすぐオイディプスと叫ぶように仕込まれているからである。ほんとうは、ヌデンブ族の分析は決してオイディプス的ではなかった。つまり、この分析は、直接的に、社会的な組織や組織解体にかかわるものであった。性愛そのものが、女たちとの結婚による、欲望のある種の備給であった。両親は、ここでは刺戟の役割を演じていたのであって、族長やその形象によって引き受けられる集団の組織者（あるいはその破壊者）の役割を演じていたのではない。あらゆるものが父の名や母方の祖父の名の上に引き下ろされるのではなく、むしろその名は歴史上のあらゆる名前に開かれていた。あらゆるものが去勢というグロテスクな切断に投射されてしまうのではなく、あらゆるものは族長支配や家系や植民地化といった無数の流れ－切断の中に分散していた。関係の数千の流れ－切断の中に分散していたのである。人種、氏族、縁組、出自のあらゆる働き、歴史的、集団的なあらゆる漂流。こうしたものは、まさしくオイディプス的分析の対極にある。オイディプス的分析は、錯乱の内容を執拗に粉砕し、これを全力で「父の象徴的空虚」の中につめこんでしまう。あるいはむしろ、分析がオイディプス的なものとして始まるのは、私たちにとってにすぎないとしても、それはやはり、ある程度までオイディプス的になるのではないか、それなら、どの程度までオイディプス的になるのか。そうだ。植民地化の影響によって、分析が部分的にオイディプス的になることがあるのだ。例えば植民者は、自分の目的に役立てるために、族長支配を廃止したり使用したりする（いやそれだけでなく、さらに多くの他のものも使用する。族長支配は、まだとるにたらないものだ）。植民者はこう語る。おまえの父はおまえの父で、それ以外の何ものでもない。あるいは、母方の祖父も同じだ。こういう人物たちを族長と混同してはならない。……おまえは片隅でおまえ自身を三角形化させ、おまえの家を父方の家と母方の家との間におくことができる。……おまえの家族はおまえの家族で、それ以外の何ものでもない。社会的再生産は、もはやおまえの家族にかかわらない。もっとも、新しい再生産体制にやがて従属する材料を供給するために、おまえの家族は間違いなく必要とされるのではあるが……。そうだ。このとき、無一物になった未開人たちのためにオイディプスの枠が、浮かび上がる。スラム街のオイディプス。ところが、私たちは、被植民者たちがずっとオイディプスに対する抵抗の典型的な実例であったことをみてきた。じじつここでは、オイディプス的構造は閉じることができず、三角形の各項は、争っている場合も、妥協している場合も、いずれにしろ圧制的な社会的再生産の代理者たちに固着したままなのだ（白人、宣教師、徴税人、物資輸出業者、役人となった村の名士、白人を呪う古老たち、政治闘争を始める青年たち、等々といった人びとに）。ただし二つのことは、どちらも事実なのだ。被植民者はオイディプス化に抵抗する、そしてオイディプス化は、被植民者を再び閉じこめようとするのである。オイディプス化が存在するかぎり、オイディプス化とは植民地化の事実そのものである。オイディプス化を、植民地化のあらゆる手法につけ加えなければならない。ジョランは『白い平和』において、こうした手法をよく描写しえたのである。「被植民者の状態は、人間的に生きる場所の縮小を起すことがある。そこで求められている解決はといえば、およそ個人や限られた家族の規模で求められ、したがって集団的なレベルでは極端なアナーキーや無秩序を伴うことになる。個人は常にこのアナーキーの犠牲となる。ただし、こうしたシステムの鍵を握る人物たちは例外である、この場合は、植民者たちがこれにあたる。彼らは、被植民者が自分の生きる場所を縮小するのと同時に、むしろそれを拡大しようとする。(25)」オイディプスは、民族虐殺における安楽死のようなものである。社会的再生産がその本性においても外延においても、集団のメンバーたちの手を離れれば離れるほど、それはますますメンバーたちの上にのしかかり、ますます制限され神経症化された家族的再生産の上にメンバーたち自身を引き降ろすのだ。オイディプスは、こうした家族的再生産の代行者なのである。

それにしても、インディアンのオイディプスやアフリカ人のオイディプスを発見したという人びとのことを、どう理解すればいいのか。彼らは、私たち自身のオイディプス（私たち自身の仮定されたオイディプス）を構成するメカニズムや態度は何ひとつ見つからないことを最初に認めている。だが、これはどうでもいい。彼らはこう語る。オイディプスの構造が「臨床診断によって解明しうる」実在性を何らもっていなくても、その構造はそこに存在する、と。あるいは、その発展や解決のあり方は私たちの場合とまったく異なるとしても、問題、出発点はまさにオイディプス的である、と（パラン、オルティグ）。（植民地化の状態を除けば）オイディプスが存在し始めるために必要な条件さえ存在していないのに、彼らはひとりのオイディプスが「ずっと存在している」というのだ。もし、思考がオイディプス化の度合によって評価されるということが真実なら、確かに、白人たちはあまりに思考しすぎである。これらの著者たちはアフリカ研究の精神分析家であるが、ここでは彼らの資質や誠実さや才能が問題なのではない。まさしくこれらの著者たちにとっても、私たちの中の精神療法医にとっても、事態は同様なのである。彼らは、自分が何をしているかを知らないのだ、といえる。私たちの中にも、子供を三角形化する新しい仕方を実践するだけで、誠実に進歩的な仕事をしていると思いこんでいる精神療法医が存在する。――注意しなければならない、これは構造的オイディプスであって、想像的オイディプスではない！　というわけだ。同様に、アフリカにおける先の精神分析家たちは、みずからは進歩的な意図にしたがいながら、構造的な、あるいは「問題的な」オイディプスの軛を操っているのだ。いずれの場合も事態は同じなのである。オイディプスとは、常に別の手段によって追求された植民地化なのである。それは内なる植民地なのだ。私たちヨーロッパ人においても、オイディプスは私たちにとって親密な植民地的形成物であることを見てみなければならない。M・C・オルティグとE・オルティグが、自分たちの著書をしめくくった最後の文章を、どのように理解したらいいのか。「病とは、選別のしるし、超自然的な能力の特別な注意のしるし、あるいは、魔術的な性格の攻撃のしるしとみなされている。こうした観念は容易には、現世的なものにはならない。分析的な精神療法が介入することができるのは、何らかの要求が患者によって表明されえたときからでしかない。だから、私たちの探求はすべて、ひとつの精神分析的領域を確立する可能性を前提としていた。ある患者が完全に伝統的な規範に執着して、自分自身の名において語るべきことを何ももたないとき、彼は、伝統的な療法者たちや家族集団に、あるいはまた『薬』を使う医術に自分の治療をまかせていたのだ。ときおり、彼が伝統的な治療について私たちに語りたがることがあると、これが精神療法の糸口になり、このことが、彼にとっては、自分自身の社会の中に自分を人格として位置づけるひとつの手段となった……。別の場合には、精神分析的対話がずっと広い範囲にわたって展開されたこともある。この場合には、オイディプスの問題は世代間の葛藤をあらわにして、通時的な様相をおびてくることになった。[26]」なぜ超自然的な能力や魔術的な攻撃といったものは、オイディプスに劣る神話を生み出すしかないと考えるのか。反対にこうした能力や攻撃は、社会野を組織するためであれ、あるいは解体するためであれ、社会野のより強度な、より十全な備給にむけて欲望を規定するものではないのか。少なくともマイヤー・フォーテスは、オイディプスの傍にヨブの場所があることを示していた。患者が伝統的な規範に執着しているかぎり、自分自身の名において語るべきことをもたないと判断するのは、どういう権利にもとづくのか。ヌデンブ族の治療は、まったく逆のことを示しているのではないのか。オイディプスもまた、ひとつの伝統的な規範であり、私たち自身の規範ではないのか。他方では、オイディプスの解決は「癒し難い存在の欠陥」と普遍的な去勢を私たちに教えると明言しているのに、このオイディプスは私たち自身の名において私たちを語らせる、などとどうしていうことができるのか。それに、オイディプスを正当化するために引き合いにだされるあの「要求」とは、いったい何なのか。わかっている、患者はパパ－ママを要求し、同じ要求を繰り返す。しかし、どんな患者が、どんな状態においてそうしているのか。そうすることは、「自分を自分自身の社会の中に人格的に位置づける」手段なのか。それはいかなる社会なのか。誰かが患者に対してこしらえた、新たに植民地化された社会のことなのか。植民地化が素描することしかできなかったものを、ついに完成する社会のことなのか。欲望のもろもろの力を実効的にオイディプスの上に、父の名の上に引き下ろし、グロテスクな三角形の中に閉じ込める社会のことなのか。

文化主義者たちと正統的な精神分析家たちの間で果てしなく続けられた有名な議論に戻ることにしよう。オイディプスは普遍的なものなのか。それは偉大なカトリック的な父の象徴であり、あらゆる教会を統合するものなのか。この議論はマリノウスキーとジョーンズとの間で始まったものであるが、その後、一方はカーディナー、フロム、他方はローハイムといった陣営の間で続けられた。さらに、この議論は幾人かの人類学者とラカンの若干の弟子たちの間にひきつがれた（これらの人びとは、単に、ラカンの説にオイディプス的解釈を与えたばかりではなくて、この解釈に民族学的な拡がりを与えた）。オイディプスを普遍的なるものとする側には、二つの極がある。そのひとつは、時代遅れに思われるが、オイディプスを根源的な情動の星座とし、極限において現実の出来事とみなすのであり、この出来事の効果は系統発生的な遺伝によって伝えられるというのである。もうひとつは、オイディプスをひとつの構造とみなしている。この構造は生物学的な早熟や幼形成熟に対応して、極限において、幻想の中に見いだされるべきものと考えられている。ここには、極限に関してきわめて異なる二つの発想がある。一方はそれを根源的な母胎とみなし、他方は構造的な機能とみなしているからである。私たちは、まさしくこの二つの方向で、普遍的なものを「解釈する」ようにうながされている。なぜなら、オイディプスの潜在的な現存は、オイディプスの明白な不在を通じてのみ現われ、それは抑圧の効果と理解されるからである。あるいはさらにいえば、構造的な不変項は、想像的なヴァリエーションを通じてのみ発見されるのであって、それが必要に応じて象徴的排除〔空虚な場所としての父〕を示すからである。普遍的なものとしてのオイディプスは、あの古い形而上学的操作を再開しているにすぎない。それはつまり、ひとつの喪失、ひとつの欠如として否定を解釈するものなのだ。死んだ父の象徴的欠如、すなわち偉大なる〈シニフィアン〉である。解釈するということは、信仰をもち、敬虔であるための現代的な仕方である。すでに、ローハイムは、幼形成熟的、構造的不変項に向かって収斂する一連の可変項の中に未開人たちを位置づけることを提案していた。(27) 彼こそはユーモアなしに、もしひとがオイディプス・コンプレックスを求めなかったならば、ひとはそれを見いださなかったであろうと、大まじめに語ったのである。さらに、もしひとが自分自身を精神分析してもらわなかったなら、ひとはオイディプス・コンプレックスを求めないだろうと、語ったのも彼である。だから、あなたがたの娘は黙っているのだ。つまり、人類学者の娘たちであるもろもろの部族は、オイディプスを口にしない。しかしオイディプスが彼らをしゃべらせるのだ。ローハイムはさらにこうつけ加えている。検閲のフロイト的理論が、フランツ－ヨセフの帝国〔オーストリア－ハンガリー帝国〕の抑制的体制に依存していると信ずるのは滑稽なことである、と。フランツ－ヨセフは、ほんとうの歴史的切断ではないことに、ローハイムが気づいていたとは思われない。口承的、書記的、あるいはさらに「資本主義的」文明とは、おそらくこのような歴史的切断であって、これとともに抑制の本性、および抑圧の意味や射程が変容することには、気づいていたとしても。

抑圧のこの歴史は、じつに複雑である。もしリビドーあるいは情動が、——いわゆるオイディプス的表象と同時に——、ことばの広い意味で抑圧（抹殺、抑止、変容）されているならば、事態はもっと単純であろう。しかし、そういうわけにはいかないのだ。原始社会の公共的象徴の中にもろもろの情動の性的な性格が認められるということは、大部分の人類学によっていみじくも指摘されたことである。この社会のメンバーたちは精神分析されていないとはいえ、そして表象の置き換えにもかかわらず、情動の性的な性格は、このメンバーたちによって全面的に体験されているのだ。毛髪と性の関係について、リーチが語っているように、「ファルスの象徴的な置き換えは広く行われているが、しかしファルス的根源は何ら抑圧されていない[28]」。未開人たちは、表象を抑圧して情動を無傷のままに保っているというべきなのか。そして、このことは、私たち文明人の父権制の組織においては逆になるのだろうか。この組織において、表象は明晰であるが、情動は抹殺され抑止され変容されることになるのだろうか。ところが、そうではない。精神分析は、私たちに、私たち文明人もまた表象を抑圧すると語っている。そのうえなお、私たち文明人もまた、しばしば情動の完全に性的な性格を保持しているということを、すべてが私たちに語っている。私たちは、精神分析を受けなくても、何が問題なのか、完全に知っているのだ。では、いかなる権利に基づいて、抑圧の対象になるオイディプス的表象について語るのか。近親相姦が禁止されているからか。私たちは、あいかわらず、禁止されているが故に望まれる近親相姦という、影の薄い根拠に立ち戻ることになる。近親相姦の禁止は、オイディプス的表象をともない、その抑圧と回帰から近親相姦の禁止が生まれてくるというのだ。ところが、逆のことが明白である。オイディプス的表象の方が近親相姦の禁制を前提としているばかりか、オイディプス的表象が近親相姦の禁制から生まれてくるとか、結果してくるとかいうことさえできないのだ。ライヒは、マリノウスキーの主張に与しながらも、その主張に深い指摘をつけ加えていた。すなわち、もろもろの禁止が、ただ近親相姦に対してだけではなく、「全く他のタイプのもろもろの性的関係に対して」働いて、近親相姦以外の道を閉ざせば閉ざすほど、なおさら欲望はオイディプス的になるということを[29]。要するに、近親相姦の抑制が、抑圧されたオイディプス表象から生まれるものでないことは、この抑制そのものが、この抑圧を引き起すものでないのと同様なのである。まったく異なる事態があって、抑制－抑圧の一般的システムは、抑圧されたものを歪曲して、オイディプスのイメージを誕生させるのである。まさに性の抑圧が近親相姦以外のものに向かって働く度合に応じて、今度はオイディプスのイメージが抑圧を受けることになり、このイメージが抑圧されるものの位置に、あるいは実際に欲望されているものの位置にくることになる。これが、私たちの社会のたどった長い歴史なのである。まず始めに抑圧されるものは、オイディプス的表象なのではない。抑圧されるものは、欲望的生産なのである。この欲望的生産から、社会的生産や再生産の中に移行しないものが、抑圧されるのである。抑圧されるものは、社会的生産や再生産の中に無秩序と革命を導入するもの、欲望のコード化されないもろもろの流れである。逆に、欲望的生産から社会的生産に移行するものは、この社会的生産を直接に性的に備給することになり、それは象徴システムの、またこのシステムに対応する情動の性的な性格を抑圧することもなければ、またとりわけオイディプス的表象にはかかわりをもつこともない。オイディプス的表象は、根源的な抑圧を蒙り、構造的に排除されているとみなされているけれども。動物は、単に利害による前意識的備給の対象であるばかりではなく、欲望のリビドー的備給の対象でもあり、この備給が動物から父のイメージを取り出してくるのは、二次的にでしかない。食物に対するリビドー備給についても、同じことがいえる。この備給は、飢える恐怖や飢えないことの喜びが露呈するところにはどこにも存在するが、この備給が母のイメージにかかわるのは二次的にでしかない。(30)私たちは先に次のことを見た。すなわち、どのようにして、近親相姦の禁制は、オイディプスにではなく、欲望を構成するコード化されない流れにかかわっているか、またこれらの流れを表象するものに、つまり前人称的な強度の流れにかかわっているかを。オイディプスに関していうなら、それはコード化されないものをコード化し、コードを逃れるものをコードに導くひとつの仕方、あるいは欲望とその対象を置き換え、罠にかけるひとつの仕方なのである。

文化主義者たちと人類学者たちが的確に示していることは、制度の方が、情動や構造の先にくるということである。なぜなら、構造は心的なものではなく、ただ事物の中に、つまり社会的生産および再生産の形態の中にあるからである。妥協的とは思えないマルクーゼのような著者でさえ、文化主義者たちがまずまずの一歩を踏みだしたことを認めている。すなわち生産の中に欲望を導入していること、「本能的構造と経済的構造との間」に脈絡を見いだしていること、「また同時に、父権中心の搾取的な文化を越えて進歩するもろもろの可能性を示していること」(31)などという点である。それなら文化主義に道を誤らせたのは何なのだろうか。ここでも、文化主義が始めは正しく出発しているということと、それが始めから道を誤っているということとの間に矛盾はない。これはおそらく、オイディプスの相対主義と絶対主義のどちらにも共通の公準である。つまりいたるところに荒廃をもたらす家族主義的視野を頑固に保持しているということである。なぜなら、もし制度がまず家族の制度として理解されているとすれば、家族的コンプレックスはもろもろの制度とともに変化するといっても、あるいは逆に、オイディプスは中核的不変項であって、家族や制度はその周囲を廻っているといっても、いずれにしろあまり重要ではないからである。文化主義者たちは、例えば〈母方のおじ－おば－甥〉といったような、別のもろもろの三角形を援用する。しかし、オイディプス主義者たちは、そうした三角形が同じひとつの構造的不変項の想像的な変容であり、また同じひとつの象徴的三角形化の異なる形象であることを、何の苦もなく指摘する。この象徴的三角形化は、たまたまこの三角形を実現しているある人物や、これらの人物をたがいに関係させているある態度と同じものではないのである。ところが、逆に、こうした超越的な象徴システムを援用しても、構造主義者たちを最も狭い家族的観点から全然引き出すことにはならない。それはパパなのか、それはママなのか、に関する果てしない議論についても、事態は同様である（あなたは、母をないがしろにしている。いや、あなたはその横に父を空虚なる場所としてみてはいない）。文化主義者たちと正統的な精神分析家たちとの間のいさかいは、しばしば、母と父の、また前オイディプスとオイディプスの、それぞれの役割をどう評価するかに還元された。ところが、この葛藤を通じて、ひとは家族の外にも、オイディプスの外にさえも出ることができず、あの有名なオイディプスの両極の間をたえず往き来することになったのである。この両極とは、想像界の前オイディプス的な母の極と、象徴界のオイディプス的な父の極である。この両極は二つとも同じ軸の上にあり、そこでは家族化されたひとつの社会性に属する同じ言語が話されるが、同じ言語とはいっても、一方の極は母なる日常の方言を用いることを、他方の極は父なる共通語の毅然たる法則を守ることを指定している。カーディナーによって「第一次的制度」と呼ばれたものの両義性が、ここではっきり示されたのである。なぜならある場合には、大人から到来するもろもろの家族的刺戟を子供のときから受けながら、欲望が社会野を備給する仕方が問題となるが、この場合には、リビドーを（家族外で）十全に理解する条件はすべて与えられている。しかし、もっと頻繁には、家族の組織それ自体だけが問題となるのである。この家族組織は、まず子供によって〈ミクロコスモス〉として体験され、次には〈成人となり社会的になるプロセス〉の中に投射されるとみなされる。(32) このような観点からすれば、この同じ家族という組織に関する文化的解釈の信奉者と、象徴的あるいは構造的解釈の信奉者との間で、議論は空回りするほかない。

文化主義者たちと象徴主義者たちに共通している第二の公準をつけ加えておこう。少なくとも私たちの場合において、すなわち、家父長的資本主義的な私たちの社会において、オイディプスが確実なものであることを、すべてのひとが認めている(たとえ、フロムの場合のように、新しく母権的諸要素が強調されることがあるとしても)。すべてのひとが、私たちの社会をオイディプスの強力な拠点として認めている。この拠点から出発すれば、ひとはいたるところでオイディプス的構造に再会することになるだろう。そうでなければ逆に、その諸項や諸関係を、非オイディプス的ではあるが、やはり「家族的な」コンプレックスにおいて、変化させなければならないだろう。だから、先にのべた私たちのあらゆる批判は、私たちにおいて価値をもち作動するとみなされるオイディプスを対象としていた。オイディプスを攻撃しなければならないのは、最も弱い点(未開の人びと)においてではなくて、最も強い点において、最も強力な鎖の環においてなのである。つまり、われわれの文化的社会的環境の中で、欲望的生産や無意識の総合やリビドー備給に対して、オイディプスがいかなる歪曲をもたらし、またいかなる歪曲を操作しているかが、証明されなければならないのだ。私たちにおいて、オイディプスは何ものでもないというのではない。私たちは、ひとがオイディプスを求め、さらになお求め続けていると、語ることをやめたわけではない。オイディプスの軛を揺さぶるラカンの試みのように根本的な試みでさえ、思いもかけず、なおオイディプスに役立つひとつの手段として解釈されてきた。つまり、オイディプスを重たくし、これを赤ん坊や分裂者の前に立ちはだからせるための一手段として解釈されてきた。そして確かに、人類学的あるいは歴史的説明が私たちの現在の組織と矛盾しないことは、つまりこの組織がそれなりに人類学的仮説の基礎的要素を含んでいることは、単に正当なことであるのみならず、無視しえないことでもある。こうした考え方は、世界史の要求を喚起しながら、マルクスが語っていたことである。ただし、それは現在の組織が自分自身を批判しうるという条件においてのことであると、彼はつけ加えていた。ところで、オイディプスの自己批判は私たちの組織においてはみられないもので、精神分析はこの組織の部分をなしている。ある点からは、あらゆる社会組織体をオイディプスの観点から問題にすることは正当なことである。しかしそれは、オイディプスが、とりわけ私たちにおいて発見される無意識の真理であるからではない。逆に、オイディプスが無意識の本性をくらます欺瞞であり、この欺瞞が私たちにおいて成功したのは、先行する社会組織体を通じて、その部品や歯車を組み立てているからでしかない。この意味で、オイディプスは普遍的なものである。だから、オイディプスの批判は、まさに資本主義において、つまりオイディプスの最も強力な水準において、たえずその出発点を取りあげ、その到達点を見直していかなければならないのだ。

オイディプスはひとつの極限である。しかし、極限は多くのものを受容する。なぜなら、それは始めには、原基の役割を果す発端の出来事のようなものであり、あるいは中間においては、人間の間を媒介し人間関係の土台を保証する構造的機能のようなものであり、最後には終末論的な規定のようなものでありうるからである。ところで、私たちがみてきたところでは、オイディプスが極限であるということは、この最後の第三の意味においてのみいえる。欲望的生産についても同じことがいえる。ところがまさに、この第三の意味そのものにも、多くの異なる意味がある。第一に、欲望的生産は、社会的生産の極限に存在する。脱コード化したもろもろの流れは、コードと領土性の極限に存在する。器官なき身体は、社会体の極限に存在する。分裂者－流れが壁を通り抜け、あらゆるコードを攪乱し、社会体を脱領土化するときには、いつも絶対的な極限〔境界線〕というものが語られる。器官なき身体とは、脱領土化した社会体であり、欲望の脱コード化した流れが縦横に流れる荒野、この世の終り、黙示録である。ところが第二に、相対的極限は、資本主義的社会組織体のことにほかならない。なぜなら、この組織体は、じっさいに脱コード化した流れを操作し流通させるが、もろもろのコードをさらにもっと圧制的なひとつの可算的公理系に代えることによってそうするからである。したがって、資本主義は、資本主義自身の傾向に反する運動と一体をなしており、壁に近づくと同時に壁から後退することをやめない。分裂症は絶対的極限であるが、資本主義は相対的極限なのである。第三に、社会組織体に極限が到来するかもしれない様相が現実に現われると、この社会組織体は全力をふるってこうした様相を払いのけることになるが、こうした様相を予感し予見しないような社会組織体はどこにも存在しない。ここから、資本主義以前の組織体がもっていたあの執拗なまでの頑固さが生まれてきた。これらの組織体は、執拗なまでの頑固さをもって、商人や技術者をひとつのカーストの中に閉じ込め、貨幣の流れや生産の流れが、組織体の諸コードを破壊するような自律性を獲得することを妨げている。これが、まさに現実的極限である。この極限は、社会の内側においては抑圧されるにしても、その外側から社会に回帰してくるものであるから、資本主義以前の組織体のような社会がこの現実的極限に遭遇すると、こうした社会はそこに自分の死が近づいている兆候を憂鬱な気持で認めることになるわけなのだ。例えば、ボハナンは、ティヴ族の経済を説明しているが、これは、消費財、威信、女性と子供という三種類の流れをコード化している。貨幣が不意に登場してきても、この貨幣はひとつの威信という財として、コード化されるにすぎない。ところが商人たちは、この貨幣を使って、伝統的に女性が手中にしてきた消費財の分野を奪いとることになる。こうして、あらゆるコードがゆらいでゆくことになる。確かに、貨幣とともに始まり、貨幣とともに終る事態は、コードの用語では表現されえない活動である。輸出品を積んで出てゆくトラックを見送りながら、「ティヴ族の最長老の人びとはこの状況を嘆く。彼らは何が起っているかを知っているが、自分らの非難をどこに向けたらいいのかわからない。」(33)苛酷な現実である。ところが第四に、内から抑止されていたこの極限は、すでに根源的な発端の中に、つまり神話的原基の中に想像上の極限として投射されていたのである。コード化されないもろもろの流れが熔岩のように迸り、社会体を襲うという、この悪夢をどうやって想像したらいいのか。それは、フルブ族の神話のように、おさえられない糞の洪水なのか、あるいは、ユルグ族の神話のように、強度の胚種的流体であり、近親相姦の手前なのか。これは、欲望の表象者として働いて、世界の中に無秩序を導入するのである。ここから第五として最後に、極限を置き換えるという課題の重要性が生じてくることになる。極限を社会体の内部へ移行させること、つまり、縁組の向う側の彼岸と出自の手前の此岸との間の中間に、また縁組の〈表象作用〉と出自の〈表象者〉との間の中間に移行させること。これは、ちょうど大河に人工的な河床をうがつなり、大河を多数のあまり深くない小さい小川に迂回させるなりして、この河の恐ろしい力を払いのけるようなものである。オイディプスは、この置き換えられた極限である。そうだ。オイディプスは普遍的である。しかし、オイディプスは次のような二者択一であると信じこんでしまうなら誤りに陥ることになる。つまり、オイディプスは抑制-抑圧システムの産物であり、この場合には普遍的なものではない。そうでないなら、オイディプスは普遍的なものであり、欲望の措定である。このような二者択一である。ほんとうは、オイディプスが普遍的なのは、それが、あらゆる社会につきまとう極限の置き換えであり、つまり置き換えられた表象内容であるからだ。この表象内容とは、すべての社会が自分の最も深みにある否定的なものとして絶対に恐れているもの、つまり欲望の脱コード化したもろもろの流れを歪曲するのである。

しかし、この普遍的なオイディプス的極限は、あらゆる社会組織体の中で「みたされる」わけではなく、しかも戦略的にみたされるというわけではない。カーディナーの指摘したことの意味を十分にくみとらなければならない。彼はこう指摘している。インド人も、エスキモー人も、オイディプスの夢を見ることがあるかもしれないが、しかしそのためにコンプレックスにとらわれたり、「コンプレックスをもったり[34]」することはない、と。オイディプスがみたされるためには、いくつかの条件が不可欠である。まず、社会的生産や再生産の分野が、家族的再生産から独立したものにならなければならない。ことばを換えていえば、縁組と出自とを活用変化させる大地機械から独立したものにならなければならない。次に、連鎖の離脱可能な諸部分はこの独立性を利用して、離脱したひとつの超越的対象に帰属しなければならないのであって、これは諸部分の多義性を破壊するのである。さらに、この離脱した対象（ファルス）は、一種の折りたたみ、適用あるいは折り重ねの操作を行う。つまり出発点の集合として定義される社会野を、到達点の集合として定義される家族野の上に折り重ね、この二つの間に一対一に対応する諸関係の網の目を設立しなければならない。また、オイディプスがみたされるためには、オイディプスが、表象システムにおけるひとつの極限であり、あるいは置き換えられた表象内容であるだけでは十分ではない。このオイディプスがこのシステムの真っ只中に移住し、それ自身が、欲望の表象者の位置をみたさなければならない。これらのいくつかの条件は、無意識のもろもろの誤謬推理と不可分であり、資本主義的組織体において実現されるのである。——しかも、これらの条件は、まだ野蛮な帝国組織体から借りたある種の古代主義を、とくに超越的対象の措定を含んでいる。資本主義のスタイルは、ロレンスによってこう叙述された。「私たちの産業的民主主義的なものの秩序。その〈私の可愛い小さいおちびさん、ママに会いたいな〉的スタイル」。ところが、原始的形成体が、こうした諸条件を何らみたしていないことは明らかである。なぜなら、ここでは、まさに家族はもろもろの縁組に開かれていて、歴史的社会野と外延を同じくし、これに適合しているからである。家族は、社会的再生産そのものを活気づけているからである。家族は離脱可能なもろもろの部分を動員し、移行させるが、決してそれらを離脱した対象に変換しないからである。――オイディプスの定式〈3＋1〉に対応する、いかなる折り重ね、いかなる適用も可能ではない（テーブルクロスの四隅が三角にたたまれるように、さらにこの折りたたみを操作する超越的な一項がある）。「人間の共同体の真っ只中にあって、語り、踊り、交換し、流れるにまかせること、そのうえ排尿すること…。」パラン自身が、原始的な流れとコードの流動性を表現するために、こう語っている。[35] 原始社会において、ひとは祖先と配偶者のシステムの中にあって、常に〈4＋n〉にとどまっている。ここでは、オイディプスがあいかわらず存在し続けていると主張することなど、とうてい無理で、オイディプスは存在し始めるところまでたどりつかないのだ。ひとは、常にまさに〈3＋1〉の以前にとどまっていたのである。原始的なオイディプスが存在するとすれば、それは、〈ネグ－エントロピー〉と同じ意味での〈ネグ－オイディプス〉である。オイディプスは、まさに極限であり、〈置き換えられた表象内容〉

であるが、しかし集団の各メンバーは常にこのオイディプスの手前か彼方にあって、決してオイディプスの位置を占めることがない（これは、カーディナーが、私たちの引用した定式の中で的確に見てとっていたことである）。オイディプスを存在させるのは、植民地化の働きなのだ、まさにオイディプスそのものとして想起されるひとりのオイディプス、純粋な圧制。オイディプスは、これらの未開の人びとがみずからの社会的生産を制御する力を奪われているとみなし、自分らに残された唯一のものの上に引き下ろされる程度まで彼らは十分成熟しているとみなすのだ。その上、アルコールと病弱に汚染されたばかりでなく、オイディプスにも毒された家族的再生産が彼らに強いられる。

ところが、他方で、資本主義社会において、先にふれたような、オイディプスの役割がみたされる諸条件が実現されるときがきても、それだからといってオイディプスが、その本性を放棄してしまうと考えてはならない。それはあいかわらず置き換えられた表象内容であって、欲望の表象者の位置を簒奪しにやってきて、無意識をその誤謬推理の罠にかけ、あらゆる欲望的生産を破壊し、信仰のシステムをもってこれに代える。オイディプスは決して原因ではないのだ。オイディプスは、前提となるある種の型の社会的備給に従属しており、これは家族的諸規定の上に折り重ねられるのに適した備給なのだ。このような原理は、おそらく成人には妥当するかもしれないが、子供にはとうてい妥当しないといって反駁するひとがあるかもしれない。ところがまさに、オイディプスは、父の頭の中で始まるものなのだ。その始まりは、絶対的なものではない。つまり、父が歴史的社会野に対して現実に行っている備給というものがまず存在し、オイディプスはこの備給の中から生まれてくるのにすぎない。となると、オイディプスが息子に移行するということが起るとしても、それは家族的な遺伝の力によってではなくて、無意識の間のコミュニケーションに依存するもっと複雑な関係によってなのである。したがって、子供においても、家族の刺戟を介して備給されているのは、やはり社会野であり、家族外のもろもろの切断や流れのシステム全体である。父が子供に先行するということは、この別の優先性によってのみ分析的に理解されうる。つまり、社会的備給あるいは逆備給が、家族的備給に対して優先するということである。私たちは、もっと先で、もろもろの錯乱の分析において、このことを検討するであろう。しかし、すでにオイディプスがひとつの結果であるということが明らかになるのは、オイディプスが、ある到達点の集合（ミクロコスモスとなった家族）を形成して、その上に、資本主義的な生産と再生産とが折り重ねられるからである。この資本主義的な生産、再生産のもろもろの器官やもろもろの代行者は、もはやまったく縁組と出自の流れのコード化を通過することなく、ただ脱コード化したもろもろの流れの公理系を経験するだけである。こうなると、資本主義的主権の形成は、自分自身に対応する親密な植民地的形成を必要とし、この形成に密着することになる。それなしには、資本主義的主権の形成は、無意識のもろもろの生産を掌握しえなかったであろう。

こうした条件の中で、人類学と精神分析の関係に関しては、何をいうべきなのか。不確かな平行関係で満足すべきなのか。両者ともが、当惑しつつ眺め合い、象徴システムの還元不可能な二つの分野として対立するという、不確かな平行関係をもつにとどまるのか。象徴の社会的分野と、一種の私的な普遍、個人的にして普遍的なものを構成する性的分野があるにすぎないのか（この二つの間には、もろもろの横断線が存在する。社会的象徴性は性的な素材となりえ、性行動は社会的資格を認める儀式となりうるからである）。しかし、問題がこうした仕方で提起されると、あまりにも理論的すぎる。じっさいに、精神分析は、しばしば、象徴が何を意味しているかを人類学者に説明しようとする意図をもっている。それは、ファルス、去勢、オイディプスを意味しているというわけだ。しかし、人類学者は別のことを問題にし、精神分析的解釈が、自分にとって何に役立ちうるのかと自問する。だから、二元性の対立は置き換えられることになる。こうした対立は、もはや二つの分野の間に存在するのではなくて、「それは何を意味するのか」と「それは何の役に立つのか」という二つの種類の問いの間に存在する。人類学者にとって、何の役に立つのかという問いだけでなく象徴を使用する組織体そのものにおいて、それが何に役立ち、いかに作動するのかという問いが重要な問題になるのだ。[36] あるものが何かを意味しているとしても、そのものが何かに役立つとは限らない。例えば、オイディプスの概念が精神分析家たちに対しても、無意識に対しても、何の役にも立たないということがありうる。ファルスは、このファルスの使用を私たちから取りあげる去勢と切り離せないが、このファルスは何の役に立つのか。もちろんひとはいう。

「それは何を意味するのか」という問いの外に私たちを引き出してくれるのだろうか。それはこの抹消される問いと同じものではないのか。それはあいかわらず表象の領域のことなのである。人類学者たち（あるいはギリシァ学者たち）と精神分析家たちの間のほんとうのすれちがいは、実践上のすれちがいは、無意識を、性愛を、象徴システムにおけるファルスの本性を、理解しているか、誤解しているかに、由来するのではない。すべてが端から端まで性的であり、性的な性格をもっているという点については、誰もがすべて原理的には一致しているといってもいい。誰もが、まず使用者たちが、このことを知っている。実践上のすれちがいは、むしろ二種類の問いの間の根本的な相異に由来するのだ。常にはっきりと公式化するわけではないが、人類学者たちやギリシァ研究者たちは、象徴は、何を意味するではなくて、それが何をなすのか、またそれを用いて何がなされるのかによって規定されると考えている。それは、常にファルスを、あるいはそれに類したものを意味している。ただし、それが何を意味するかは、それが何に役立つかについては何も語らない。要するに、民族誌学的な材料が存在しないという単にそれだけの理由で、人類学的な解釈は存在しないのである。ただ使用と作動が存在するだけである。この点において、人類学者たちは、精神分析家に、たくさん教えることがある。「何を意味するか」が重要ではないことについて。ギリシァ学者たちがフロイトのオイディプス概念に対立する立場に立つとき、彼らは精神分析的解釈に他の解釈を対立させちの方が、最後には精神分析家たちを強いて、同様の発見をさせることもありうるからである。すなわち無意識の材料も、精神分析的解釈も、もはやありえず、ただ用法があるだけであり、無意識の総合の分析的用法があるだけであって、それはもろもろのシニフィエの規定によっても、ひとつのシニフィアンの指定によっても、定義されはしない。それはいかに作動するのか、ということだけが唯一の問題なのである。分裂分析はあらゆる解釈を放棄する。なぜなら、それは無意識の材料を発見することを、断乎として放棄するからである。つまり無意識は何も意味しない。反対に、それは諸機械を構成している。それは欲望の機械なのである。分裂分析は、これらの欲望の諸機械が社会諸機械に内在しながら、いかに使用され、いかに作動するかを発見する。無意識は何も語らず、機械として作動する。それは表現的ではなく、表象的でもなく、生産的である。象徴とは、単にひとつの社会的機械であり、これは欲望機械として作動する。また社会的機械の中で作動するひとつの欲望機械であり、欲望による社会的機械の備給なのである。

制度というものは、生物の器官がそうであるように、それがいかに使用されるかによって説明されたことはない、としばしば語られ、また証明されてもきた。生物学的組織体あるいは社会的組織体は、それらが作動するのと同じ仕方で組織されるのではない。だから、明確に規定された特定の大集合の次元においては、生物学的、社会学的、言語学的等々の機能主義といったものは存在しない。ところが、分子的な要素としての欲望機械について、同じことはいえない。この場合、使用、作動、生産、組織は、ひとつのものでしかない。だから、こうした欲望の総合といったものこそ、しかじかの規定された条件のもとで、生物学的、社会学的、あるいは言語学的な分野におけるモル的諸集合が特定の用法をもつことを説明するのだ。じじつ、大きなモル的諸機械は、あらかじめ既定のつながりを前提としているが、こうしたつながりはこれらのモル的諸機械の作動によって説明されることはない。もともと、この作動そのものが、これらのつながりから由来するものであるからである。ただ欲望機械だけが、これらのつながりを生みだし、つながりにしたがって作動し、またこれらのつながりを即座に工夫し、発明し、形成しながら作動する。だから、モル的機能主義というものは、十分行くべきところまで進み切らなかった機能主義なのである。つまり、モル的機能主義が機械として操作しているものの巨視的な性質とは無関係に、欲望が機械として作動する諸領域まで到達しなかった機能主義なのである。この領域においては、有機的、社会的、言語学的等々の諸要素が、同じ鍋の中に入れられ、すべて一緒に煮られているのだ。機能主義は、欲望機械そのもの以外の、またこれらの欲望機械が生産野のあらゆる分野で形成する布置以外の統一性－多様性を知る必要はないのだ（つまり「全体的出来事」を知る必要はないのだ）。魔術的連鎖ともいうべきものが、植物や器官の断片、衣服のきれはしやパパのイメージ、それに様々の公式や単語といったものをひとつに結びつけている。要するに〈それが何を意味するのか〉と問うてはならない。むしろ、どのような機械が組み立てられるのか、どのような流れ、どのような切断が他の流れや切断との間に、こうした関係を結んでいるのか、と問わねばならない。ヌデンブ族における、二叉に分かれる枝の象徴システムを分析して、ヴィクター・ターナーが証明していることは、この分枝に与えられる名前がひとつの連鎖に所属するということである。この連鎖は、いずれにしても、この分枝が引きぬかれてきた木の種類や特性を、またこれらの木の種類の名前を、さらにこの分枝を扱う技術的な手法といったものを動員するのである。ひとは、シニフィアンの連鎖の中からも、また質料のもろもろの流れからも採取を行う。事物の釈義的な意味（つまり、ひとが事物について語ること）というものは、諸要素の中のひとつの要素でしかなく、その事物の操作的用法（ひとがその事物について行うこと）や、位置にかかわる機能（同じ複合体の中における他の事物との関係）ほど重要ではないのである。これにしたがえば、象徴は、決してその意味と一対一に対応する関係にあるのではなく、常に多様なものを参照している。つまりそれは「常に多声的、多義的(37)」である。コンゴのククヤ族の魔術的対象であるブティを分析して、ピエール・ボナッフェは、このブティが、ブティを生産し、登録し、消費する複数の実践的な総合の働きといかに切り離せないか、証明している。これはすなわち、部分的で非特殊的な接続であり、動物の体の断片とともに当事者本人の身体の断片を組み立てる。これはまた包含的な離接であり、対象をこの当人の身体の中に登録し、この当人を動物－人間に変容する。これはまた残滓的な連接の働きであり、「残余」を埋葬し、沈めてしまう前に、この残余に長い旅の試練を受けさせるものである。(38) 今日、人類学者たちが、物神〔呪物〕をめぐる仮説的概念に新鮮な興味をもっているのは、確かに精神分析の影響によるものである。しかし、精神分析はこの観念に注意する根拠ばかりではなくて、この観念を疑う根拠をも彼らに与えているといえる。なぜなら、これまで精神分析は、まさに物神〔呪物〕について、〈ファルス－オイディプス－去勢〉を語ってきたからである。ところが、一方で人類学は、物神の使用が個人的で私的であるときさえ、そこにはこの物神と不可分な政治権力、経済力、宗教的勢力などの問題が存在することを感じとっている。例えば、髪の毛である。髪を刈り髪を結う儀式を考えてみよう。こうした儀式を、「切り離された物」を意味するものとしてのファルスという実体に関係づけ、いたるところにこの切断を象徴的に表象するものとして父を再発見するということは、はたして興味深いだろうか。これは、〈それは何を意味するのか〉という次元にとどまることではないか。人類学者は、髪の毛の流れの前に立っているだけなのだ。つまり、こうした流れの切断に、このような切断を通じてひとつの状態から別の状態に移行するものの前に立っているだけなのだ。リーチが語っているように、髪の毛は、身体の部分対象であり、または切り離されうる身体の部分である限りにおいて、攻撃的な分離されたファルスを表象してはいない。髪の毛は、ただそれ自体においてひとつの物である。攻撃する装置の中の、分離する機械の中の、ひとつの物質的な部品なのだ。

もう一度いえば、問題は、儀式の根底が性的なものであるかどうか、あるいは性愛の枠を越える政治的、経済的、宗教的な次元を考慮しなければならないのか、それを知ることにあるのではない。こんなふうに問題が提起されるかぎり、またリビドーとヌーメンとの間の選択が迫られるかぎり、人類学者たちと精神分析家たちの間の見解のくい違いは大きくなるばかりである。——ちょうどオイディプスに関して、ギリシァ研究者と精神分析家の間のくい違いがたえず増大し続けているのとまったく同じことだ。オイディプス、このえび足の専制君主、これは明らかにすべて政治の物語である。しかも、この政治の物語は、専制君主機械と古い原始大地機械とを対決させる物語である（ここから、レヴィ＝ストロースがいみじくも指摘したように、土着原住民が否定されるとともに存続するという事態が導きだされる）。しかし、このことは、この劇の性的な性格をぬぐいさるには十分ではない。むしろ逆である。問題は、性愛とリビドー備給との関係をいかに把握するかを知ることである。この両者は、ある出来事、つまりある「恨み」に関係づけられるべきものなのか。「恨み」とは、純粋なシニフィアンの名において構造論的に解釈される場合でさえ、やはり家族的で親密なもの、親密なオイディプスの恨みにとどまることになるのだ。それとも、この性愛とリビドー備給は、ある歴史的社会野の諸規定に対して開かれるべきものなのか。ここでは経済、政治、宗教は、パパ－ママから派生したものではなく、リビドーによってそれ自体を目的として備給されるものである。前の場合には、大きなモル的集合、大きな社会的機械——経済、政治等々——が考察されることがあるとしても、この大きなモル的集合は抽象的な家族的集合に、つまりリビドーの秘密を保持するとみなされる抽象的な家族的集合に適用されて、これらは何を意味しているのかということが探求されることになる。こうしてひとは表象の枠の中に閉じこもったままなのだ。後の場合には、家族を含むこうした大きな集合は、欲望機械のもろもろの部品や歯車を形成する分子的諸要素に向かってのり越えられる。ここでは、これらの欲望機械はいかに作動するのか、またこれらの諸機械は、これら自身が大きい規模において構成する社会諸機械を、いかに備給し、いかに細部で規定するのか、といったことが問題となる。このとき、ひとは、生産的、分子的、ミクロ論理的あるいはミクロ心理的な無意識の領域に到達することになるが、それはもはや何も意味しないし、何も表象しない。性愛は、もはや大集合から派生してくる人物たちを結びつける特殊なエネルギーではなく、分子的エネルギーとみなされる。これは〈部分対象としての分子〉を接続の関係におき（リビドー）、器官なき身体という巨大な分子の上で包含的離接の働きを組織し（ヌーメン）、現前の諸領域や強度の諸地帯にもろもろの状態を分配するのだ（ヴォルプタス）。なぜなら、欲望機械は、まさしくそれ、無意識のミクロ物理学であり、ミクロ無意識の要素であるからだ。しかし、こうしたものとして欲望機械は、モル的な歴史的諸集合や、巨視的な社会的諸組織体を統計的に形成するのであって、これらと独立に存在することは決してない。この意味において、ただ欲望と社会的なものだけが存在するのである。経済的、政治的、宗教的等々の組織体に対する意識的備給の下には、無意識の性的備給、ミクロの備給が存在し、このミクロの備給は、欲望が社会野に現前する仕方を保証し、欲望がこの社会野に結びつく仕方を保証する。社会野は、欲望に関係づけられ統計的に規定される領域なのである。欲望機械は、社会諸機械の中で作動する。あたかも、欲望機械は、それ自身が多数の次元で別に形成しているモル的集合の中に、自分自身の固有の体制をもっているかのように。ひとつの象徴、ひとつの物神〔呪物〕は、欲望機械の表出なのである。性愛は、家族的集合の中で表象されうるモル的規定ではまったくない。そうではなくて、もともと社会的であり二次的に家族的である諸集合の中で作動する分子的な細部の規定なのである。これらの集合は、まさに欲望の現前と生産の領野を、非オイディプス的な無意識全体を示している。この無意識がオイディプスを生みだすことになるのは、ただその二次的な統計的形成物（「もろもろのコンプレックス」）の中のひとつとしてでしかない。しかもそれは、社会機械を次々と生成させる歴史の最後においてのことでしかない。この社会機械の体制は欲望機械の体制に比較されるものだ。

第五節　大地的表象

表象が常に、欲望的生産の抑制－抑圧であるとしても、しかしその仕方は、それぞれの社会組織体によってきわめて異なる。表象のシステムは、その深層に抑圧される表象者、抑圧する表象、置き換えられた表象内容という三つの要素をもっている。ところが、これらの三者を現実化することになる審級そのものは可変的であり、システムの中にはもろもろの移動が起きる。私たちは、社会的－文化的な抑圧の唯一の同じ装置が普遍的に存在すると考える根拠をなんらもってはいない。社会機械と欲望機械との間に働く親和力の係数については、次のようなそれぞれの場合に応じてその大小を語ることができる。すなわち、両機械のそれぞれの体制が類似しているかいないかに応じて。あるいは、欲望機械が、社会機械の統計的な体制の中に、自分自身の接続や相互作用を移行させる機会が多いか少ないかに応じて。あるいは、社会機械が欲望機械から剝離する運動をどれだけ操作するかに応じて。あるいは、死をもたらす諸要素が欲望のメカニズムの中に捉えられ、それらが社会機械の中に嵌め込まれたままにとどまるか、それとも逆に、社会機械の全体に拡がって欲望を破壊する死の本能において合流することになるかに応じて。これらすべての点に関わる根本的な因子は、社会的登記の型や種類であり、そのアルファベットやもろもろの文字である。社会体の上に行われる登記は、じじつ二次的な「いわゆる」抑圧の代理者であるが、この二次的な抑圧は、器官なき身体の欲望的登記に、またこの器官なき身体がすでに欲望の領域で行っている一次的な抑圧に必ず連関している。ところで、この連関は本質的に可変的である。社会的な抑圧は常に存在するが、しかし、この抑圧装置は変化する。とりわけ、何が、この装置に抑圧される表象者の役割を果しているかにしたがって変化するのだ。この意味では、原始的コードが欲望の流れを残酷のシステムの中に鎖でつなぎとめ、最大限に警戒し最大限に広範囲にこれらの欲望の流れに働きかけるまさにそのときには、資本主義の公理系よりも、これらの原始的コードの方が、欲望機械に対してははるかに親和力をもっている。資本主義の公理系は、脱コード化したもろもろの流れを解放するものではあるけれども。なぜなら、原始的コードにおいて欲望はまだ罠に捉えられておらず、一連の袋小路の中に閉じ込められてはいないからである。また、もろもろの流れは多義性を少しも失ってはおらず、表象の中で単純に表象された内容は、表象者の位置をまだ獲得するに至っていないからである。それぞれの場合において、抑圧装置の性格と、欲望的生産に対するこの装置の効果を評価するためには、単に、深層で組織されている表象の諸要素だけではなく、表象そのものが表層で、つまり社会体の登記の表面で組織される仕方も考慮しなければならない。

社会は交換主義的ではない。社会体は登記するものである。つまり、身体を交換することではなくて、大地に属する身体にしるしをつけることである。すでに見たように、負債の体制は、直接にこの未開的登記の要求に由来する。というのも、負債は縁組の単位であり、縁組は表象そのものだからである。縁組はまさに、欲望のもろもろの流れをコード化し、負債を通じて、人間にことばの記憶をつくる。縁組は、無言の強度的出自の大いなる記憶を抑圧する。つまり、すべてを呑み込むコード化されない流れを表象するものとしての胚種的流体を抑圧するのだ。負債は、拡がりをもつに至った出自とともに縁組を構成し、暗黒の夜の強度〔内包〕を抑圧し、その上に外延をもったシステム（つまり表象）を形成し鍛えあげてゆく。この負債－縁組は、ニーチェが有史以前の人類の作業として叙述していたものに呼応している。つまり、生身の身体に刻まれる最も残酷な記憶術によって、生物的－宇宙的な古い記憶を抑圧し、その基礎の上にことばの記憶を強制するということである。だから、負債（および、もろもろの登記そのもの）を普遍的な交換の間接的方法とするのではなく、負債の中に原始的な登記の直接の結果を見ることが、きわめて重要なのである。モースは、少なくとも次のことを問題として残しておいた。負債は、交換よりも起源的であるのか、それとも、交換のひとつの様式、交換のためのひとつの手段でしかないのか。これに対して、レヴィ＝ストロースは、次のように断定的に答えて、この問いに結着をつけたかに見えた。すなわち、負債はひとつの上部構造でしかない。つまり、交換という無意識的な社会的現実が貨幣の形をとって意識に現われた形態でしかない(39)、というのだ。ここでは根拠に関する理論的な議論が問題なのではない。社会的実践のあらゆる発想、またこの実践によって伝播される公準が問題となっている。これは、無意識全体にかかわる問題なのである。じじつ、もし交換が物事の根底をなすものであるとすれば、なぜ、負債はとりわけ交換の様相をとってはならないのか。なぜ、負債は贈与あるいはそのお返し〔逆贈与〕であって、交換であってはならないのか。そして、贈与するひとも、自分が交換を期待していないこと、いやそれどころか、あとからお返しがきて、結局は交換になることさえ期待していないことをはっきりと示すために、自分の物を盗まれた人間の立場に身をおかなければならないとすれば、それはなぜなのか。盗みはまさに、贈与とそのお返しが交換関係のカテゴリーに入ることを妨げるのである。欲望は交換を知らない。欲望は、ただ盗みと贈与だけを知っている。この両者は、ときには原初的な同性愛の影響をうけて、相互にからみあっていることもある。ここから、反交換的な愛の機械というものが出現する。ジョイスは『亡命者たち』の中で、クロソウスキーは『ロベルト』の中でこの機械を再び取りあげることになるであろう。「グルマンチェ族のイデオロギーにおいては、あたかも、妻は与えられるか（私たちはリチュアティエリをもつ）、それとも、力ずくで奪われるか、攫われるか、したがって何らかの仕方で盗まれるか（私たちはリプウォタリをもつ）これら以外のことはありえないかのように、すべては経過する。あらゆる結合は、きわめてはっきりと二つの家系、あるいは家系線分の間で行われる直接の交換の結果のように見えるのではあるが、この社会においては、こうした結合は、禁じられているとはいわないまでも、少なくとも広く是認されてはいない[40]」。欲望が交換を知らないということは、交換が欲望の無意識であるからだ、といえるのであろうか。交換を一般化することが必要だからであろうか。しかし、いっそう「現実的な」全体性にてらせば、負債によって生ずる切断は二次的なものであるなどと、どのような権利をもって言明しうるのか。にもかかわらず原始社会においても、交換は知られている。まったく周知のことである。——しかしそれは、追放すべきもの、封じ込めるべきもの、そして厳密に格子状区劃の中に管理するべきものとして知られているのだ。どのような流通価値も、決して交換価値として発展しないように。交換価値は、市場経済という悪夢を導入することになるからである。原始的な売買は、等価値のものを決めることよりも、むしろ値切ることによって始まるのだ。等価値のものを決めることは、もろもろの流れを脱コード化し、社会体に対する登記様式の崩壊をもたらすことになるからである。私たちは出発点に連れもどされる。交換が抑止され追放されるということは、それが第一の現実であることを何ら証ししてはいない。そうではなく、逆に本質的なことは、交換することではなくて、登記すること、刻印することであるということを証しているのだ。交換をひとつの無意識的な現実とみなすとき、構造の権利を引き合いにだし、この構造に対して行動様式や思考形態は必ずしも適合しないと主張しても、もろもろの制度を説明するために交換心理学の諸原理を実体化しているにすぎない。他方でひとは、これらの制度が交換的でないことを認めているのである。いったいこのとき、ひとは無意識そのものを、どうしようとしているのか。無意識を明白にひとつの空虚な形式に還元すること以外のことをしているとは思われない。そこに欲望そのものは不在であり追放されているのだ。こうした空虚な形式は、前意識を規定することはできるかもしれないが、無意識を規定しえないことは確かである。なぜなら、無意識が内実や内容をもたないということが真実であるとしても、それは無意識が空虚な形式であるからではなく、いつもすでにそれが作動する機械であり、つまり欲望機械であって、拒食症的構造ではないからである。

構造と機械の違いは、社会体に関する交換主義的な構造論的な発想を内々に促進する公準のうちに現われ、構造が適切に作動するように、これにもろもろの矯正措置が導入される。まず第一に、親族の構造を考察する場合、縁組が出自の血統や、血統の間の関係から由来するかのようにみなすことを、容易に避けることができない。ところが、外延をもったシステムの中に拡がる出自を形成するのは側方的な縁組と負債のブロックであって、この逆ではない。第二に、このシステムは、あるがままに自然システムとみなされる代りに、ひとつの論理的な組み合せ装置とされてしまう傾向がある。自然システムにおいては、諸強度〔内包〕が分配されて、そのあるものは相殺し合い、流れるものをブロックし、他のものは、その流れるものを通過させるのである。システムの中で展開される性質は、単に自然的対象だけではなく「尊厳や責任や特権」でもある、といった反論は、このシステムを支える条件として、共約不可能なものや不等価なものが果している役割に対する誤解を示しているように思われる。第三に、まさしく交換主義的構造論的な発想は、基本原理として、根本的な一種の価格均衡、等価あるいは相等を要請する傾向をもっている。もっとも、結果の中に必ず不等性が入りこんでくるのを説明することは、避けられないことであるとしても。この点については、カチン族の結婚に関して、レヴィ＝ストロースとリーチとの間におきた論争ほど深い意味をもつものはない。「一般的交換の平等主義の諸条件と、この交換が結果として貴族を生みだすということとの間の葛藤」を引き合いにだしながら、レヴィ＝ストロースは、あたかもリーチがシステムの均衡を信じていたかのように振る舞っている。ところが、問題はまったく別の所にあるのだ。すなわち、レヴィ＝ストロースが信ずるように、不均衡は病理的なもの、結果に属するものなのかどうか、それとも、リーチが考えるように、それは機能的なもの、原理に属するものなのかどうか。これを知ることが問題なのである。[41] 不安定性は、交換の理想と対比するとき派生してくるものなのか、それとも、すでに前提として与えられているものなのか。すなわち、給付と反対給付を構成する関係項の異質性の中に含まれているのか。縁組によってもたらされる経済的政治的取引、女性の給付における不均衡を埋め合せる働きをする反対給付の本質、一般的にいって、給付の全体が個々の社会で評価される独自な仕方、こういったものに対して注意を払えば払うほど、外延をもったシステムの必然的に開放的な性格がますます露わになってくる。これはちょうど、コードの剰余価値としての剰余価値の原始的メカニズムが露わになるのと同様である。しかし、——ここに第四のポイントが現われるが——、交換主義的発想は、ここで統計学的に閉じられた閉鎖的システムを要請し、構造を心理的な確信（つまり、「サイクルは閉じられるだろうという安心感」）によって支えることを要求する。ところが、側方的縁組と継起する世代との関係に対応する負債ブロックの本質的な開放性ばかりではなくて、このとき、とりわけ統計学的な組織体とその分子的諸要素との間の関係までが、構造論的モデルには適合しない単純な経験的現実であることが、明らかになるのだ。[42] ところで、最後に、こうしたことすべてはひとつの公準に依拠し、これはブルジョワ経済学を規定すると同時に、交換主義的人類学にも重くのしかかっているものだ。要するに社会的再生産は循環の領域に還元されるのである。ひとは、社会体の表面に見られるような外見上の客観的運動には留意するが、この運動を登記する現実的審級〔決定機関〕や、この登記のさいに用いられる経済的政治的な力には留意しない。縁組とは、社会体が自分の登記を離接する体制の中で、労働の接続を自分のものにする形式であるが、ひとはこのことを理解しないのである。「じじつ、生産諸関係の観点からすると、女性の循環は労働力の再分配として現われる。しかし、社会が自分の経済的基礎についてもつイデオロギー的表象においては、この様相は、交換関係の背後に隠れてしまうことになる。ところが、交換関係とは、労働力の再分配が、循環領域においてとる一形式にすぎない。再生産の過程において、循環の契機を孤立したものととらえることによって、人類学はこの表象を追認する。(43)」そして、植民地的な外延全体をブルジョワ経済学に与えることになるのだ。まさしくこの意味において、私たちにとって本質的なのは、登記の諸要求に緊密に依存する交換や循環といったものではなくて、まさに登記そのものであり、それとともに、身体の中を走るその閃光や、身体に刻まれたそのアルファベット、またその負債のブロックであるように思われる。登記を導く堅固な機械的境域がなければ、柔軟な構造は決して作動しないし、また循環を引き起すこともないだろう。

未開の組織体は、口にかかわり、声にかかわるが、それは、この組織体が書記システムを欠いているからではない。大地の上の舞踊、仕切り壁に書かれた素描、身体の上への刻印といったものは、書記のシステムであり、〈地理－筆法〉であり、〈地理－書法〉〔地理学」である。未開の組織体が口頭的であるのは、まさしくそれが声から独立した書記システムをもっているからである。このシステムは、声に同調してもいなければ従属してもいない。そうではなくて、多次元的な「いわば放射状組織において」、声に接続され、組み合わされるのである。（そして、この文字のシステムは、単系的線型エクリチュールとは逆のものであるといわなければならない。もろもろの文明が口頭的であることをやめるのは、書記システムの独立性やその固有の次元を喪失することによってのみである。書記が声にとって代り虚構の声を引きだしてくることになるのは、書記が声に忠実に追随することによってなのである）。ルロワ゠グーランは、未開の登記の、あるいは領土的表象の異質な二つの極、〈声－聴取〉と〈手－表記〉とのカップルをみごとに叙述した。(44) このような機械は、いかにして作動するのか。——というのも、この機械は作動するからである。声は、いわば縁組の声であるが、拡がりをもった出自の側から、この声とはまったく似ていないひとつの表記が、この声に組み合わされる。若い娘の身体の上には、女の割礼のときに用いられるひょうたんがとりつけられる。夫の家系から与えられたこのひょうたんは、縁組の声に対して指揮者の役をする。ところが、そこにしるされる書記は、幼い娘の部族のメンバーによって刻まれなければならない。声と書記というこの二要素の連節は、身体そのものの上で行われ、記号を形成することになるが、この記号は類似や模倣を示すものでもなければ、またシニフィアンの効果を示すものでもない。それは、欲望の措定であり、欲望の生産である。「若い娘の変容が十分に効果的であるためには、一方の若い娘の腹と、他方のひょうたんとその上に登記される記号との間に直接的な接触が起きなければならない。若い娘は生殖の記号を肉体的に刻まれ、これと合体しなければならない。表意文字の意味は、この通過儀礼の間、娘たちには決して教えられない。記号は、身体の中への記入によって働きかける……。身体に対する刻印の記入は、ここで単にメッセージの価値をもつだけではなく、身体そのものに働きかける能動的な器具でもある……。記号は、それが意味する事物に対して命令し、記号の職人は単なる模倣者であるどころか、神の業を思わせる仕事をなしとげる人物なのである。(45)」ところが、語るひとの顔を注視するにも、手書きの書記を読みとるにも、同様に働く視覚の役割を、ルロワ＝グーランは指摘しているが、これをいかに説明すればいいのか。あるいは、もっと正確にいえば、押しつけ義務づける縁組の声と、手で刻まれる記号によって苛まれる身体との間に、眼は恐るべき均衡を把握するが、この把握はどのような力によって可能となるのか。〈声－聴取〉と〈手－表記〉の二要素に加えて、〈眼－苦痛〉という記号の第三の要素を、つまり二辺のほかに第三辺をつけ加えるべきではないのか。苦しみの儀式において、苛まれる人は声を出さないで、ことばを受け入れる。彼は能動的でなく、書記の働きを受動的に受けとめて、記号の押印を受けいれる。となると彼の苦痛は、この苦痛をみつめる眼にとっては、快楽以外の何であろうか。この眼は、集団の眼あるいは神の眼である。この眼は、何ら復讐の観念によって動かされているものではない。ただ、身体の中に刻まれた記号と、顔から発する声との間の――刻印と顔面の間の――微妙な関係をとらえる資格をもった唯一の器官なのである。コードの二要素の間にあって、苦痛は、眼によって引き出される剰余価値のようなものであり、この眼は、身体に働きかける能動的なことばの効果のみならず、働きかけられる限りでの身体の反応も把握する。負債のシステムつまり大地的表象と呼ばれるべきものが認められるのは、まさにここにおいてである。すなわち、語りあるいは詠唱する声、生身に刻印される記号、苦痛から享受を引き出す眼――この三者は、共鳴と保持の領域を形成する未開の三角形の三辺をなすものである。その領域は、〈分節された声〉〈書記を刻む手〉〈評価する眼〉という、それぞれに独立した三者を含む残酷演劇にほかならない。まさにこのようにして、大地的表象は表層に組織されるが、これはまだ欲望機械〈眼－手－声〉にきわめて近いところにある。魔術的三角形。このシステムにおいては、あらゆるものが能動的であり、作用し作用される。縁組の声の能動、出自の身体の受動、両者の活用変化を評定する眼の反作用。背中を長く切り裂き、十分な痛みと苦しみを与えて、グヤキ族の若者を大人にする石を選ぶこと（クラストルは、そのみごとなテクストの中でこう語っている）。「この石は、よく切れるへりをもっていなければならない。しかし、あまりに容易に切れる竹の破片のようなものであってはならない。だから、適当な石を選ぶことは、すばやい判断力をもった眼を要求する。この新しい儀式の装置のすべては、このもの、つまりひとつの小石につきる……。傷だらけの皮膚、犠牲にされる大地、こうしたものは唯一の同じ刻印である。[46]」

現代人類学の偉大なる著書は、モースの『贈与論』であるよりは、むしろニーチェの『道徳の系譜』である。少なくとも、そうでなくてはならないだろう。というのも『道徳の系譜』の第二論文は、「英国式の」交換や利益の考察をすべて消し去って、原始経済を〈債権者－債務者〉の関係における負債の用語で解釈しようとする試みの成功として、他にないものであるからだ。交換や利益を心理学から消し去るのは、それらを構造の中に位置づけるためではない。ニーチェは、古代ゲルマン人の法や僅かなヒンドゥの法といった乏しい材料しかもっていない。しかし彼は、モースのように、交換と負債の間で迷いはしない（バタイユもまた、彼を導くニーチェの刺戟によって、迷いはしないであろう）。登記、コード、刻印といった原始社会体の基本的問題を、これほど鋭い仕方で提起したひとは、これまでに存在しない。人間は、強度的な胚種的流体を、つまり生物的－宇宙的な大いなる記憶を抑圧することによって、自分を人間として形成しなければならない。この大いなる記憶は、集団のあらゆる試みを大洪水で押し流すであろう。しかし、同時に、人間にいかにして新しい記憶を、つまり集団の記憶を形成すればいいのか。この新しい記憶は、ことばと縁組の記憶であり、拡がりをもつ出自に対して縁組を活用変化させ、共鳴と保持、採取と離脱の能力を人間に与え、このようにして社会体の条件としての欲望の流れのコード化を操作する記憶である。この問いに対する答えは簡単である。それは負債によってである。つまり、開かれた可動的で有限な負債ブロックであり、語る声、刻印される身体、享受する眼の、あの驚異的な組み合わせなのである。法の馬鹿らしさと恣意性、通過儀礼の苦痛のすべて、抑圧や教育のまったく倒錯的な装置、赤熱の烙印、残虐な仕打ち、こうしたものは、人間を調教し、生身の肉の中に刻印し、人間に縁組を可能ならしめ、債権者－債務者の関係の中で人間を形成するという意味しかもってはいない。債権者－債務者の関係は、債権債務のいずれの側においても、記憶に属する事柄である（未来にまで引きのばされる記憶である）。負債は、交換が装う見かけであるどころではなく、大地的そして身体的登記からじかに生ずる効果であり、この登記が用いる直接の手段である。負債は、まったく直接的に登記から生ずるのである。もう一度繰り返すが、私たちはここで復讐や怨恨を引き合いにだしたりはしないだろう（復讐や怨恨が成長するのは、この大地の上にではない。ちょうど、オイディプスが成長するのがこの大地の上にでないのと同様に）。罪なきものたちが自分の身体の上にあらゆる刻印を蒙るということ、それは声と書体とがそれぞれに自律性をもち、またこうしたことから快楽を引きだす自律的な眼が存在しているからである。こうしたことは、誰でもが、いつかは悪い債務者になるかもしれないとあらかじめ疑われるから行われるのではない。むしろ逆であろう。悪い債務者とは、あたかもこの債務者には刻印が十分に「刻まれ」なかったかのように、あるいは彼から刻印が消されるか、またはすでに消されていたかのように理解すべきなのだ。彼は、縁組の声と出自の身体を分割する隔たりを、許容された限度を超えて大きくしたにすぎないが、ついには苦痛を増大し、均衡を回復しなければならない。ニーチェはこのことに触れていないが、それは大したことではない。というのもニーチェは、まさしくここで、引き起された損害＝受けるべき苦痛という、負債の恐るべき方程式に遭遇しているからである。ニーチェはこう問うている。罪人の苦痛が、彼の引き起した損害の「等価物」として役立ちうるということは、いかに説明すべきなのか。自分のうけた損害が苦しみによって「支払われる」などということが、いかにして可能であるのか。ここで、苦しみから快楽を引きだす眼をもちださなければならない（これは復讐とは何の関係もないことである）。これはすなわち、ニーチェ自身が評定する眼と呼んでいるもの、残酷な光景を好む神々の眼のことである。「罰が大きければ、それだけ祭の気分は高まる。」それほどにも苦痛は、活動的な生とみちたりる眼差しと切り離せない。損害＝苦痛という方程式は、なんら交換主義的なものをもたない。むしろ、それは、この極限のケースにおいて、負債そのものが交換とは無関係であることを示している。ただ単に、眼は、自分が注視する苦痛から、コードの剰余価値を引きだすのであり、この剰余価値は、罪人が背いた縁組の声と、罪人の身体に十分に喰い込まなかった刻印との間の破綻した関係を償うのである。罪とは音―文字の接続を破ることであり、この接続は罰の光景を通じて修復される。これはまさに原始的正義であり、大地的表象はすべてを予見していたのである。

大地的表象は、苦痛と死をコード化して、すべてを予見していた――ただし自分自身の死が、いかに外から自分にやってくるかを予見することはできなかった。「彼らは、運命のように、原因も根拠も考慮も口実もなしに到来する。彼らは、稲妻のすばやさをもってそこに存在する。あまりにも恐ろしく、あまりにも唐突、あまりにも説得的、あまりにも異様なので、憎悪の対象とさえならないほどである。彼らの仕事は、本能的にもろもろの形式を創造することであり、もろもろの刻印を打つことである。彼らは、存在するかぎり最も意図的でない、最も無意識的な芸術家である。つまり、彼らが現われるところには、わずかな間でも、ある新しいものが、生きた主権的機構が成立する。これにおいては、それぞれの部分や機能は限定され、また規定されており、まず全体に対して意味をもっていないものには決して場所が与えられない。この生まれつきの組織者たち、彼らは、過ちとか、責任とか、敬意とかがいかなるものかを知らない。彼らのうちには、青銅の眼差しをもった芸術家のあの恐るべきエゴイズムが勢力をふるい、しかもこのエゴイズムは、芸術作品の中において、ちょうど、母がその子の中において正当化されるように、永遠に正当化されるということを前もって知っているのだ。良心の呵責が芽ばえたのは、彼らの間においてではない。これは、すぐわかることである。——しかし、彼らなしには、良心の呵責というこのいまわしい植物は成長しなかっただろう。もし、驚くほどの量の自由が、彼らのハンマーの一撃や、彼らの芸術家的暴力の衝撃をうけて、世界から、あるいは少なくともすべてのひとの眼の前から消えうせて潜在の状態に移行することを強いられることがなかったならば、良心の呵責など存在しなかっただろう。[47]」ニーチェはまさにここで、切断、破棄、飛躍について語っている。こうして彼らは宿命のように到来してくるのであるが、この彼らとは、いったい誰なのか（それは「ブロンドの髪をもつ、あの獰猛な獣の、ある一群であり、あの征服者たちや支配者たちの一種族」であって、「戦闘組織と組織力とを兼ねそなえて、おそらく数の上ではきわめて優勢ではあるが未だ組織をもたない住民の上に、何のためらいもなくその恐るべき爪で襲いかかる……」)。アフリカの最も古い神話でさえ、これらのブロンドの髪の毛をもった男たちのことを語っている。それは〈国家〉の創設者なのである。ニーチェは、ほかのもろもろの切断を明らかにすることになるであろう。すなわち、ギリシアの都市国家、キリスト教、民主主義的ブルジョワ的ヒューマニズム、産業社会、資本主義、社会主義による切断である。ところが、こうした切断はいずれも、あの最初の偉大なる切断を斥けてそれを埋め合わせることを意図しているのであるが、これらはすべて、それぞれが異なる名目において、あの最初の偉大なる切断を前提としているといってもいい。宗教的であれ、現世的であれ、圧制的であれ、民主的であれ、資本主義的であれ、社会主義的であれ、国家はただひとつしか存在しなかった。つまり、「炎を噴いて吠えながら語る」国家－犬だけだ。そして、ニーチェは、この新しい社会体がどのような経過をたどるかを暗示している。それは先例のない恐怖であり、この恐怖に比べれば、残酷の古いシステムも、原始的な調教や刑罰の諸形式などは何ものでもない。それは、あらゆる原始的コード化の集中的破壊であり、もっと悪いことには、これらのコード化のとるに足りない保存であり、これらのコード化を新しい機械の、さらには抑圧の新しい装置の副次的部品におとしめるのである。原始登記機械の本質をなしていたものは、可動的な開かれた有限の負債ブロック、つまり「運命の小片」であったが、いまではこれがすべて膨大な歯車装置の中に組み入れられ、この歯車装置は負債を無限にし、もはや唯一の同じ強圧的な宿命しか形成しない。「したがって、解放の観点は、今度という今度は、ペシミズム的な霧の中に消えてゆかなければならないだろう。これからは、絶望的な眼差しが、鋼鉄の不可能の前に意気阻喪しなければならないだろう。」大地は、疎外された人びとの保護施設となる。

第六節　野蛮な専制君主機械

専制君主機械あるいは野蛮な社会体の創立は、新しい縁組そして直接的な出自として要約することができる。専制君主は、古代共同体の側方的縁組と延長された出自を認めない。彼は新しい縁組を押しつけ、神との直接的な出自関係に入る。つまり、民衆は従わなければならないのだ。新しい縁組の中へと飛躍し、古い出自と断絶すること。このことは、異邦の機械において表現される。あるいは、むしろ、異邦人機械といってもいい。この機械の場所は砂漠であり、最も厳格、最も苛酷な試練をおしつけるものとして、古い秩序の抵抗と新しい秩序の正当性を同時に証ししている。異邦人機械は、古いシステムとの葛藤を表現しているからこそ、偉大なパラノイア機械であり、同時にまた新しい縁組の勝利を準備しているかぎりにおいて、すでに栄光の独身機械でもある。専制君主はパラノイア人である（この場合、精神分析と精神医学におけるパラノイアの概念に固有の家族主義を放棄し、社会組織体を備給するひとつの型としてパラノイアを認めさえすれば、この命題にはもはや何の不都合もない）。そして、倒錯者の新しいグループが、この専制君主の発明を普及してゆくことになる（おそらく、このグループが、専制君主のために、この発明さえ実現したのかもしれない）。自分らが創設し、あるいは征服する町々に、専制君主の栄光を拡大し、彼の権力を押しつけながら。専制君主とその軍隊が通過してゆくところではいたるところで、医者、僧侶、書記、官吏たちが行列している。以前の相互補完的状態が地滑りして、新しい社会体を形成したといってもいい。もはや、叢林のパラノイア人と村や野営地の倒錯者ではなくて、砂漠のパラノイア人と都市の倒錯者が登場するのだ。

専制君主の野蛮な組織体は、原理的には、原始大地機械との対比において考えられなければならない。そして、これは大地機械の廃墟の上に打ちたてられるのである。これが帝国の誕生である。しかし現実には、ひとつの帝国が先行の帝国から離脱するときにも、あるいは世俗的帝国が頽廃し、教権的帝国の夢が現われるときにさえ、この野蛮な組織体の運動は同じように認められる。その企ては、何よりもまず軍事的で征服をめざすものかもしれない。また、何よりもまず宗教的であって、軍隊の規律を内的な禁欲や団結に転換するものかもしれない。パラノイア人自身は柔和な被造物であったり、鎖を解かれた野獣であったりするかもしれない。しかし、いつも私たちは、こうしたパラノイア人とその倒錯者たちの姿を、征服者とそのエリート集団、専制君主とその官僚たち、聖者とその弟子たち、隠者とその修道者たち、キリストと聖パウロを見いだすのである。モーセはエジプト機械をのがれて砂漠にいき、そこに新しい機械を、つまり契約の櫃と移動しうる寺院を設置し、彼の民族に宗教的軍事的組織を与える。洗礼者聖ヨハネの企ては、こう要約される。「ヨハネはユダヤ教の核心的教義の根底を批判する。この教義とは、アブラハムに遡る出自を介して神と縁組を結ぶということである[48]」と。これこそが本質的なことである。すなわち、新しい縁組と直接的な出自というカテゴリーが動員されるたびに、私たちは野蛮な帝国的組織体つまり専制君主機械について語ることになるのだ。こうした動員の文脈がどんなものであれ、また先行の帝国との関係があろうとなかろうと、事態は変らない。なぜなら、こうした転変を貫いて、帝国的組織体は、いつも原始的領土的コード化に原理上対立するある型のコードや登記によって規定されているからである。縁組の数は、あまり重要ではない。つまり新しい縁組と直接的な出自は、新しい社会体を証しする特殊なカテゴリーであり、原始機械が活用変化させた側方的縁組と〈延長される出自〉には還元不可能なのである。パラノイアを規定するものは、あの投射の能力、新たにゼロから出発し、完全な変容を客体化するあの力である。つまり主体は、縁組－出自の交錯する場の外に飛躍して、極限に、地平線に、砂漠に身をおくのである。これは、脱領土化した知の主体にほかならず、この知は主体をじかに神に結び直し、また彼を人民に接続する。ここで始めて、生命と大地から、生命を裁き、大地の上を飛翔することを可能にする何かが、つまりパラノイア的認識の原理が引きだされたのである。縁組と出自のあらゆる相対的関係は、この新しい縁組とこの直接的出自の中で絶対的なものとなる。

それでもなお野蛮な組織体を理解するためには、この組織体と対抗する同種の他の組織体との関係ではなく、原始的な未開の組織体との関係を明らかにしなければならない。野蛮な組織体は、世俗的であれ、教権的であれ、同種の他の組織体と対抗するが、本質的なことを混乱させる関係にしたがうからである。原始的な未開の組織体は、野蛮な組織体に原理上支配されるが、なおこれにつきまとうのである。マルクスはまさにこのようにアジア的生産を定義している。つまり国家の高度の統一性は、土地の所有権を保有する原始的田園共同体の基礎の上に確立されるが、外見上の客観的運動からすれば、国家が土地の真の所有者であり、この運動によって、剰余生産物は国家に帰属し、大工事を通じて国家に生産力がもたらされ、国家そのものが所有の集団的条件の原因として現われるのである。(49) 社会体としての充実身体はもはや大地ではなく、専制君主の身体あるいは専制君主そのもの、または彼の神となった。この専制君主を、しばしば、ほとんど行動不可能なまでに規制するもろもろの掟や禁忌は、まさに彼を器官なき身体にする。この専制君主こそ、唯一の準原因であり、外見上の運動の源泉であり、またそれが行きつく河口である。シニフィアンの連鎖が移動しつつ離脱するかわりに、離脱した対象は連鎖の外に飛びだした。流れが採取されるかわりに、すべての流れは、主権者の消費を構成する大河に集中してくる。物神や象徴において、体制の根本的な変化が起ったのである。大切なことは、主権者の人物でもなければ、制限されるかもしれないその機能でさえもない。根底から変化したものは、社会的機械である。大地機械の代りに、国家という「巨大機械」が、つまり機能的なピラミッドが登場し、その頂点には不動の動者である専制君主をもち、側方的表面と伝達器官として官僚装置を、底辺の労働する部品として村びとたちをもっている。ストック〔貯蔵〕は蓄積の対象となり、負債のブロックは、年貢の形をとって無限の関係となる。コードのあらゆる剰余価値は所有の対象となる。こうした転換が、すべての総合に浸透する。つまり、水力機械、鉱山機械による生産の総合、会計機械、筆記機械、記念碑機械による登記の総合、最後に専制君主、その宮廷、官僚階級を維持する消費の総合といった三つの総合の働きに。国家を、住居にしたがって人びとを登記する領土化の原理とみなすのではなく、むしろ住居の原理を、脱領土化の運動の結果とみなすべきなのである。この運動は、対象としての大地を分割して、人びとを新しい帝国的な登記に、新しい充実身体に、新しい社会体に従属させる。

「彼らは運命のように到来する……、彼らは、稲妻のすばやさをもってそこに存在する。あまりにも恐ろしく、あまりにも唐突に……。」原始的システムの死は、常に外から到来するのである。歴史は、もろもろの偶然と遭遇の歴史である。荒野から到来した雲のように征服者たちは出現する。彼らが「いかにして侵入したのか、理解することは不可能である」「いくたの荒涼たる高い台地を、いくたの肥沃なる広大な平野を、いかにして彼らは縦断してきたことか……。しかしながら、彼らはそこに存在し、朝を迎えるたびごとにその数を増しているかのように思われる……。彼らと対話することは不可能である。彼らは私たちの言語を知らないのだ。[50]」しかし、外からやってくるこの死は、内から立ち現われてきた死でもある。すなわち、縁組を一般的に出自へと還元することの不可能性、縁組のもろもろの集団の独立性、これらの集団が経済的政治的諸関係の主導的要素の役割を果す仕方、原始的な階層のシステム、剰余価値のメカニズム、こうしたものすべてが、すでに、専制君主の組織体やカーストの秩序を素描していたのである。それして次の二つの仕方を、いかに区別すればよいだろうか。原始共同体が、それ自身の族長支配の機構に対して警戒を怠らず、それ自身の内から分泌する可能性のある専制君主のイメージを払いのけ抑止する仕方と、一方この原始共同体が、はるか昔に外から押しつけられた古い専制君主の、とるにたりないものになった象徴をつなぎとめる仕方を。当の原始共同体が、内因性の傾向を抑制する共同体なのか、それとも、外因性の恐るべき異変の後にも、どうにかもち直している共同体なのかを知ることは、必ずしも容易なことではない。縁組の働きは両義的である。私たちはまだ新しい縁組の手前にいるのか、それともすでにその彼方にいるのか、また彼方にありながら、いわばそこに残存し変容した手前に舞い戻っているのか（関連する問題として、封建制とは何なのか）。私たちはただ、帝国的組織体の厳密な契機を、外因性の新しい縁組として、古い縁組に代るだけではなく古い縁組にかかわるものとして、画定することができるだけである。この新しい縁組は、盟約や契約とはまったく別のものである。なぜなら、ここで抹消されるものは、側方的縁組と延長された出自との古い体制そのものではなく、単に縁組と出自の決定的な性格にすぎないからである。これらは、偉大なるパラノイア人によって、多少とも変化し、多少とも整備されて、なお存続しているのだ。というのも、これらは剰余価値の素材を提供するものだからである。こうしたことは、まさしく、アジア的生産の特殊な性格をなすものにほかならない。すなわち、土着の田園共同体は存続し、生産し登記し消費し続けている。国家でさえ、もっぱらこれらの共同体とかかわる。領土的血統的機械の歯車機構は存続しているが、それはもはや国家機械の作動部品でしかない。もろもろの対象、器官、人物、集団は、少なくとも自分たちの内在的コード化の一部分は守っているが、古い体制のコード化された流れは、剰余価値を自分のものにする超越的な統一性によって超コード化される。古い登記は残っているが、それは国家の登記によって、その登記の中に煉瓦のように積まれているのだ。もろもろのブロックは存続しているが、階層化され、嵌め込まれた煉瓦となって、もはや強制された動きしかできない。領土的縁組は他の何かにとって代わられたのではなくて、ただ新しい縁組につながれただけなのである。領土的出自も他の何かにとって代わられたのではなく、ただ直接的な出自に引き伸ばされただけなのである。これは、いわば、あらゆる出自に対して、始めに生まれたものが法外な権利をもち、あらゆる縁組に対して最初の夜が法外な権利をもっているようなものである。出自のストックは、他方の直接的な出自においては蓄積される対象となり、縁組の負債は、他方の新しい縁組においては無限の関係となる。原始的システムの全体が、上位の力によって動員され、かりだされ、外的な新しい暴力によって屈服させられて、別の目標に奉仕させられる。ニーチェはこう言っていた。きわめて真実なことであるが、物事の進化と呼ばれるものは、「多少とも暴力的な、多少とも無関係な屈従の現象の、ある恒常的連続のことである。ただし、常に抵抗がまき起り、防衛や反応をめざして行われる変身の試みがあり、ついには反対方向に行動の幸運な結果がもたらされることを忘れてはならない」と。

国家が二つの基本的な行為によって始まる（あるいは、再開する）ということは、しばしば指摘されてきた。そのひとつは、居住の定着による、いわば領土性の行為であり、もうひとつは、小さい負債の廃棄による、いわば解放の行為である。しかし、国家は、婉曲語法によって事を運ぶ。擬似的領土性は、現実的な脱領土化の産物であり、この脱領土化は、大地の記号を抽象的な記号に代え、大地そのものを国家の所有の対象とし、あるいはその最も富裕な臣下や官吏たちの所有の対象にする（もはや国家が、国家と区別される支配階級の私有財産の保証しか行わない場合も、この観点から見れば、事態に大きな変化はない）。負債の廃棄が行われれば、これは各人に大地の配分を保全して、新しい大地機械の登場をさまたげる手段となる。新しい大地機械は、場合によっては革命的なものとなって、農地問題の全体にたち向かうことになるのである。再分配が行われる別の場合には、債権の循環は、国家が設定した新しい形態——つまり貨幣の下で維持される。というのも、間違いなく、貨幣は商業に役立つことによって始まるものではなく、少なくとも自律的な商品的モデルをもつものではない。専制君主機械は原始機械と共通点をもっている。脱コード化する流れ、生産の流れを恐怖するという点で、専制君主機械は原始機械をそのまま追認しているのだ。それだけでなく、国家の独占やその碁盤割りの管理や緩衝装置を逃れる交換と商業における商品の流れを恐怖するのだ。エティエンヌ・バラは問うている。あらゆる科学的技術的条件が与えられているように見えるにもかかわらず、十三世紀の中国に資本主義が生まれなかったのはなぜか。その答えは国家の中にある。国家は、金属の備蓄が十分と判断されるとすぐに鉱山を閉鎖し、商業を独占し、あるいは厳しい統制を守ったのである（官吏としての商人）[51]。商業において貨幣の演ずる役割は、商業そのものよりも、国家による統制に依存するのだ。商業と貨幣との関係は総合的であって、分析的ではない。基本的には、貨幣は商業と一体ではなく、国家装置の維持費としての税金である。支配階級がこの装置と区別され、自分らの私有財産のためにこの装置を利用しているところでは、貨幣と税金とのきずなは眼に見えるはっきりとした形で現われている。ウィルの研究によりながら、ミシェル・フーコーは、いくつかのギリシァの僭主政治において、いかに次のようなことが起るのかを指摘している。すなわち、貴族に対する課税と貧しい人びとに対する貨幣の分配は、貨幣を富裕者に還流させ、奇妙にも負債の体制を拡大し、いっそうそれを強化する手段となり、農業問題の経済的条件を通じて進行するかもしれないあらゆる再領土化を予防し、抑止することになるのだ(52)(あたかもニュー・ディールの後でアメリカ人が見いだすことを、ギリシァ人は自分なりに発見していたかのようである。国家の重税は事業に対して好都合であるということである。)。要するに、貨幣または貨幣の循環は、負債を無限にする手段なのである。国家の二つの行為はまさにこのことを隠している。すなわち国家にかかわる居住や領土性は、脱領土化の大規模な運動を開始し、これがあらゆる原始的出自を専制君主機械に従属させる(農地の問題)。また負債の廃棄と、負債を計量可能な形態に変えることは、国家への果てしない奉仕の義務に道を開き、国家はあらゆる原始的縁組をみずからに従属させることになる(負債の問題)。無限の債権者あるいは無限の債権が、可動的かつ有限な負債ブロックに代ったのである。専制君主制の地平には、常に一神教が存在する。つまり負債は、生存の負債となる。臣民自身の生存が負債となるのだ。債権者はまだ貸していないのに、債務者は返し続けるというときがやってくる。というのも、返すことは義務であるが、貸すことは自由な権利なのである。ちょうど、ルイス・キャロルの歌の中の、あの無限の負債についての長い歌のように。

返済を要求することは、もちろんしていい、
けれど貸すときには、

もちろん選ぶことができる
自分にいちばん都合のよいときを。(53)

いわゆるアジア的生産の最も純粋な条件において現われるような専制君主国家は、二つの相関的様相をもっている。一方で、この国家は大地機械にとって代り、脱領土化された新しい充実身体を形成している。他方で、この国家は、もろもろの古い領土性を維持して、これらを生産の部品や器官として新しい機械の中に統合している。だから、この国家は、いたるところに分散している田園共同体の基礎の上に立って作動してこそ、完成を見るということになる。これらの田園共同体は、生産の観点からいえば、あらかじめ存在する自律的あるいは半自律的な諸機械のようなものである。しかしまた同じ観点から見て、この国家は、大工事の諸条件を生みだすことによって、これらの田園共同体に反作用する。大工事は、分離された共同体の力を超えるものだからである。専制君主の身体の上で生産されるものとは、古い縁組を新しい縁組に接続する総合であり、また古い出自を直接的な出自に向かって流出させ、すべての臣民を新しい機械の中に統合する離接的総合である。だから、国家にとって本質的なことは、第二の登記の創造である。これによって、不変で不動の巨大な新しい充実身体は、生産のあらゆる力とその代行者を自分のものにする。しかし国家のこの登記は、古い大地の登記を、「数々の煉瓦」として新しい表層の上に存続させる。こうしたことから二つの部分の連接が作動する方式が生じてくることになる。二つの部分はそれぞれに、所有権をもつ上位の統一体と所有する共同体、超コード化と内在的な諸コード、占有される剰余価値と使用される用益権、国家機械と大地機械に所属するのである。カフカの『万里の長城』で描かれているように、国家は、相対的に孤立し別々に作動するもろもろの下位集合を統合する超越的な上位の統一体であり、これらの下部集合に煉瓦状の展開と、断片による構築作業を割り当てるのである。散逸した部分対象を、器官なき身体の上に付着させるのだといってもいい。法は、調和的、内在的、自然的全体性とは無縁であるが、すぐれた形式的統一体としての作用をもち、この資格において、断片や破片に対して支配を及ぼす（壁と塔）。カフカほど、このことを明らかにしえたひとは誰もいない。したがって国家は原始的なものではない。国家は起源であり抽象である。つまり起源的にして抽象的な本質であり、〈始まり〉と同じものではない。「皇帝は、私たちのあらゆる思考の唯一の対象である。だが、それは実際に統治している皇帝のことではない。私のいいたいことは、もし私たちがこの皇帝を知っていて、彼について少しでも正確な知識をもっているなら、彼は私たちの思考の対象であろう……ということだ。民衆は、どんな皇帝が統治しているのかも知らないし、王朝の名前さえ、不確かなままである……。私たちの村々においては、ずっと前に死んだ皇帝たちがいまだに玉座に登り、もはや伝説の中にしか生きていない皇帝が勅令を発布したばかりで、僧侶は祭壇に額ずいてこの勅令を読みあげる。」下位集合そのもの、つまり原始的大地機械についていえば、それらはまさに具体的なもの、具体的な基盤であり、具体的な始まりである。しかし、それらのもろもろの線分は、ここで本質に対応する関係の中に入る。それらは厳密には、あの煉瓦という形態をとり、この形態によって、それらが上位の統一体に統合されることが確かになり、この同じ統一体の集団的意図に応じて、それらの分配の機能が確かになる（大工事、剰余価値の収奪、年貢、全般化する奴隷状態など）。帝国的組織体の中には、二つの登記が共存し、和解しあっている。これは一方が他方の中に煉瓦状に組みこまれると同時に、他方が反対に全体を固定し、生産者と生産物をみずからに引き寄せるかぎりにおいてである（この二つの登記は、同じ言語を語る必要はない）。帝国的登記は、あらゆる出自と縁組を裏づけ、存続させ、それらを専制君主と神の間の直接的な出自関係と、専制君主と民衆の間の新しい縁組に収束させるのだ。原始機械のコード化されたあらゆる流れは、いまや河口にまで導かれて、ここで専制君主によって超コード化される。超コード化、これこそが国家の本質をなす操作であり、国家が古い組織体と連続すると同時に断絶する事態を評価する操作なのである。つまり、ここには、コード化されないかもしれない欲望の流れに対する恐怖があり、また超コード化する新しい登記の確立があり、この新しい登記は、たとえそれが死の本能であったとしても、欲望を主権者のものにするのだ。カーストは超コード化と分かち難い関係にあり、数々の支配「階級」を含んでいるが、これらはまだ階級としては現われてはおらず、国家装置と一体である。誰が主権者の充実身体に触れることができるのか。これこそが、カーストの問題である。超コード化こそは、脱領土化した充実身体をもたらすために大地の権威を失墜させ、この充実身体の上で負債の運動を無限にするのだ。ニーチェの迫力とは、国家の創始者とともに始まるこうした契機の重要性を指摘したことである。この創始者たちは「青銅の眼差しをもつ芸術家であり、情容赦のない殺戮の歯車装置を鍛えあげ」、どのような解放の希望を前にしても、鋼鉄の不可能性を立ちはだからせるのだ。正確には、こうした無限への傾向は、ニーチェがいうように、祖先たちの作用であるとは、深遠な系譜や延長される出自の作用がもたらす結果であるとは考えられない。——そうではなくて、むしろ新しい縁組と直接的な出自とによって、これらの系譜と出自の回路が短絡し、あるいは拉致されるときにこそ、祖先は、可動的有限的なブロックの主人として、神によって罷免される。神とは、みずからは動かない煉瓦の組織者であり、煉瓦からなる無限の回路の組織者である。

第七節　野蛮な表象、あるいは帝国の表象

姉妹との近親相姦と母との近親相姦、これらはまったく異なるものである。姉妹は母のかわりではない。一方は縁組の接続的カテゴリーに属し、他方は出自の離接的カテゴリーに属している。一方が禁制とされるのは、領土的コード化の条件として、縁組と出

自とが一体にならないように要求されるかぎりにおいてである。他方が禁制とされるのは、同じく領土的コード化の条件として、出自における後続者〔子孫〕がその先行者〔祖先〕に折り重ならないように要求されるかぎりにおいてである。したがって、専制君主の近親相姦は、新しい縁組と直接的な出自にしたがって二重なものとなっている。専制君主は、まず姉妹そのものと結婚する。しかし、同種族内結婚は禁止されているので、彼自身は自分の種族の外に、つまり領土の外部あるいはその境界外に出るかぎりにおいて、この結婚を種族外で行うのだ。これはピエール・ゴルドンが一冊の奇妙な書物で指摘したことである。すなわち、近親相姦を厳禁する規則そのものが、ある人びとに対しては近親相姦を命じなければならない。族外婚制は、種族外の男たちの地位を措定するまでにいたらなければならず、彼ら自身は族内婚する資格をもつが、次にはこの結婚の恐るべき力によって、男女の族外婚の主体たちに対して先導者の役割を果す資格を与えられる（「処女を犯す聖者」、山上の、あるいは湖水の彼岸の「儀式先導者」がそれである）(54)。荒野こそが婚約の大地である。あらゆる流れはこうしたひとの上に注ぎ込み、すべての縁組は、これを超コード化するこの新しい縁組によって裁断される。種族の外で族内婚を行うことによって、英雄たちは、種族の中での族外婚をすべて超コード化する状況におかれる。母そのものとの近親相姦がまったく別の意味をもつことは、明らかである。この場合は、種族の中に現に存在するような、種族の母が問題なのであり、英雄は、種族の中に侵入しながら母を見いだし、あるいは最初の結婚の後に種族の中に帰ってきて母に再会するのである。英雄は、延長されたもろもろの出自を、直接的なひとつの出自によって裁断し直すのである。英雄は秘儀を授けられ、あるいは秘義を授けることによって、王となる。第二の結婚は、第一の結婚の結果を発展させ、第一の結婚から成果を引き出す。英雄は、まず姉妹と結婚し、次に母と結婚する。この二つの行為が、さまざまな度合で癒着したり同化したりすることがあるとしても、そこに二つの段階があることは妨げられない。つまり姉妹－王女との結合と女王－母との結合が存在するのである。近親相姦は、この二つによって進行する。英雄はいつも二つの集団の間にあり、ひとつは自分の姉妹と会うために出かけてゆく集団であり、もうひとつは、彼が自分の母に再会するために帰ってくる集団である。この二重の近親相姦の目的とは、魔術的でさえある流れを生みだすことではない。そうではなくて、存在するあらゆる流れを超コード化することであり、またどのような内在的なコードも、どのような潜在的流れも、専制君主機械による超コード化をまぬかれないようにすることである。したがって、それはまさに不毛性によって、普遍的な多産性を約束している。(55) 姉妹との結婚は種族の外で行われる。それは荒野の試練であり、原始機械との空間的な隔たりを表現している。つまり、それは古い縁組に終局をもたらし、縁組のあらゆる負債を全般的に占有することによって、新しい縁組の基礎を築く。母との結婚は種族に回帰することである。それは原始機械との時間的な隔たり（世代の差異）を表現している。それは、出自のストックを全般的に蓄積することによって、新しい縁組から生じる直接的な出自を構成する。二つの結婚はともに、専制君主制を結びあげる絆の両端として、超コード化にとって必要なものである。

ここで立ち止まって、以上のようなことがいかにして可能であるのか、考えてみよう。近親相姦は、どのようにして「可能」となったのか。また専制君主の明白な所有権や印璽は、どのようにして「可能」となったのか。この姉妹、この母――専制君主自身の姉妹や母――とは、いったい何ものなのか。それとも、こういう問題は別の仕方で提起されるのか。なぜなら、表象システムの全体が大地に関するものであることをやめて、帝国に関するものとなるとき、問題はこのシステムの全体にかかわるからである。まず、私たちは、深層における表象の諸要素が動き始めたことを予感する。細胞の移動が始まり、オイディプスの細胞は、表象のひとつの場から別の場へと移される。帝国的組織体において、近親相姦は、欲望の置き換えられた表象内容であることをやめ、抑圧する表象作用そのものとなる。というのも、疑いなく、近親相姦を犯しそれを可能にする専制君主の仕方は、抑制-抑圧の装置を廃棄するものではないからだ。それどころか、専制君主の仕方はこの装置の一部をなし、ただ装置の部品を変えているにすぎない。そしてあいかわらず、置き換えられた表象内容として、近親相姦はいまや抑圧する表象作用の位置を占めることになる。総じて有効性をまし、抑制的抑圧的装置において新しい経済、新しい刻印、新しい厳格さが確立される。抑圧の行使や抑制の執行がやむためには、近親相姦を可能にし、堂々とそれを実行するだけでよいのであれば、事は容易、あまりに容易である。王にふさわしい野蛮な近親相姦は、単に欲望の流れを超コード化する手段にすぎないのであって、決して欲望の流れを解放するものではない。おお、カリギュラ。おお、ヘリオガバルス。おお、消えていった皇帝たちの狂気の記憶よ。近親相姦は決して欲望であったのではなくて、単に欲望の置き換えられた表象内容であり、抑圧の結果にすぎないのだ。近親相姦が表象そのものの位置を占めて、この資格で抑圧的機能を引き受けるなら、抑圧はそこで増長するだけだ（これは、すでに精神病においてみられたことで、コンプレックスが意識の中に侵入した場合にも、伝統的基準からみて欲望の抑圧が軽減されることはなかった）。だから、帝国的組織体における近親相姦の新しい立場に関して私たちが語るのは、表象の深層の諸要素において移動が起っているということだけである。この移動によって表象は、欲望的生産に対していっそう疎遠な、いっそう冷酷な、いっそう決定的な、あるいはいっそう「無限な」ものとなるだろう。しかし、表象の他の諸要素において、つまり登記を行う社会体の表層に作用する諸要素において、相関的な著しい変化が生まれないなら、右にのべたような移動は起りえない。

とりわけ、表象の表層的組織において変化するのは、声と書体との関係である。ずっと昔の著者たちは、このことをよく理解していた。エクリチュールを作りだすのは専制君主であり、書体をもって、厳密な意味でのエクリチュールとするのは帝国的組織体である。立法、官僚機構、経理、徴税、国家の独占、帝国の正義、官吏の活動、史料編纂、これらすべてが専制君主のしたがえる行列において書かれる。ルロワ゠グーランの分析によって浮かび上がったパラドックスに戻ることにしよう。すなわち、原始社会が口承を用いるのは、この社会が書体を欠いているからではなくて、逆にここでは、書体が声から独立して、身体の上にもろもろの記号を刻印しているからである。これらの記号は、声に応答し、声に反応するものではあるが、しかし自律的で、声に同調しない。これとは逆に、野蛮な文明において文字が書かれるのは、この文明が声を失ったからではない。そうではなくて、書体のシステムが独立性と固有の次元を失い、声に同調し、声に従属したからである。こうして書体のシステムは、脱領土化した抽象的な流れを声から抽出し、エクリチュールの線型的コードの中にこの流れを保存し共鳴させることになる。要するに、同一の運動において、一方で書体は声に依存し始めるとともに、他方でこの書体は、天上あるいは彼岸の無言の声を招きいれ、今度は逆にこの声が書体に依存し始める。エクリチュールが声にとって代るのは、声に従属することによってなのである。ジャック・デリダが、あらゆる言語は起源的なエクリチュールを前提としているというのは正しい。ただし、彼がこの起源的なエクリチュールというものによって、何らかの書体（広い意味でのエクリチュール）の存在や接続を意味しているならば、である。また彼が、狭い意味のエクリチュールにおいては、絵文字や表意文字や表音文字などの手法の間に区別を確立することはできないといっていることも正しい。つまり、常に、またすでに、声の代用（代補）と同時に、声への同調が存在している。「音素組織は決して全能ではなくて、つねにすでに無声のシニフィアンを働かせ始めていたのである。」――デリダが、さらにエクリチュールを近親相姦に、神秘的に結びつけていることも正しい。しかしだからといって、象形文字によっても、また音素によっても同じように作動する書体機械の様式において、抑圧装置が常に存在すると結論するための理由を、ここに見いだすことはできないのだ[56]。というのも、狭い意味のエクリチュールと広い意味のエクリチュールとの間には、まさしく表象の世界においてすべてを変えるような断絶が存在するからである。つまりこの二つのエクリチュールは、まったく異なる二つの登記体制なのである。ひとつは、支配的な声に接続されながら、この声から独立することによって、この声を残存させる書体であり、もうひとつは、もろもろの手順で声に依存し従属することによって、逆にこの声を支配し、あるいはこれにとって代る書体である。原始的大地的記号は、ひたすらそれ自身にとって価値をもつものであり、多様な接続において欲望を措定するのである。この記号は、記号の記号ではないし、欲望の欲望ではない。この記号は、線型的な従属も、相互的な従属も知らない。この記号は、絵文字でもなければ表意文字でもなく、リズムであって形ではない。ジグザグであって、線ではない。製作物であって、観念ではない。生産であって、表現ではない。大地の表象と帝国の表象というこの二つの表象形態の間にあるもろもろの相異を、ここで要約しておくことにしよう。

まず大地的表象は、二つの異質な要素、つまり声と書体から成っている。ひとつは、いわば側方的縁組の中で構成された語の表象であり、もうひとつは、いわば延長された出自の中に設定された事物の（身体の）表象である。一方は他方に作用を及ぼし、また他方は一方に反作用を及ぼす。それぞれが自分に固有の能力をもち、相互にその固有の能力を含意しあって、強度的な胚種を抑圧するという大仕事をなしとげている。ここでじっさいに抑圧されているものは、強度の大地の基盤としての充実身体であり、それは外延をもつ社会体に席を譲らなければならない。こうして問題の強度は、この社会体の中に流入することもあれば、しないこともある。大地の充実身体は、社会体において、また社会体として、外延を獲得しなければならないのだ。原始社会体は、こうしてひとつの組織網に覆われてしまう。この網の中で、システムのたてよこに外延を拡げようとする要求に応じて、ひとは語から物へ、身体から名称へとたえず飛躍する。私たちが含意の体制と呼ぶ体制においては、声の記号としての語はある物を指示するが、しかし指示された物自身がやはり記号なのだ。なぜなら、この物自身が、声の中に包含される書体によって刻まれているからである。声と文字の二つの要素の異質性、断絶、不均衡は、第三のもの、視覚的要素――つまり眼によって補われるが、眼は語を見るといってもよい（眼は語を見るのであって、語を読むのではない）。眼は、刻まれる書体によって引き起される苦痛を評価するからである。J・F・リオタールは、別の文脈において、次のようなシステムを叙述しようとした。このシステムにおいて語は指示的な機能だけをもっているが、しかしそれ自身では記号を構成しないのだ。記号になるのは、むしろこうして指示された物あるいは身体である。この物あるいは身体が、みずからの知られざる限定された一面を開示しているかぎりにおいて、そういえるのだ。この知られざる一面は語に対応する書体によって記される。ここでは、二つの間の距たりは、眼によってみたされる。眼は、体そのものに刻まれた書体から発する苦痛を評価するかぎりにおいて、語を読むことなしに、語を「見る」。つまり眼は飛躍するのだ。(57) 含意の体制、残酷のシステム。声－聴取、書体－身体、眼－苦痛の三辺をもつ魔術的三角形はこのようなものと思われた。ここでは、語は本質的に指示作用であるが、書体そのものが、指示された事物とともに記号を構成し、そして眼は一方から他方に移って、書体のもたらす苦痛によって語の可視性を引き出し、これを評価するのだ。このシステムにおいては、すべては能動的で、作用され、反作用し、すべてが使用され機能している。それゆえに大地的表象の全体を考察するなら、この表象によって社会体の上にはりめぐらされる網の目の複雑さを確認して、ひとは驚愕する。大地的記号の連鎖は、要素から要素へと飛躍することをやめないで、あらゆる方向に拡散し、採取すべき流れがあるところではどこでも、もろもろの離脱を引き起こす。また離接を包含し、残余を消費し、剰余価値を抽出し、語と身体と苦痛を、定式と事物と情動を接続する。――声、表記、眼を、いつも多義的な使用によって含意する。これは飛躍の仕方であって、これ自体は、何かを意味することの中にも、またシニフィアンの中にも含まれてはいない。この観点から近親相姦が不可能であるように私たちに思われたのは、近親相姦が必然的に失敗する飛躍以外の何ものでもないからである。この飛躍は、呼称から人物へ、名前から身体へと飛び移る飛躍なのだ。一方では、呼称の〈手前〉が抑圧されていて、まだ人物を指示しておらず、ただ胚種の強度的状態を指示しているにすぎない。また他方で、〈彼方〉は抑圧するのであり、人物に呼称が適用されるのは、姉妹、母、父……といった名前に対応する人物との交わりを禁止するためでしかない。この手前と彼方との間には、あまり深くない小川があり、何もそこをわたれないのである。この小川では、呼称は人物の上に定着せず、人物は表記をのがれ、眼はもはや見るべき何ものも、評価すべき何ものももたない。近親相姦は、単に置き換えられた境界線であり、抑圧されることも抑圧することもなく、単に欲望の置き換えられた表象内容にすぎない。実際この契機からたちまち明らかになることは、表象の二つの次元が共通の運命をもつことである。第一の次元は表象の表層的組織であり、声－表記－眼の三つの要素をもっている。第二は、その深層的組織であり、欲望－抑圧する表象－置き換えられた表象内容という表象的審級をもっている。そして共通の運命とは、与えられた社会的機械の只中に、さまざまな照応の複雑なシステムがあるということである。

　ところで、専制君主機械と帝国的表象の出現と同時に、新しい運命の下であらゆることが転倒されることになる。第一に、書体が声に同調し、声の上に折り重なって、エクリチュールとなる。と同時に、書体はもはや縁組の声ではなくて、新しい縁組の声として、彼方の虚構の声を誘導する。この虚構の声は、エクリチュールの流れの中で直接的な出自として表現されるのだ。新しい縁組と直接的な出自という専制君主の基本的な二つのカテゴリーは、また書体の運動でもあり、書体は、声に従属するのとまったく同時に、声を従属させ声にとって代る。したがって魔術的三角形の破壊が生じることになる。すなわち声はもはや歌わず、命令し公布する。表記はもはや踊らず、身体に生気を与えることをやめて、板や石や書物に書き込まれ固定される。眼は読み始める（エクリチュールは一種の盲目を、視覚および評価の喪失をもたらすのではなくて、むしろ暗にそれを含んでいる。眼は別の機能を獲得しはしたが、いまや病んでいるのだ）。ところが正確にいえば、私たちは、魔術的三角形が完全に破壊されるということはできない。領土的システムが新しい機械の枠の中で作動し続けているという意味において、この三角形は基盤として、また煉瓦として存続している。この三角形は、ひとつのピラミッドの基盤となったのであり、その三つの側面は、発声、表記、視覚を、専制君主の卓越する統一体に向けて収斂させる。社会的機械における表象の体制を存立平面と呼ぶならば、この平面が変化したこと、含意の平面ではなくて、従属の平面となったことは明らかである。第二に、まさに本質的な点は、表記が声に折り重なったために、ひとつの超越的対象が連鎖の外に飛躍することである。それは無言の沈黙の声であり、連鎖の全体がいまやこの声に依存するように見え、この声にしたがって連鎖は線型化するのだ。書体が声に従属したことは、天上の虚構の声を誘導することになったが、逆にこの声は、もはや自分の発するエクリチュールの諸記号（啓示）によってしか表現されないことになる。おそらく、ここでこそ、オイディプスに到達する形式的な諸操作が最初に組み立てられる〈外挿法の誤謬推理〉。つまり折り重ねの操作、あるいは一対一対応関係の集合が離脱した対象を排出するにいたり、連鎖の線型化が、この対象から起きてくる。おそらく、ここでこそ、「それは何を意味するのか」という疑問が生じ、解釈の問題が使用法や有効性の問題にまさることになる。皇帝とは、神とは、何を意味したのか。常に離脱可能な連鎖の線分にかわって、ひとつの対象が離脱し、あらゆる連鎖がこれに従属する。現実的なものに直結する多義的な書体にかわって、一対一の対応関係が超越者を生みだし、そこから線型性が生じる。大地的連鎖の網の目を構成する非シニフィアン的諸記号のかわりに、専制君主的シニフィアンがあり、そこからあらゆる記号が画一的に流れ出し、エクリチュールの脱領土化した流れになる。人間たちがこのエクリチュールの流れを飲むことをさえ見られたのだ。ザンプレニは、セネガルの若干の地域において、いかにしてイスラム教が、従属関係の平面を、アニミズム的諸価値からなる古い含意的平面に重ねているかを示している。「書かれたものであれ、語られたものであれ、神や予言者のことばは、この宇宙の土台である。アニミズムの祈りの透明性は、アラビア語の厳格な唱句の不透明性に席を譲る。言葉は、決まり文句の中で凝固する。この決まり文句の権能は、〈啓示〉の真理によって保証されるのであって、象徴的呪術的有効性によって保証されるのではない……。イスラム教の聖者の知識は、じじつ、もろもろの名前や唱句や暗号やそれらに対応する諸存在の位階秩序に関するものである。」――そしてもし必要なら、ひとは純粋な水でみたしたビンの中にこの唱句を入れ、この唱句の水を飲むだろう。またこの水を身体に塗り、この水で手を洗うだろう。[58]エクリチュール、つまり脱領土化した最初の流れとは、この意味で飲むことができるものである。これは専制君主的シニフィアンから流れてくる。というのも、第一の審級としてのシニフィアンとは何なのか。このシニフィアンが、非シニフィアン的な大地的記号の連鎖の外に飛躍し、その内在的な含意の平面の上に従属の平面を強制し重ねるとき、このシニフィアンは、非シニフィアン的な領土的記号に対して、いったい何であるのか。シニフィアンとは、記号の記号となった記号であり、大地的記号にとって代り、脱領土化の敷居を踏みこえてしまった専制君主的記号なのだ。シニフィアンとは、ただそれ自体脱領土化した記号にすぎない。文字となった記号なのだ。欲望は、もはや、あえて欲望しない。それは欲望の欲望、専制君主の欲望の欲望となったのである。口はもはや語らない。口は文字を呑むのである。眼はもはや見ない。眼は読むのである。身体は、もはや大地のように自分を刻ませることはなく、専制君主の版画の前に平伏する。つまり大地の外なるもの、新しい充実身体の前に。

　どのような水をもってしても、シニフィアンから、帝国という起源を洗い落とすことはできないだろう。それはシニフィアンの師匠、あるいは「師匠のシニフィアン」なのだ。シニフィアンを言語の内在的なシステムの中に沈めようとしても、またシニフィアンを利用して、意味と意味作用に関する諸問題を一掃しようとしても、またシニフィアンを音素論の要素の共存の中に溶解しようとしても——この場合シニフィエは、これらの要素の間のそれぞれの示差的価値を要約するものにすぎない――、また言語と、交換や貨幣との比較を可能なかぎりおしすすめ、活動する資本主義のパラダイムに言語を従わせようとしても無駄であろう。――それでもシニフィアンがその超越性を再びもちこみ、現代の帝国主義の中でなお作用している消えさった専制君主のために有利な証言をすることは、決して妨げられないであろう。たとえ言語学がスイス語やアメリカ語で語るとしても、それは東洋の専制君主制の亡霊を奮い立たせているのだ。ソシュールが指摘したのは次のことだけではない。言語の恣意性は、言語の支配権を基礎づけているが、それは「大衆」が忍従している一般化した従属や奴隷に等しいものである。しかし私たちはソシュールにおいて、いかに二つの次元が存続しているかに注目することもできたのだ。ひとつは水平の次元で、これにおいてシニフィエは、共存する最小の項の価値に還元され、シニフィアンはそれらの項に解消される。ところがもうひとつの垂直の次元にあっては、シニフィエが、聴覚イメージに対応する概念にまで上昇するのである。聴覚イメージとは、シニフィアンを再構成する最大限の外延において把握される声のことである（共存する項に対応する「価値」、また聴覚イメージに対応する「概念」）。要するに、シニフィアンは、二度現われるのである。一度目は諸要素の連鎖の中に。これらの諸要素においてシニフィエは、いつも別のシニフィアンにとってのシニフィアンである。二度目は、離脱した対象の中に。連鎖の全体はこれに依存し、この対象は連鎖の上に意味作用のもろもろの効果を及ぼす。超コード化はこの第二の意味でのシニフィアンそのものによって操作されるが、この超コード化がなければ、第一の意味でのシニフィアンに対して作動する音韻論的コードも、あるいは音声学的コードさえも存在しない。表意的な価値と表音的な価値の間に、あるいは記号素と音素という異なる水準の二つの分節の間に、一対一対応関係が存在しなければ、言語学の場は存在しない。この一対一対応関係は、脱領土化した記号の独立性と線型性を最終的に保証するものである。しかし、言語学の場は、超越性によって規定されたままなのだ。たとえ、それが不在あるいは空虚な場所と考えられるとしても、超越性は、折りたたみ、折り重ね、必要な従属関係を操作し、分節されていない質料の流れがそこから全システムの中に流れてゆく。超越性はこの流れの中で、裁断し、対立させ、選択し、組み合わせる。これがまさにシニフィアンなのである。だから、シニフィアンの超越性を通して、またその超越性の中で、いかに支配が行われるかを示すことなしに、大衆が言語の内在性において、記号の最小の諸要素に対して隷属していると、まことしやかに説明するのはおかしなことなのだ。(59) けれども他の場合と同様にここでも、征服に還元しがたい外部性が認められる。というのも、言葉そのものは征服を前提としないにしても、書かれる言葉を成立させる折り重ねの操作は、まさしく二つの登記を前提とするからだ。二つは同じ言語を話さず、ひとつは主人の言葉、もうひとつは奴隷の言葉なのだ。ヌーゲロルは、こうした状況を次のように叙述している。「スメル人たちにとって（ある記号は）水である。スメル人たちは、スメル語で水を意味するaというこの記号を読みとる。ひとりのアッカド人が不意にやってきて、スメル人の自分の主人に〈この記号は何ですか〉とたずねる。そのスメル人はアッカド人に〈それはaだ〉と答える。アッカド人はこの記号をaと理解する。この時点においては、この記号と、アッカド語でmûといわれる水との間には、もう何の関係もない……。私は、アッカド人たちが現われたことがエクリチュールの音声化を規定した……と思うし、また新しいエクリチュールの閃光がほとばしるためには、二つの民族の接触がほとんど不可欠であると思う。[60]」いかにして、一対一の対応を実現する操作が専制君主的シニフィアンの周囲に組織され、これによってこのシニフィアンからアルファベットの音声の連鎖が流れでることになるのか、これほどみごとに説明することはできない。アルファベットのエクリチュールは、文盲のために存在するのではなくて、文盲によって存在するのだ。このエクリチュールは、文盲のひとたちを、この無意識の労働者たちを媒介として存在するのだ。一方の言語が完全に音声的要素としてコード化されているのに対して、シニフィアンはこの一方の言語を超コード化する言語をもたらす。ところで、もし無意識がまさに二重登記の局所的体制を含んでいるのであれば、無意識はひとつの言語として構造化されるのではなくて、二つの言語として構造化されることになる。シニフィアンが、言語の現代的機能的な理解を許すという約束を果たすとは考えられない。シニフィアンの帝国主義は、〈それは何を意味するのか〉という問いの外に私たちを出させはしない。この帝国主義は、あらかじめ問いを遮断し、あらゆる答えを単純なシニフィエの次元に差しもどすことによって、これらの答えをすべて不十分なままにとどめてしまうのだ。この帝国主義は、暗唱や、純粋なテクスト性、高度の科学性という名において注釈を告発する。王宮の未熟な犬たちが、唱句の水をあまりに性急に飲んで、こう叫んでばかりいるようなものである。おお、シニフィアン、汝はシニフィアンに到達したのではない。汝はまだもろもろのシニフィエの水準にとどまっている。シニフィアン、それだけがこの犬たちを喜ばせるのだ。しかし、この主人－シニフィアンは、はるか遠い時代に存在するままの状態にとどまっている。連鎖のすべての要素に欠如を分配する超越的なストック、ひとつの共通な不在として役立つ共通なあるもの、あらゆる流れ－切断を唯一の同じ切断の唯一の同じ場所に確立するものにとどまっている。つまり離脱した対象、〈ファルス－と－去勢〉、鬱状態の臣下をパラノイアの偉大なる王に服属させる仕切り棒といったものである。おお、シニフィアン。それは専制君主の恐るべき回顧主義であり、まだひとは空虚な墓、死んだ父、名称の神秘といったものをそこに求めている。ところでラカンに対して、またその信奉者たちの熱狂に対して、若干の言語学者の怒りを呼び起しているのは、おそらくこのことなのであろう。ラカンは力強く、また冷静さをもって、シニフィアンをその源泉に、その真の起源に、つまり専制君主の時代にまで連れ戻し、そして欲望を法に溶接する地獄の機械を組み立てているのだ。なぜなら、熟慮するならば、ラカンの考えでは、シニフィアンが無意識に適合し、無意識の中にシニフィエのもろもろの効果を生みだすことになるのは、まさにこうした形においてであるからだ。(61) 抑圧的表象としてのシニフィアンと、このシニフイアンが引きだしてくる置き換えられた新しい表象内容、あの名高い隠喩と換喩、すべてこうしたものはまさに、脱領土化され、そして超コード化する専制君主機械を構成することになる。

専制君主としてのシニフィアンは、その効果として領土的連鎖を超コード化する。シニフィエは、まさしくこのシニフィアンの効果である（シニフィアンが表象するものでも、シニフィアンが指示するものでもない）。シニフィエは、境界に位置する姉妹であり、内部の母である。姉妹と母は、偉大なる聴覚イメージに、つまり新しい縁組の声と直接的な出自の声に対応する概念である。近親相姦とは、境界から中心部にいたるまで、専制君主の支配するあらゆる領土を、連鎖の両端において超コード化する操作そのものである。この操作によって、縁組の負債はすべて、新しい縁組の無限の負債に変換され、延長された出自は直接的な出自によって包摂されることになる。したがって、近親相姦あるいは王の三位一体は、超コード化を進行させるものとして、抑圧的表象作用の全体をなす。従属あるいは意味作用のシステムが、含意のシステムに代ったのだ。（かつては身体にじかに登記されていた）書体が声の上に折り重ねられるのにしたがって、身体の表象は語の表象に従属することになる。すなわち、姉妹と母とは、声のシニフィエとなる。ところが、この折り重ねが、もはや線状の流れの中においてしか表現されない天上の虚構の声を引き出してくるのにしたがって、専制君主自身は声のシニフィアンとなり、二つのシニフィエ〔姉妹と母〕とともにあらゆる連鎖の超コード化を操作する。近親相姦を不可能にしていた事態——すなわち私たちが（母や姉妹という）呼称を獲得しているとき、私たちはその呼称で呼ばれる人物を、またはその身体を獲得することができなかった。私たちが身体を獲得することができたときには、つまり私たちがその呼称にまつわる禁止を犯すならたちまち、その呼称はすぐさま滑り落ちていった——こうした事態はもはや存在しなくなったのである。近親相姦は、親族の身体と親族の呼称とが結ばれ、シニフィアンとそのシニフィエとが合体する中で可能となったのである。したがって専制君主が「真の」姉妹や真の母と結ばれるのかどうかを知ることは、まったく問題ではなくなる。というのも、いずれにしても彼の真の姉妹は荒野の姉妹であり、同じく真の母は、いずれにしても種族の母だからである。近親相姦がいったん可能になると、この近親相姦が擬似的であるか否かは大して重要なことではなくなる。いずれにせよ、さらに他のあるものが、この近親相姦を通じて擬似的となるからである。私たちは先に同一化と擬似性が相補的であることに遭遇したが、これにしたがえば、同一化が天上の対象に対して行われるなら、擬似性とはまさにこの対象に対応するエクリチュールのことであり、この対象から流れでる流れであり、声から流れでる文字の流れのことである。擬似的なものは現実の代りをすることもなければ、現実として妥当することもない。むしろ専制君主の超コード化の操作を通じて、現実を自分のものにする。擬似的なものは、大地に代る新しい充実身体の上に現実を作りだすのである。それは、ひとつの準原因を介して、現実的なものの所有とその生産を表現することになる。近親相姦においては、シニフィアンがまさに自分のシニフィエと交わるのである。擬似性のシステム、まさにこれは意味作用と従属関係の別の名前である。ところで、それ自身が擬似的であり、それゆえ生産されたものである近親相姦を通して現われる擬似的なもの、それゆえ生産されたものは、それが擬似的であればあるほど、それだけ現実的であり、そして逆もまた真なのであるが、これらは、ひとつの再構成され再創造された強度の極端な状態のようなものである。専制君主は姉妹とともに、「ファルスの能力が生まれてくるゼロ状態」を擬似的に生み出す。これは「まさに身体の内部に隠れているものを極限に位置づけなければならない」という約束のようなものだ。また専制君主はその母とともに、ある超能力を擬似的に生み出すのだが、これによって両性は「それぞれの特徴の最大限において」外在化される。これはつまり声としてのファルスのB-A Ba〔イロハ〕(62)である。王の近親相姦において、問題は常に別のこと、すなわち両性具有、同性愛、去勢、服装倒錯であり、これらは、もろもろの強度の循環における勾配や移行に等しい。要するに専制君主的シニフィアンは、原始機械が抑圧していたもの、強度の大地の充実身体を再構成することをみずからに課すが、しかしその再構成は、専制君主自身の脱領土化した充実身体において与えられる新しい基礎や新しい条件に基づいて行われる。このことによって近親相姦は、意味と立場をかえて抑圧的な表象となる。というのも近親相姦を通じて行われる超コード化においては、次のことが問題であるからである。すなわち、すべての臣下のあらゆる器官、あらゆる眼、あらゆる口、あらゆるペニス、あらゆる膣、あらゆる耳、あらゆる肛門が、あたかも王衣のもすその扇形模様にでも付着するかのように、専制君主の充実身体の上に付着して、そこにそれぞれの強度的表象をもつからである。王の近親相姦は、諸器官の強度的多様化と、これらの諸器官の新しい充実身体の上への登記と切り離せない関係にある（サドは、あいかわらず王にかかわる近親相姦のこうした役割をよく見抜いていた）。抑制－抑圧の装置、あるいは抑圧的表象は、いまやそれの標的となる表象者を表現する究極の危険にかかわるものとして規定されることになる。つまり唯ひとつの器官が専制君主の身体の外に流出し、その身体から取りはずされて逃れでる。専制君主は、それが自分の前に、自分に対抗して屹立するのをみる。それは専制君主に死をもたらすことになる敵なのだ。――あまりにも凝視する眼、あまりにも稀にしか微笑まない口、それぞれの器官が専制君主に抵抗しうる。最高の危険とは、こうした事態が起ることである。半ば耳の聞えなくなったカエサルは、もはや物音の聞えない耳を嘆くのとまったく同時に、「瘦せて物ほしげな」カシウスの眼差しと、「自分自身の微笑みを嘲笑っているかにみえる」カシウスの微笑みが、自分自身に注がれているのをみる。殺され、解体され、分解され、やすりにかけられた専制君主の身体が、町の共同便所に運ばれてゆくことになる長い物語。天上の対象を離脱させ、至高の声を生みだしていたのは、すでにあの肛門ではなかったのか。ファルスの超越性は、肛門に依存するのではなかったのか。しかし肛門は、亡き専制君主の最後の遺物として、彼の声の裏面として、ただ、最後に露呈するのである。専制君主は、もはや、あの「空の天井にぶらさがる死んだ鼠の尻」でしかない。もろもろの諸器官が、専制君主の身体から離脱し始めたのである。暴君に対抗して、市民の諸器官が立ちあがる。ついで、これらの諸器官は私人の器官となる。社会野の外に追放された肛門をモデルとして、またこの肛門の記憶にもとづいて、悪臭に強迫されながら、みずからを私的なものとしてゆくことになる。原始的コード化、専制君主の超コード化、私人の脱コード化という歴史の総体は、次の三つの流れの運動の中にある。強度の胚種的〈流体〉、王の近親相姦の〈超流〉、排泄物の〈還流〉。この〈還流〉は、死んだ専制君主を共同便所に導き、私たちみんなを今日の「私人」に導いた。——これこそアルトーが傑作『ヘリオガバルス』の中で素描した歴史である。文字の流れのすべての歴史は、精子の波から暴君のゆり籠へ、そしてさらに彼の墓—下水道の中の糞の波にたどりつくのだ。——「あらゆるエクリチュールは汚物である。」あらゆるエクリチュールは、こうした擬似物であり、精子と排泄物なのである。

帝国的表象のシステムは、それでも大地的表象のシステムよりは穏やかなものと考えることができるかもしれない。記号は、もはや肉そのものではなく、石や羊皮紙や貨幣や帳簿の上に登記される。「行政収益の減少」というウィットフォーゲルの法則にしたがえば、広範な分野が、国家権力に関与しないまま半自律性を認められている。眼はもはや、苦痛の光景から剰余価値を引き出さない。眼は評価することをやめたのである。眼はむしろ、眼は「予防し」、監視して、剰余価値が専制君主機械の超コード化を逃れないようにし始めた。というのも、あらゆる器官とそれらの機能は、徹底枚挙に出会い、これによって、専制君主の充実身体に引き戻され、収束させられるからである。じつは、この体制は、より穏やかというわけではない。恐怖のシステムが残酷のシステムに代ったのである。かつての残酷さは、とくに自律的あるいは準自律的な分野においては残存している。しかし、この残酷さは、いまや国家装置の中で煉瓦状にされ、組織され、あるいは黙認され、あるいは制限されて、国家装置の目的に奉仕し、もっと恐ろしい法による高度の重層的統一の下に包摂される。法が専制君主制に対立するのは、あるいは対立するようにみえるのは、じつは後になってからである（それは、国家自身が、国家とは区別される諸階級の間の葛藤を見かけの上で調停するものとして姿を現わし、その結果、自分の主権の形態を手直ししなければならないときである[63]）。法は、それが後になるもの、あるいはそうなると主張するものに、始めからなるわけではない。法は後に、専制に対する抵抗を保証するものとなる。また、ひとつの内在的原理として諸部分をひとつの全体に統合し、この全体を一般観念や一般意志の対象とするのである。法による制裁は、反抗する諸部分に対する判断や適用によっておこなわれる。野蛮な帝国の法は、むしろこうした性格に対立する二つの性格をもっている。――この二つの性格は、カフカがじつに力強く展開してみせたものである。ひとつは、法のパラノイア的－分裂気質的特徴（換喩）である。この特徴によって、法は、全体化されえない、また全体化されてもいない諸部分を統治し、部分を仕切り、煉瓦として組織し、部分の間の距離を測定し、相互の交わりを禁じ、こうして、法はひとつの恐るべき〈統一体〉の資格において作動する。ただしこの〈統一体〉は形式的かつ空虚であり、卓越し、分配的であるが共同体的ではない。もうひとつは偏執狂的－抑鬱症的な特徴（隠喩）であり、これによって法は何も知らせはしないし、知りうる対象ももたない。判決が制裁に先行するのではなく、法の言表が判決に先行するわけではない。神明裁判は、この法の二つの特徴を、まさに生きた状態で示している。カフカの『流刑地にて』の機械におけるように、制裁こそが判決および規則を書き込むのである。含意のシステムにおいて、書体は身体に固有なものであった。身体はこの書体から解放されたが、この身体はいまや石や紙、一覧表や貨幣となり、その上に新しいエクリチュールが、その形象や、その音素組織や、そのアルファベットを刻印する。超コード化すること、それが法の本質であり、身体の新しい苦痛の源泉ともなる。刑罰はもはや祭りではない。縁組と出自とからなる魔術的三角形において、眼はこの祭りから剰余価値を引きだしたのだ。刑罰はひとつの復讐となる。つまり、いまや専制君主の身に統合された声、手、そして眼の復讐となり、新しい縁組の復讐となる。その公的な性格は、秘密をそこなうものではない。「我は、汝に縁組の復讐による恨みの剣をもたらすであろう……。」なぜなら、もう一度繰り返すが、法は、専制君主制に対する抵抗のみかけ上の保証である前に、専制君主自身が発明したものであるからである。法とは、無限の負債が法的な形式をとったものである。ローマの後期の皇帝に至るまで、法律家が専制君主に随行し、法的な形式が帝国的組織体につきまとっていることがみられるであろう。立法者といっしょの怪物。ガイウスとコンモドゥス、パピニアヌスとカラカラ、ウルピアヌスとヘリオガバルス、「十二人のローマ皇帝たちの錯乱とローマ法の黄金時代」（無限の負債を確立するためには、必要とあれば、債権者に反対して債務者の味方をすることさえ起きる）。

復讐、まさにあらかじめ行使されるひとつの復讐として、野蛮な帝国の法は、能動、受動、反作用からなる原始的作用のすべてを破壊する。いまや、受動性が、専制君主の身体にしがみついた臣下たちの徳とならなければならない。ニーチェは、帝国的組織体において、いかに刑罰が復讐となるかを的確に指摘しているが、彼が語っているように、「彼らのハンマーの一撃や、彼らの芸術家的な暴力の衝撃を受けて、驚くべき量の自由が、世界から、あるいは少なくとも万人の眼の前から消えうせ、潜在の状態に移行することを余儀なくされ」なければならなかったのだ……。死の本能の徹底枚挙が行なわれ、もはや死の本能は未開の作用と反作用の働きにおいてコード化されることがなくなる。未開の働きにおいて、宿命とはまだ作用される何かであったが、死の本能は、むしろ超コード化を執行する陰鬱な代行者となる。あたかも社会的機械が欲望機械から剝離してしまったかのように、死の本能は、すべての臣下を見おろす離脱した対象となるのである。死、欲望の欲望、専制君主の欲望の欲望、国家装置の奥底に登記された潜在性。ただひとつの器官というよりは、むしろただひとりの生存者も、この装置から流れでることはできない。あるいは専制君主の身体の外に滑りでることができない。シニフィエとの関係におけるシニフィアンの必然性以外には、もはやどのような必然性（どのような運命）も存在しないということである。恐怖の体制とはこうしたものである。法の意味と考えられることが認知されるようになるのは、後のことでしかない。それは、法が発展し、専制君主制に対立するように見える新しい形をとることになってからのことでしかない。しかし始めに法はシニフィアンの帝国主義を表現し、シニフィアンは自分の効果としてシニフィエを生みだす。これらの効果は、その実態が認識されることがなく、すべてをその卓越した原因に負うものであればあるほど、それだけ有効で必然的になる。一方では、法が法の意味することを説明し、法のシニフィエの独立性を主張しているのに（法自身は、これは専制君主に対する抵抗だという）、未熟な犬たちは、注釈も解釈もなしに、専制君主的シニフィアンへの回帰を要求するということがあいかわらず起きる。なぜなら、カフカの観察によれば、この犬たちが好むのは、死の本能が純粋に徹底枚挙される中で、欲望が法と密接に結びつくことであって、じじつ偽善的な博士たちがそのすべての意味を説明するのを聞くことではないからである。ところがこれらすべて、民主的シニフィエの繰り広げることも、あるいは専制君主的シニフィアンが包み込むことも、いずれも同一の問題に属していて、ときには開放され、ときには閉鎖されるが、それは連続した抽象であり、たえず私たちを欲望機械から遠ざける抑圧の機構なのである。というのも、いまだかつて唯ひとつの〈国家〉しか存在したことはないからである。「それは何に役立つのか」という問いはますます薄れて、ペシミズムやニヒリズムの霧の中に消えてゆく。ナダ、ナダ。だからじじつ、帝国的組織体の下で現われるような法体制と、後に発展することになるような、指示作用には無関心な法体制との間には、共通な何かが存在している。何も指示することなしに意味することが、法に固有の性質である。法は何も、誰も指示しない（法のこの民主的な発想は、法の規準をなすだろう）。私たちは、声や書体や眼を作動させる原始の含意的システムにおいて、指示の複雑な関係が仕上げられるのを見てきたが、ここでこの関係は、野蛮な従属関係の新しい関係の中に消えてゆく。記号が欲望の措定であることをやめ、あの帝国的な記号になったとき、つまり欲望を法に溶接する普遍的な去勢となったとき、指示作用はどんなふうにして存続するのであろうか。指示作用を恣意的なものに帰してしまうものは（あるいは指示作用を、古いシステムの中から残存する煉瓦の中にだけ存続させるものは）、古いコードの破壊であり、意味作用の新しい関係であり、また超コード化の中に打ちたてられたこの新しい関係の必然性である。なぜ言語学者たちは、いつも専制君主の時代の真理を見いだすのか。結局、このような指示作用の恣意性は、意味作用の必然性の裏面として、単に専制君主の臣下たちやその奉仕者たちに波及するばかりではなくて、専制君主自身とその王朝やその名前にまで波及するといえるのではないか（「人民はどのような皇帝が統治しているのかを知らず、王朝の名前は人民にははっきりとは知られてはいない」）。このことは、死の本能が、考えられていた以上に深く国家の中に根ざしており、さらに、そこでは潜在性が、単に臣下にばかりではなくて、最も高度な歯車機構の中にまで働いているということを意味するだろう。復讐は、専制君主に対する臣下たちの復讐となる。恐怖の潜在性のシステムの中では、もはや能動的でなく、作用や反作用を受けることもないものが、つまり「力によって潜在的にされ、締めつけられ、抑圧され、内に押し戻されたもの」が、これそのものがいまや恨まれることになる。臣下たちの永遠の怨恨が、専制君主たちの永遠の復讐に対応することになる。登記は、それがもはや作用も反作用も受けないときには、「恨まれる」ことになる。脱領土化した記号がシニフィアンになるとき、恐るべき量の反作用が潜在性に移行するのだ。これがあらゆる共振と保持を引き起し、これらが容量と拍子を変化させる（「事後性」）。復讐と怨恨、決してこれが正義の始まりなのではない。そうではなく、ニーチェが分析しているように、この二つは、帝国的組織体における正義の生成とその運命を示している。ニーチェの予言にしたがうなら、国家そのものは、死を望むあの犬なのだろうか。この犬は、しかも自分の灰の中から復活するのだ。というのも、まさに新しい縁組あるいは無限の負債のこのような集合の総体が――つまりシニフィアンの帝国主義、シニフィエの隠喩的あるいは換喩的な必然性、これらにともなう指示作用の恣意性が――システムの維持を保証し、たえず名前を名前に、王朝を王朝に続かせて、そのためシニフィエは変化することなく、シニフィアンの壁も破壊されることはないのである。だからこそ、アフリカ、中国、エジプトなどの帝国においては、潜在性の体制は、絶えざる反抗と離反を生む体制ではあったが、革命を生む体制とはならなかった。ここでもやはり死は内から感じられなければならず、死が到来するのは外からでなければならないだろう。

帝国の創設者たちは、すべてを潜在状態に移行させた。彼らは復讐を考えだし、怨恨を、つまりこの復讐への対抗を考えだしたのである。ところがニーチェは、すでに原始システムについて語っていたことを、彼らについても語っている。すなわち、あの「良心の呵責」――オイディプスのことと理解しよう――あの恐ろしい植物が根づき生長し始めたのは、帝国の創設者たちにおいてではない。ただこの方向に一歩が踏みだされたにすぎない。オイディプス、良心の呵責、内面性、彼らはこうしたものを可能にしたのだ……。(64) ニーチェは、専制君主的シニフィアンとしての〈皇帝〉と、そのシニフィアンの二つのシニフィエ、つまり、その姉妹と母の影をひきずりながら、次第に彼らを重荷と感じつつ狂気に近づいていったのであるが、いったい彼は何をいおうとしているのか。たしかに、オイディプスは、帝国の表象の中で、細胞的、胚種的移動を始めていた。オイディプスは、欲望の置き換えられた表象内容から、抑圧的表象そのものになっていった。不可能が可能となった。占拠されることのなかった極限が、いまや専制君主によって占拠されることになる。オイディプスは、内反足の専制君主という自分の名を受けとった。彼は超コード化を通じて、自分の姉妹と母との間に二重の近親相姦を行う。姉妹と母は言語的表象に従属する身体表象にほかならない。そのうえ、オイディプスという概念は、この概念を可能にする形式的な諸操作をひとつひとつ組み立ててゆく途上にある。1、離脱した対象の外挿法。2、超コード化による、あるいは王の近親相姦による二重拘束。3、一対一対応、一致、主人と奴隷の間の連鎖の線形化。4、欲望の中に法を導くこと、法のもとに欲望を導くこと。5、〈後から〉あるいは〈事後性〉をともなう恐るべき潜在性。こうして五つの誤謬推理の部品はすべて、準備されているようにみえる。しかし、私たちは、精神分析的なオイディプスの概念からは遠く離れている。精神分析はギリシァ研究家たちの耳もとでけんめいにオイディプスの物語を語るが、ギリシァの専門家たちがこれをまともに取りあげないのは正しい。これはまさに欲望の物語であり、これの性的な物語なのである（これ以外の物語は存在しない）。しかし、ここですべての部品は国家の歯車機構として働いている。欲望は、もちろん息子、母、父の間で働いているのではない。欲望は国家機械のリビドー備給を行い、国家機械はもろもろの大地機械を超コード化し、補助的な締めつけによって欲望機械を抑圧する。近親相姦はこの備給に由来するものであって、この備給が近親相姦からくるのではない。近親相姦は、まず専制君主と姉妹と母を登場させるだけだ。それは超コード化し抑圧する表象なのである。父が介入してくるのは、古い大地機械の表象者としてでしかない。しかし姉妹は新しい縁組の表象者であり、母は直接的な出自の表象者である。父と子は、まだ生まれていない。性愛はすべて、諸機械の間で作動するのであって、諸機械の闘い、重なりあい、煉瓦状組織のなかで作動する。もう一度、フロイトによって語られた話に驚いてみよう。『モーセと一神教』において、フロイトは、潜在性が国家にかかわる事柄であることをいみじくも感じとっている。しかし、この場合、潜在性は、「オイディプス・コンプレックス」の後に出てくるものであってはならない。つまり、このコンプレックスの抑圧、あるいは消去を示すものであってはならない。潜在性は、近親相姦的表象の抑圧行動から結果してくるのでなければならない。近親相姦的表象は、まだ抑圧された欲望としてのコンプレックスではないのだ。なぜなら、反対にそれは、その抑圧行動を欲望そのものに及ぼすのである。精神分析が名づけているようなオイディプス・コンプレックスは、この潜在性の後に、この潜在性から生まれてくるのであって、抑圧されたものが条件つきで回帰してくることを意味している。この条件は、欲望を歪曲し、置き換え、脱コード化することさえする。オイディプス・コンプレックスは、潜在性の後からしか現われない。フロイトが潜在性によって分たれる二つの時期を認めるとき、コンプレックスの名に値するのは第二の時期のみであり、これに対して第一の時期は、まったく別の組織の中で、まったく別の観点から作動している部品や歯車機構を表現しているにすぎない。まさにこれこそが、あらゆる誤謬推理をともなった精神分析の偏執なのである。コンプレックスの決定的な確立やその内面的な定着である事態を、逆にコンプレックスの解決あるいは解決の試みとして提示し、まだコンプレックスの対極にあるものを、コンプレックスとして提示するという偏執である。それにしても、オイディプスがオイディプスという概念になり、オイディプス・コンプレックスになるためには、何が必要なのであろうか。ほんとうは多くのものが必要なのだ。――ニーチェはまさにこのことを、無限の負債の発展の中に部分的に予感していた。

オイディプスの細胞は移動を貫徹しなければならない。また置き換えられた表象内容の状態から、抑圧的表象の状態に移行することにとどまらず、抑圧的表象から、最後には欲望そのものの表象者にならなければならないだろう。しかも、そうなるのは、置き換えられた表象内容の資格においてでなければならないだろう。負債は単に無限の負債となるばかりではなくて、無限の負債として内面化され精神化されなければならないだろう（キリスト教とこれに続いたもの）。さらに父と子が形成され、つまり王の三位一体が「男性化され」なければならないだろう。しかも、このことは、いまや内面化された無限の負債の直接の結果でなければならない[65]。専制君主のオイディプスは、臣下たちのオイディプス、隷従者たちのオイディプス、父たちのオイディプス、息子たちのオイディプスによって、代えられなければならないだろう。すべての形式的な操作は、脱コード化した社会野の中に引き継がれ、内面性の、あるいは内面性の再生産の純粋な私的境域において共振しなければならないだろう。抑制・抑圧の装置は、全面的に再組織化されなければならないだろう。だから、欲望は、みずからの移動を完成した後には、あの極度に悲惨な事態を味わわなくてはならないだろう。すなわち自分自身に敵対するという事態、欲望自身への敵対、良心の呵責、罪責感である。これは欲望を最も脱コード化した社会野に結びつけ、同じく最も病的な内面性に、欲望の罠、欲望の毒性植物に結びつける。欲望の歴史がこのような終末を経験しないかぎり、オイディプスはあらゆる社会にまといつく。ただし、当の社会自身にはまだ到来していない悪夢として。――こうした終末のときは、まだ到来してはいない。(精神分析の運命と切り離せなかった狂信的なオイディプス化から精神分析を救ったこと、退行という代価を払ったとしても、この救いを行使したこと、このことはともかくラカンの力ではないのか。たとえ無意識を専制君主装置の重圧の下においたままで、この装置によって無意識を解釈し直すという代価を払ったとしても。法とシニフィアン。ファルスと去勢。これはよろしい。しかし、オイディプスは否! 無意識の専制君主的時代。)

アンチ・オイディプス 上
資本主義と分裂症

二〇〇六年一〇月二〇日 初版発行
二〇二五年 一 月三〇日 18刷発行

著 者 G・ドゥルーズ
　　　F・ガタリ
訳 者 宇野《うの》邦一《くにいち》
発行者 小野寺優
発行所 株式会社河出書房新社
〒一六二-八五四四
東京都新宿区東五軒町二-一三
電話〇三-三四〇四-八六一一（編集）
〇三-三四〇四-一二〇一（営業）
https://www.kawade.co.jp/

ロゴ・表紙デザイン 粟津潔
本文フォーマット 佐々木暁
印刷・製本 大日本印刷株式会社

落丁本・乱丁本はおとりかえいたします。
Printed in Japan ISBN978-4-309-46280-6

神の裁きと訣別するため

アントナン・アルトー　宇野邦一／鈴木創士〔訳〕　46275-8

「器官なき身体」をうたうアルトー最後の、そして究極の叫びである表題作、自身の試練のすべてを賭けて「ゴッホは狂人ではなかった」と論じる三十五年目の新訳による「ヴァン・ゴッホ」。激烈な思考を凝縮した二篇。

銀河ヒッチハイク・ガイド

ダグラス・アダムス　安原和見〔訳〕　46255-3

銀河バイパス建設のため、ある日突然、地球が消滅。地球最後の生き残りとなったアーサーは友人の宇宙人フォードと、宇宙でヒッチハイクをするはめに。シュールでブラック、抱腹絶倒のＳＦコメディ大傑作！

百頭女

M·エルンスト　巖谷國士〔訳〕　46147-6

古いノスタルジアをかきたてる漆黒の幻想コラージュ一四七葉——永遠の女「百頭女」と怪鳥ロプロプが繰り広げる奇々怪々の物語。エルンストの夢幻世界、コラージュロマンの集大成。今世紀最大の奇書！

慈善週間　または七大元素

M·エルンスト　巖谷國士〔訳〕　46170-0

自然界を構成する元素たちを自由に結合させ変容させるコラージュの魔法、イメージの錬金術!!　巻末に貴重な論文を付し、コラージュロマン三部作、遂に完結。今世紀最大の芸術家エルンストの真の姿がここに!!

見えない都市

イタロ・カルヴィーノ　米川良夫〔訳〕　46229-4

現代イタリア文学を代表し、今も世界的に注目され続けている著者の名作。マルコ・ポーロがフビライ汗の寵臣となって、さまざまな空想都市（巨大都市、無形都市等）の奇妙で不思議な報告を描く幻想小説の極致。

柔かい月

イタロ・カルヴィーノ　脇功〔訳〕　46232-4

変幻自在な語り部 Qfwfg 氏が、あるときは地球の起源の目撃者となり、あるときは生物の進化過程の生殖細胞となって、宇宙史と生命史の奇想天外な物語を繰り広げる。幻想と科学的認識が高密度で結晶した傑作。

宿命の交わる城

イタロ・カルヴィーノ　河島英昭〔訳〕　鏡リュウジ〔解説〕　46238-3

文学の魔術師カルヴィーノが語るタロットの札に秘められた宿命とは……世界最古のタロットカードの中に様々な人間の宿命を追求しつつ古今東西の物語文学の原点を解読する！　待望の文庫化。

不在の騎士

イタロ・カルヴィーノ　米川良夫〔訳〕　46261-8

中世騎士道の時代、フランス軍勇将のなかにかなり風変わりな騎士がいた。甲冑のなかは、空っぽ……。空想的な《歴史》三部作の一つで、現代への寓意を込めながら奇想天外さと冒険に満ちた愉しい傑作小説。

路上

ジャック・ケルアック　福田実〔訳〕　46006-2

スピード、セックス、モダン・ジャズそしてマリファナ……。既成の価値を吹きとばし、新しい感覚を叩きつけた1950年代の反逆者たち。本書は、彼らビートやヒッピーのバイブルであった。現代アメリカ文学の原点。

ポトマック

ジャン・コクトー　澁澤龍彦〔訳〕　46192-1

ジャン・コクトーの実質的な処女作であり、二十代の澁澤龍彦が最も愛して翻訳した《青春の書》。軽やかで哀しい《怪物》たちのスラップスティック・コメディ。コクトーによる魅力的なデッサンを多数収録。

大胯びらき

ジャン・コクトー　澁澤龍彦〔訳〕　46228-6

「大胯びらき」とはバレエの用語で胯が床につくまで両脚を広げること。この小説では、少年期と青年期の間の大きな距離を暗示している。数々の前衛芸術家たちと交友した天才詩人の名作。澁澤訳による傑作集。

ブレストの乱暴者

ジャン・ジュネ　澁澤龍彦〔訳〕　46224-3

霧が立ちこめる港町ブレストを舞台に、言葉の魔術師ジャン・ジュネが描く、愛と裏切りの物語。“分身・殺人・同性愛”をテーマに、サルトルやデリダを驚愕させた現代文学の極北が、澁澤龍彦の名訳で今、蘇る!!

葬儀

ジャン・ジュネ　生田耕作〔訳〕　46225-1

ジュネの文学作品のなかでも最大の問題作が無削除限定私家版をもとに生田耕作の名訳で今甦る。同性愛行為の激烈な描写とナチス讃美ともとらえかねない極度の政治的寓話が渾然一体となった夢幻劇。

フィネガンズ・ウェイク　1

ジェイムズ・ジョイス　柳瀬尚紀〔訳〕　46234-0

20世紀最大の文学的事件と称される奇書の第一部。ダブリン西郊チャペリゾッドにある居酒屋を舞台に、現実・歴史・神話などの多層構造が無限に浸透・融合・変容を繰返す夢の書の冒頭部。序文＝大江健三郎

フィネガンズ・ウェイク　2

ジェイムズ・ジョイス　柳瀬尚紀〔訳〕　46235-9

主人公イアーウィッカーと妻アナ、双子の兄弟シェムとショーンそして妹イシーは、変容を重ねてすべての時代のすべての存在、はては都市や自然にとけこんで行く。本書の中核をなすパート。解説＝小林恭二

フィネガンズ・ウェイク　3·4

ジェイムズ・ジョイス　柳瀬尚紀〔訳〕　46236-7

すべての女性と川を内包するアナ・リヴィア＝リフィー川が海に流れこむ限りなく美しい独白で世紀の夢文学は結ばれる。そして、末尾の「えんえん」は冒頭の「川走」に円環状につらなる。解説＝高山宏

世界の涯の物語

ロード・ダンセイニ　中野善夫 他〔訳〕　46242-1

トールキン、ラヴクラフト、稲垣足穂等に多大な影響を与えた現代ファンタジーの源流。神々の与える残酷な運命を苛烈に美しく描き、世界の涯へと誘う、魔法の作家の幻想短篇集成、第1弾（全4巻）。

夢見る人の物語

ロード・ダンセイニ　中野善夫 他〔訳〕　46247-2

『指輪物語』『ゲド戦記』等に大きな影響を与えたファンタジーの巨匠ダンセイニの幻想短篇集成、第2弾（全4巻）。『ウェレランの剣』『夢見る人の物語』の初期幻想短篇集2冊を原書挿絵と共に完全収録。

時と神々の物語

ロード・ダンセイニ　中野善夫 他〔訳〕　46254-5

世界文学史上の奇書といわれ、クトゥルー神話に多大な影響を与えた、ペガーナ神話の全作品を初めて完訳。他に、ヤン川三部作の入った短篇集『三半球物語』等を収める。ダンセイニ幻想短篇集成、第3弾。

最後の夢の物語

ロード・ダンセイニ　中野善夫／安野玲／吉村満美子〔訳〕　46263-4

本邦初紹介の短篇集『不死鳥を食べた男』に、稲垣足穂に多大な影響を与えた『五十一話集』を初の完全版で収録。世界の涯を描いた現代ファンタジーの源流ダンセイニの幻想短篇を集成した全四巻、完結！

女嫌いのための小品集

パトリシア・ハイスミス　宮脇孝雄〔訳〕　46121-2

放蕩な女、善人じみた偏執狂の女、芸術家きどりの無能な女。独特の冷めた視線が〈女〉たちの嫌らしさと残酷な最期を赤裸々に描き出す。女嫌い、女好き、フェミニスト、男性讃美者、その全ての人に贈る掌編集！

水の墓碑銘

パトリシア・ハイスミス　柿沼瑛子〔訳〕　46089-5

物静かで実直な夫ヴィクターと美しく奔放な妻メリンダ。郊外の閑静で小さな町を舞台に二人のわずかな関係の軋みから首をもたげる狂気と突発的に犯される殺人。ハイスミスが冷酷に描き尽くす現代人に潜む病理。

リプリー

パトリシア・ハイスミス　佐宗鈴夫〔訳〕　46193-X

「イングリッシュ・ペイシェント」のアカデミー賞受賞スタッフによる話題の映画原作。『太陽がいっぱい』としても映画化されたミステリー、《トム・リプリー・シリーズ》第一作。

リプリーをまねた少年

パトリシア・ハイスミス　柿沼瑛子〔訳〕　46166-2

『太陽がいっぱい』で世界的人気を博したハイスミスの《トム・リプリー・シリーズ》の傑作。犯罪者にして自由人であるトムを慕うフランク少年とトムの危険な関係は、父殺しを軸に急展開をむかえる——。

アメリカの友人

パトリシア・ハイスミス　佐宗鈴夫〔訳〕　46106-9

トムのもとに前科がなくて、殺しの頼める人間を探してくれとの依頼がまいこんだ。トムは白血病の額縁商を欺して死期が近いと信じこませるが……。ヴェンダース映画化作品！

死者と踊るリプリー

パトリシア・ハイスミス　佐宗鈴夫〔訳〕　46237-5

『太陽がいっぱい（リプリー）』で有名なリプリー・シリーズの完結篇。後ろ暗い過去をもつトム・リプリーに、彼が殺した男の亡霊のような怪しいアメリカ人夫婦が亀裂を入れ始める……。『贋作』の続篇。

眼球譚［初稿］

オーシュ卿（G・バタイユ）　生田耕作〔訳〕　46227-8

二十世紀最大の思想家・文学者のひとりであるバタイユの衝撃に満ちた処女小説。一九二八年にオーシュ卿という匿名で地下出版された当時の初版で読む危険なエロティシズムの極北。恐るべきバタイユ思想の根底。

空の青み

ジョルジュ・バタイユ　伊東守男〔訳〕　46246-4

20世紀最大の思想家の一人であるバタイユが、死とエロスの極点を描いた一九三五年の小説。ロンドンやパリ、そして動乱のバルセローナを舞台に、謎めく女たちとの異常な愛の交錯を描く傑作。

裸のランチ

ウィリアム・バロウズ　鮎川信夫〔訳〕　46231-6

クローネンバーグが映画化したW・バロウズの代表作にして、ケルアックやギンズバーグなどビートニク文学の中でも最高峰作品、待望の文庫化。麻薬中毒の幻覚や混乱した超現実的イメージが全く前衛的な世界へ誘う。

ボマルツォの怪物

A・ピエール・ド・マンディアルグ　澁澤龍彦〔訳〕　46189-1

ローマの近郊ヴィテルボ県にある怪奇で幻想的なボマルツォ村の庭園を、その謎と精神性を通して深く読み解いたエッセイ。その他「黒いエロス」「ジュリエット」「異物」「海の百合」などを収録した短篇集。